행정전산사무관리론

제갈욱 · 김병규 · 윤기웅 · 제갈돈

도서출판 대영문화사

머리말

행정 일을 하는 데 사무관리는 조직의 목적을 달성하기 위한 중요한 수단 중의 하나라고 할 수 있다. 한때는 사무관리를 전산원이 하는 단순하면서도 저급한 수준의 일로 치부하던 때도 있었으나, 현대로 오면서 컴퓨터 기술 및 정보통신기술의 발달에 따라 사무관리는 공무원이라면 누구나 기본적으로 다룰 수 있는 필수적인 역량 중 하나가 되었다.

이 책은 행정학을 공부하는 대학생들이 대학을 졸업하고 공무원이 되었을 때 부딪치는 다양한 문제를 처리할 수 있는 기본적인 사무관리 능력을 배양하는 데 목적을 두고 작성되었다. 이러한 목적 달성을 위해 이 책은 우선 행정정보화의 개념 및 특성, 사무관리의 기능 및 역할 등에 관한 사무관리 개요, 컴퓨터 및 통신기술에 대한 간략한 설명, 공문서 작성 요령, 컴퓨터 프로그램 활용 방법 등에 대해서 다루고 있다. 그리고 이 책을 공부하고 난 뒤 대학생들은 공무원이라면 누구나 작성할 수 있어야 하는 공문서를 작성할 수 있는 능력이 함양될 것으로 기대한다.

저자가 대학생들을 가르쳐 보면, 의외로 컴퓨터 프로그램을 잘 다루지 못하는 학생들도 상당수 존재한다는 점에 놀랄 때가 있다. 따라서 이 교재는 사무관리 이론만을 가르치는 것이 아니라 컴퓨터 실습을 통해 실제 공문서 작성 및 사무 업무를 하는 데 반드시 필요한 컴퓨터 소프트웨어, 즉 엑셀, 워드, 파워포인트를 다루고 있다. 이 책에서 제공하는 실습 과제들을 직접 컴퓨터로 실습하게 될 경우 컴퓨터 기본 프로그램 활용 능력도 기를 수 있을 것으로 기대한다.

이러한 기대 효과를 얻기 위해서 이 책은 다음과 같이 내용을 구성한다. 제1장에서는 행정정보화의 개념 및 특성, 행정전산화의 개념 및 변천사, 사무자동화의 필요성 및 특성, 사무관리의 역할 및 기능을 다룬다. 제2장에서는 컴퓨터의 기본적인 지식을 제공한다. 즉, 컴퓨터의 역사, 컴퓨터의 분류, 컴퓨터 처리 방식, 데이터의 처리 방식, 컴퓨터 장치의 종류 및 특성, 컴퓨터 언어에 대한 이해 등을 다룬다. 제3장에서는 네트워크의 특성, 인터넷의 개요 및 특성, 웹브라우저의 특성, 검색 엔진의 종류 및 특성 등을 다룬다. 제4장에서는 공문서의 종류, 공문서 작성 요령 등을 다룬다. 제5장에서는 가장 많이 활용되는 워드프로세서 중 하나인 한글 프로그램의 특성 및 주요 기능들을 다루는 방법 등을 다룬다. 제6장에서는 민간기업뿐만 아니라 정부에서도 많이 활용하고 있는 엑셀(Excel) 프로그램의 기본 기능들을 학습한다. 제7장에서는 프레젠테이션을 하는 요령 및 프레젠테이션을 할 때 주로 활용하는 파워포인트 프로그램의 기본 기능 등을 다룬다.

앞으로의 미래 사회의 행정은 공무원에게 다양한 기술을 요구하게 될 것이다. 이 책은 그러한 다양한 기술 중 기본적인 기술을 습득하게 함으로써 미래 사회에 대비하는 초석을 다지는 데 도움을 줄 수 있으리라 기대한다. 이 책은 초판으로 부족함이 많은 교재이지만, 대학생들에게 실무적으로 활용할 수 있는 지식을 제공하고자 노력했다. 출간된 이후에도 강의를 하면서 부족한 점에 대해 계속적으로 보완 작업을 게을리하지 않을 계획이다.

2015년 12월

저자 씀

차 례

제 1 장 정보란?

제 1 절 행정정보화

정보화 사회 속에서 행정정보화의 등장은 행정의 수요와 공급 두 가지 측면에서 설명이 가능하다. 수요 측면에서는 행정 수요의 증대, 정책 문제의 복잡화, 행정의 분권화 · 지방화 · 민주화 · 인간화 등으로 인해 행정정보화 현상이 발생한다. 공급적인 측면에서는 대량의 정보 처리 능력, 데이터베이스 구축 · 관리 기술, 행정전산망, 계량적 기법, 사무자동화 등과 같은 정보관리 기술 및 정보 시스템 모형의 발달이나 정보 수용의 분석 기법, 정보 행태 및 내용의 유용화 기법, 정보의 판별 및 선택 방법, 정보 관련 조직 및 인력관리 전략 등과 같은 정보관리 기법 및 전략 발전 등으로 인해 행정정보화 현상이 발생한다(하미승, 1999: 34-38). 즉, 정보화 시대에 컴퓨터와 인터넷의 발달은 정보량의 증대와 과거 인간이 누리고 있던 삶의 변화를 획기적으로 변화시켰고, 현대 행정은 정보화라는 흐름에 필연적으로 대응하기 위해 끊임없이 변화하고 있다.

1 행정 수요의 증대

행정 수요의 증대는 인구 증가와 달리 인간의 욕망의 변화로 인해 이루어졌다. 근본적으로 정보화는 인간의 삶(교통, 통신, 보건, 복지, 교육 등)에 편의를 가져다 주고, 인간은 편해질수록 더욱더 편리한 것을 요구하게 된다. 마찬가지로 이러한 국민들의 요구 증대에 발맞춰 정부도 시간과 비용을 절약하는 효율적이면서 능률적인 행정 서비스를 제공하기 위해 노력하고 있다. 특히 정보통신기술(ICT)의 발달로 인해 기존의 정부에서 국민으로 서비스를 일방적으로 제공하는 것에서 벗어나 쌍방향 커뮤니케이션이 접목되는 맞춤형 서비스를 제공하는 것이 가능하게 되었다.

2 정책의 다양성 및 복잡성

정보화 사회 속에서 정부가 다루어야 할 정보의 양은 방대해지고 있고, 행정환경은 점점 더 복잡해질 뿐만 아니라 매우 빠르게 변화하고 있다. 과거의 행정은 단순하고 획일적인 정책 결정을 통한 일방적인 산출만을 제시했고, 국민 개개인에게 맞춤형 서비스를 제공하는 것은 요원한 일이었다고 할 수 있다. 그러나 정보통신기술의 발달로 시시각각 국민들의 요구를 청취할 수 있는 채널이 형성되었고, 방대하면서도 다양한 정보를 수집하는 것이 가능해졌다. 따라서 현대 행정은 방대한 정보 중 적실한 정보를 수용하고 분석 및 처리할 수 있는 능력을 통해 다수의 국민을 만족시킬 수 있는 정책을 구현할 필요가 있다.

3 행정의 분권화 · 민주화

1995년 지방자치단체장 선거를 통해 도입된 지방자치제도로 인해 행정은 더욱더 분권화되었다. 이러한 분권화는 중앙과 지방 간 업무의 분담 및 업무의 협조를 필요로 하게 되었을 뿐만 아니라 다양한 네트워크의 형성을 야기함으로 인해 행정

업무의 증대를 이끌었다.

이러한 업무 증가는 기존보다 좀 더 효율적으로 업무를 처리할 수 있는 시스템을 요구하게 되었다. 그 결과 컴퓨터 및 인터넷 등을 활용한 다양한 업무 처리 시스템을 정부에서 도입하게 되었다.

4 행정조직의 변화

정보화는 행정 내부 조직의 구조/행태도 변화시켰다. 대량의 행정정보를 수집 및 분석하기 위해 데이터베이스 구축·관리 기술, 신속하게 처리할 수 있는 네트워크 및 통신기술을 활용한 행정전산망 구축이 이루어졌다. 그리고 행정조직은 부처와 부처 간 관계망을 구축하게 되고, 공무원들의 행정 업무는 컴퓨터와 인터넷을 활용한 행정전산망 안에서 이루어지게 되었다. 그 결과 공무원은 전문화 교육을 통해 정보를 처리함에 창의적이면서 질적인 정보를 산출하고 상부 조직이 좀 더 효율적인 정책을 할 수 있도록 정보를 재가공할 수 있는 능력을 지니게 되어 이전의 공무원들과 차별화되었다.

제 2 절 행정전산화의 개념 및 변천사

1 개념

행정전산화에 대한 정의는 다양하게 논의되어 왔다. 전산화란 정보의 전달과 업무의 신속한 처리를 위해 컴퓨터를 활용하는 것을 의미하고, 행정에서의 전산화는 행정 업무를 처리하는 데 컴퓨터를 활용하는 것이라고 할 수 있다. 광의로 행정전산화는 행정 업무 중 일부를 기계의 도움을 받아 처리하는 과정으로 볼 수 있고, 기계는 특히 컴퓨터를 활용한다(안문석, 1983: 47).

행정전산화에 대한 여러 학자 및 실무진의 정의를 살펴보면 다음과 같다. 우선 총무처(1994: 7)에 따르면, 행정전산화는 전자 계산 조직을 행정에 도입해 행정정보를 관리, 가공, 전달, 보존하고 행정 처리의 주요 수단으로 이용해 행정의 합리화, 효율화, 과학화, 현대화를 이룩해 이의 원활한 추진을 위한 제도, 절차, 개선 등 제반 여건을 조성하는 일련의 과정으로 정의된다. 유평준(1992: 6)은 행정조직에서 효율적인 관리, 합리적인 정책 결정, 그리고 질 높은 행정 서비스의 공급을 위해 컴퓨터와 통신기술에 의존해 행정 업무를 수행하려는 일련의 노력을 행정전산화로 정의한다. 안문석(1995: 596)에 의하면 행정전산화는 수작업 행정을 전산화 행정으로 전환하는 과정이며, 전산화된 행정은 컴퓨터의 도움을 받아서 수행하는 행정으로 정의된다. 정우열(1998: 217)에 의하면 행정전산화는 기존의 행정 업무를 개선하기 위해 컴퓨터와 통신기술에 의존하거나 전자 계산 조직을 도입하는 일련의 과정으로 볼 수 있으며, 결국 행정전산화는 행정 업무의 수행에 컴퓨터와 정보 시스템 및 정보기술을 이용해 행정 업무를 개선하는 과정이라고 할 수 있다.

그러나 이들 정의는 행정이 궁극적으로 추구하는 가치에 대한 명확한 개념을 내포하지 않은 채 전산화에만 비중을 두고 내린 정의라고 할 수 있다. 행정 업무에 전산화를 도입한 기본적인 목적은 행정 업무의 효율성과 능률성을 추구하기 위해 신속하고 정확한 업무 활동을 돕는 데 있지만, 좀 더 궁극적인 목적은 이를 활용해 국민들에게 제공되는 서비스의 질을 향상시키는 데 있다. 또한 일방적이고 고정된 형식의 서비스 제공보다는 쌍방향적인 커뮤니케이션을 통해 유연하면서도 탄력적인 서비스를 제공하는 데도 그 목적이 있다.

결국 행정전산화의 개념 정의를 위해서는 과거 전산화의 기술적인 발달에 따른 필연적인 동인으로 설명하기보다는 현재 행정이 추구해야 하는 가치를 토대로 실용적인 면에서 접근할 필요가 있다. 초기의 행정전산화 정의는 효율성, 능률성, 과학화, 현대화와 같이 합리적이면서 기술적인 측면을 강조하고 있지만, 현재는 국민들에게 제공되는 정보의 민주화와 형평성 등과 같이 행정이 추구해야 할 궁극적인 가치와 결부시켜 행정전산화의 개념을 정의할 필요가 있다.

2 변천사[1)]

우리나라 행정전산화 발달 과정은 개화기(1980년 이전), 도약기(1980년대), 확산기(1990년대), 성장기(2000년대), 성숙기(2008~2012년), 재도약기(2013년~)로 구분된다. 각 시기별 주요 내용을 간략히 살펴보면, 첫째, 개화기 때 총무처는 1978년부터 1987년까지 10년에 걸쳐 5년 단위로 전국을 단일 정보권으로 하는 행정정보 시스템을 구축하는 것을 목표로 하는 1차 행정전산화 기본계획을 수립했다. 그러나 이 사업은 국내 여건 등 여러 사정으로 1983년 2차 행정전산화 기본계획으로 마무리되고 말았다. 둘째, 개화기 때에는 1987년 1차 국가 기간 전산망 기본계획을 수립하는 활동을 했다. 셋째, 확산기 때에는 1992년 2차 국가 기간 전산망 기본계획을 수립하게 되었다. 이어서 초고속 정보통신망 기반 구축 종합계획을 수립(1995)하고 정보화 촉진 기본법이 제정되었다. 그 밖에도 정보화추진위원회(1996), 1차 정보화 촉진 기반 계획 수립(1996), 정보화 촉진기금의 설치(1996), 정보통신망 고도화 추진 계획 수립(1998), Cyber Korea 21 수립(1999) 등 다양한 활동을 진행했다. 넷째, 성장기로 들어서는 2000년대 이후에는 초고속 정보통신망 고도화 기본계획(2001), e-KOREA VISION 2002(2002), Broadband IT Korea 2007을 수립하는 등 정보화 단계에 따라 전산망 사업을 추진하게 되었다. 다섯째, 성장기인 2008년에 들어서면서부터는 국가정보화 기본계획(2008), 광대역 통신망, ICT, 융합 서비스 확산 계획, 정보자원 통합 계획, 스마트 전자정부 계획을 추진하게 되었다. 마지막으로, 재도약 시기인 2013년 12월에 제5차 국가정보화 기본계획(2013~2017년)을 수립하고, 창조경제 실현계획(2013년 6월), 정보 3.0 추진 기본계획(2013년 6월)을 토대로 정보 공유, 정보 개방, 부처와 시민의 협업이라는 과제를 핵심 과제로 추진하고 있다. 그에 따라 기존에 'ICT(Information Communication Technology) 중심의 성장 · 확산'에서 '사회 전 영역에의 ICT 접목 · 활용'으로의 변화가 계획 및 추진 중에 있다.

1) 정보통신부, 「한국의 정보화 정책 발전사」(한국전산원, 2005: 14-21, 78-110).
안전행정부(행정자치부), 한국정보화진흥원, 「국가정보화백서」, 2013.

표 1-1 행정전산화 변천사

발달 과정	추진 내용
정보화 개화기 (~1980년대 이전)	제1차 행정전산화 기본계획 수립(1978)
정보화 도약기 (1980년대)	제2차 행정전산화 기본계획 수립(1983) 제1차 국가 기간 전산망 기본계획 수립(1987)
정보화 확산기 (1990년대)	제2차 국가 기간 전산망 기본계획 수립(1992) 초고속 정보통신 기반 구축 종합계획 수립(1995) 정보화 촉진 기본법 제정(1995) 정보화추진위원회 설치(1996) 제1차 정보화 촉진 기본계획 수립(1996) 정보화 촉진기금의 설치(1996) 정보통신망 고도화 추진계획 수립(1998) Cyber Korea 21 수립(1999)
정보화 성장기 (2000년대)	초고속 정보통신망 고도화 기본계획 수립(2001) e-KOREA VISON 2002 수립(2002) Broadband IT Korea 2007 수립(2003) 광대역 통합망 구축계획 수립(2004) u-KOREA 기본계획 수립(2006) 차세대 전자정부 기본계획(2007)
정보화 성숙기 (2008~2012년)	제4차 국가정보화 기본계획 발표(2008) 국가정보화 실행계획 발표(2009)
정보화 재도약기 (2013~2017년)	제5차 국가정보화 기본계획 발표(2013)

각 발달 과정별 행정전산화 사업의 특징을 4단계로 나누어서 좀 더 자세히 살펴보면 다음과 같다. 첫째, 1단계 사업은 1978년부터 1983년까지 시행된 1차, 2차 행정전산화 기본계획이라고 할 수 있다. 비록 10년 단위의 사업이 국내 여건상 7년으로 그 기간이 축소되기는 했지만, 1단계 사업을 통해 우리나라 행정전산화 사업의 초석이 마련되었다. 즉, 이 시기에 대민 행정 서비스 개선 및 작고 능률적인 정부 구현을 전략 목표로 하고 자동차 등록 및 차량 민원 처리, 운전 면허 업무, 외무부 여권 등 3개 분야에서 전산화가 구축되었다.

둘째, 2단계에서는 제1차 국가 기간 전산망 기본계획(1987~1991년)을 토대로 행정, 교육·연구, 금융, 국방 등 4개 분야에 대해 전산망을 구축하고 정보사회 종합대책(1990) 수립, 다기능 사무기기 보급계획(1986) 수립 등을 실시했다. 2단계 전산화 사업의 추진 전략은 2000년대 초까지 선진국 수준의 정보사회 실현, 1990년 중반까지 국가 기간 전산망 완성, 높은 기업 생산성으로 국가 경쟁력 확보 · 유지, 그리고 작고 효율적인 정부 구현 등이었다.

셋째, 3단계 사업은 2단계 사업의 연장선상에서 2단계 사업의 완료 및 개선을 목표로 추진되었다. 즉, 기존 행정, 교육 · 연구, 금융, 국방 등 4개 분야의 전산망 개선 및 유지 보수에 그 목적이 있었으며, 국가 기간 전산망 확충 · 보완 · 발전 및 안정적 운영과 국내 정보 사업의 육성에 중점을 두고 전산화 사업을 추진했다. 현실적으로 우리나라의 행정전산화 사업은 1차, 2차에 걸친 국가 기간 전산망 사업이라고 할 수 있으며, 행정전산망(정부, 정부투자기관), 금융(은행, 보험, 증권, 투자금융기관), 교육 · 연구(교육기관, 연구소), 국방(국방 관련 기관)에 대한 전산망 구축은 국민 편의 공공 서비스의 근본 개선에 중점을 둔 사업이다. 그 결과 4개 분야에서 각 부처의 공공 정보 및 자료의 공공 활용과 호환 유지, 공공기관 간 업무가 증진되었고, 국민 편의 위주의 능률적인 행정 체제로 전환됨에 따라, 적은 규모로 좀 더 많은 서비스를 제공하는 정부로 거듭날 수 있었다. 그리고 정부의 전산화 사업과 정보화 산업의 투자를 연계시키면서 국내에서 기본 전산 시스템을 독자적으로 개발하고 운영할 수 있는 능력이 확보되었다. 이러한 여러 활동으로 인해 정보산업 구조 선진화를 위한 기반과 여건이 조성되었다.

1995년에는 초고속 정보통신 기반 구축 종합계획을 수립하고, 2005년까지 3단계에 걸쳐 초고속 정보통신망 구축 및 고도화를 중점적으로 추진했다. 1단계(통신망 구축 단계) 계획 기간(1995~1997년) 동안에는 전국 80개 지역에 광 전송망을 구축하고 ATM 시범 교환망을 구축했다. 2단계(통신망 완성 단계) 계획 기간(1998~2000년) 동안에는 ATM 상용망을 구축하고 전국 144개 지역의 모든 통화권역에 대한 전송망 구축을 완료했다. 3단계(통신망 고도화 단계, 2001~2005년)에는 전국적으로 누구나, 언제, 어디서나 다양한 멀티미디어 초고속 정보통신망 서비스를 제공받을 수 있는 환경을 구축했다. 이후 정부는 정보화 촉진 기본계획 아래 e-KOREA VISION 2006 수립(2002), Broadband IT Korea 2007 등과 같은 국가정보화 기본계획에 따라 우리나라 행정정보화의 발전을 촉진시키고 있다.

넷째, 2008년부터 시작된 4단계(광대역 통합 단계, 2008~2012년) 사업은 제4차 국가정보화 기본계획을 바탕으로 스마트폰의 등장에 따른 스마트 혁명에 적응하기 위해 수립된 사업이라고 할 수 있다. 이러한 사업을 토대로 교통·물류·안전·환경 등 공공 및 민간 부문의 ICT 신기술 접촉을 촉진함으로써 지속 가능한 성장과 국가 발전을 도모했다.

마지막으로, 5단계인 현재 국민의 창의성, 과학기술, ICT 발달 등이 결합된 기술사회 환경을 바탕으로 제5차 국가정보화 기본계획(2013년 12월)을 추진 중이다. 제5차 국가정보화 기본계획은 창의적인 아이디어와 ICT가 결합해 새로운 일자리를 창출하는 지속 성장이 가능한 경제, ICT로 구현되는 최첨단 환경에서 좀 더 편리하고 윤택하게 향유할 수 있는 경제·사회·문화생활의 국민생활, 국민 누구나 ICT 인프라 위에서 안심하고 자신의 아이디어 및 상상력을 발휘할 수 있는 사회문화를 내용으로 담고 있다. 제5차 국가정보화 기본계획에서는 빅데이터와 클라우드 기술의 확대와 그에 따른 새로운 시장 창출을 핵심 목표로 다양하고 복잡한 사회문제를 해결하고자 하는 목표를 가지고 있다.

3 전산통신망 구조

행정전산화를 위해서는 사용자의 편의성 및 업무의 효율성 측면에서 각종 업무 처리에 필요한 응용 업무의 전산화는 물론, 각종 업무 서식 및 기기의 표준화 등이 뒷받침되어야 한다. 또한 행정전산화의 성공적인 정착을 위해서는 시대의 변화에 따라 기술적·제도적 차원에서 사용자, 개발자, 운영자 및 정책 입안자들이 공동의 목표를 향해 매진해야 하며, 더욱 고도화되는 정보화 사회에 대비해 기본적인 국가 정보 체계를 마련해야 한다. 행정전산화의 기본 전산통신망은 [그림 1-1]에 나타난 것과 같이 통신망, 데이터베이스 관리 시스템 및 컴퓨터 시스템으로 크게 나누어 볼 수 있으며, 각각은 행정 업무의 응용 서비스 처리를 할 수 있는 기본적인 컴퓨터 망이다.

이러한 행정전산화 기본 사업은 계획 단계, 설계 단계, 운영 및 보수 단계로 이루어지는데 그동안 사용자 요구 사항 및 업무 분석을 거쳐 대상 업무의 종합적인 계획안을 마련했다. 행정조직 내에 기본적인 전산망 구조는 네트워크 조직망을 통해 한정된 예산을 측정해서 최적화 기능을 수행할 수 있는 하부 프레임을 구성

그림 1-1 컴퓨터 망

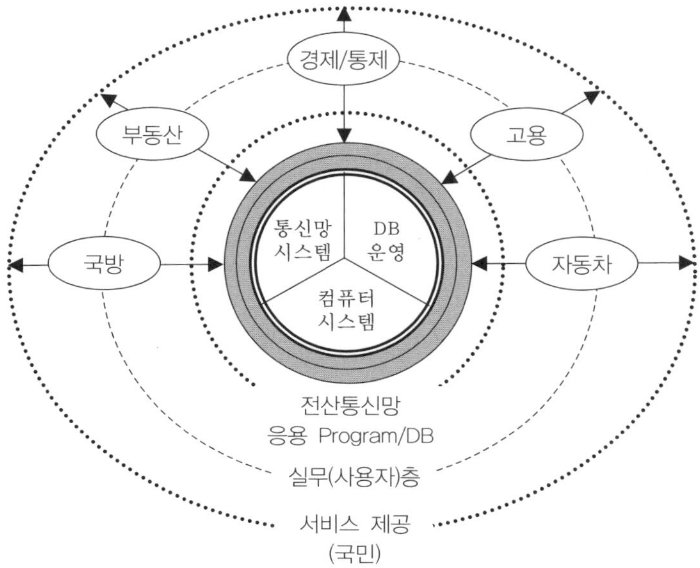

한다. 그렇게 구성된 하부 프레임은 메인 프레임을 중심으로 네트워크화해서 그 기능을 수행한다.

이러한 행정전산망의 기본 프레임이 네트워크화되어 그 기능을 수행하려면 지역별 행정조직의 차이에서 오는 여러 환경적인 변수에 맞추어 그 분산을 결정해야 한다. 즉, 행정전산망을 통해 업무를 원활히 수행하기 위해서는 기본 프레임을 응용해서 네트워크를 조성하고 지역에 맞추어 차별화된 행정전산화를 실현해야 한다.

행정 업무의 분석 결과에 의하면 공동 추진 업무는 데이터가 지역적으로 분산되어 있으며 서비스가 전 지역에서 발생·처리되므로 전산통신망의 분산도를 결정하는 것이 무엇보다 중요하다. 또한 행정 체계의 업무의 흐름을 최적으로 해결할 수 있고 향후 계속 발전되는 기술을 고려해 단시간 내에 최적화할 수 있는 전산 통신망의 분산도를 설계해야 한다.

전산통신망을 응용하는 데 필요한 것은 크게 세 가지로 분류된다. 우선 전산통신망 구축 시 분산도의 결정에 있다. 일반적으로 컴퓨터 네트워크 분산은 원거리 통신비용의 절감, 신뢰성의 증대, 시스템 부하의 지역적 분산 및 시스템 확장 등에 장점이 있으나, 완전한 분산 데이터 처리와 데이터베이스 관리 시스템(DataBase Management System: DBMS) 분배는 기술적인 어려움과 운영 및 유지 보수의 한계성이 있다. 그러나 이러한 기술적인 사업은 민간사업으로 이행해야 되기 때문에 계속되는 기술 발전에 크게 문제가 되지는 않는다.

분산도의 결정에 대한 단점을 보완하기 위해서는 [그림 1-2]에서 보듯이 특별지역을 구분하고 이러한 각 지역을 광역망으로 연결하는 전산통신망을 생각해 볼 수 있다. 각 지역은 주전산기, 기존 컴퓨터 시스템, 다기능 사무기기, 지역 통신망으로 구성되어 있으며, 일반적으로 지역의 기능은 지역 내의 데이터 유지 및 관리, 지역 내의 데이터 서비스 및 처리, 지역 내의 O/A환경 구축, 그리고 광역망을 통한 다른 지역과의 정보 교환 기능을 가져야 한다. 그리고 특별 지역은 전국적인 전자우편 서비스, 전(全)광역적 자료 처리, 전국적인 통계 자료 처리 그리고 지역 데이터베이스에 대한 백업 등의 각 지역을 통제하고 관리하는 기능을 고려할 수 있다.

그림 1-2 광역망

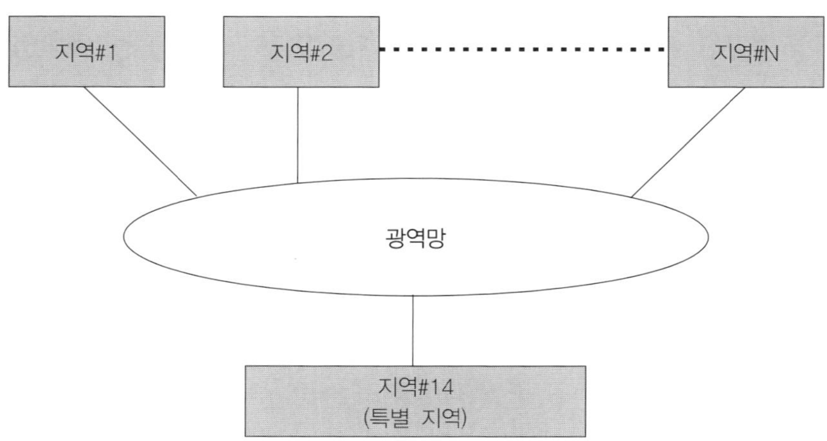

제 3 절 전산화에 따른 사무자동화

행정전산화는 행정의 조직구조, 조직 구성원, 정책 과정, 행정문화 및 환경 등에 영향을 미쳐 행정 전반을 다양하게 변화시켰다. 특히 이런 변화의 대표적인 예가 행정사무의 변화라고 할 수 있다. 정보화와 전산기술의 발달로 현재는 사무라는 용어보다 사무자동화, 즉 OA(Office Automation)라는 용어를 더 빈번하게 사용하고 있다. 이렇게 사무가 자동화됨에 따라 기존의 집권적 행정조직은 분권화와 재집권화의 반복을 통해 효율적이고 능률적으로 변화되고, 그에 따라 공무원들은 인력의 편성과 직무 내용에 빠르게 대응할 수 있게 되었다. 또한 이런 변화로 국가 정책 과정에서 필요한 행정정보 처리 시스템(Public Information Management System)을 구축할 수 있게 되었으며, 국민에 대한 정책 대응성을 높일 수 있게 되었다.

우리나라의 사무자동화 역사는 1984년 사무의 기계화·자동화로 거슬러 올라간다. 이후 사무관리 규정을 제정하고 전산화 체제를 도입하면서 전자정부 구현을 위한 기반을 구축했다. 그 결과 행정 내의 모든 사무는 자동화 시스템을 구축하게 되었다. 이런 행정 사무자동화에 대한 의의, 속성 그리고 전산화를 통해 행정 사무자동화의 발전 단계를 살펴보면 다음과 같다.

1 개념

행정 사무자동화는 행정의 목적을 달성하기 위해 필요한 모든 정보를 수집하고 가공·처리하는 업무를 기존의 수작업 방식에서 기계를 활용하는 방식으로 변화시킨 것을 의미한다. 즉, 사무자동화는 최적의 공공 서비스를 제공하기 위해 복잡하고 불명확한 정보를 컴퓨터를 통해 수집하고 분류, 즉 데이터베이스화할 수 있는 수단이다. 또한 언제든지 원하는 정보를 추출해 처리할 수 있을 뿐만 아니라 컴퓨터, 통신, 시스템 과학 및 행태과학을 통해 가공 처리함으로써 국민이 원하는 서비스를 제공할 수 있는 수단이다.

2 필요성

(1) 행정 서비스의 양질화 요구 증대

국민의 의식 수준의 향상으로 인해 교육·문화·복지 등의 수요는 과거와 달리 양적/질적 측면에서 증대되었다. 이러한 증대된 수요에 적절히 대응하는 정책을 실행하기 위해서는 수요에 대한 철저한 관리가 필요하고, 이에 대한 수단이 행정정보관리라 할 수 있다. 따라서 행정조직은 정보를 수집, 처리, 분석 및 해석, 활용 보존, 환류하는 과정에서 전산망을 활용해 수요의 질적/양적 증대에 대응할 수 있는 과학적/현대적 전산 시스템을 갖추어야 한다.

(2) 능률적인 정부 구현

능률적인 정부 구현이란 행정조직 내에서 받아들여지는 정보 및 업무 처리 시간을 절약하는 것을 의미한다. 사무자동화는 정보 및 업무 처리 과정에 자동화 기기를 도입함으로써 시간을 절약할 수 있을 뿐만 아니라 국민들의 수요를 적절히 관리해 능률적이면서도 효과적인 정부를 구현할 수 있다.

(3) 행정의 합리화

정부의 역할 및 기능은 지속적으로 확대되었고, 그에 따라 공무원 1인당 처리해야 할 문서의 양이 증대되었다. 이러한 증대된 업무량은 상대적으로 국민 1인당 제공하는 서비스의 양을 감소시킬 수 있다. 그러나 사무자동화를 통해 대량의 문서 및 과중한 사무를 효율적으로 처리할 수 있다면, 좀 더 합리적인 행정을 도모할 수 있다.

(4) 비용 절약

현대 정부는 작은 정부를 추구하고, 작은 정부는 기본적으로 인력의 감축 및 관리 비용의 축소를 목적으로 한다. 인력의 감축에도 불구하고 국민들에게 동일한 서비스를 제공하기 위해서는 효율적인 사무관리가 필요하고 이 때 사무자동화가 기여할 수 있다.

(5) 인프라 구축

분권화를 통해 조직은 세분화되었고 업무의 효율성 및 능률성 증대를 위해 조직의 업무는 나뉘고 있다. 세분화되는 조직에서 부서와 부서 간, 조직과 조직, 정부와 민간 조직 간, 정부와 지방정부 간 효율적인 업무를 위해 의사소통이 중시되고 있으며, 사무자동화 기기와 정보통신망의 구축은 조직 간 효과적인 의사소통을 가능케 한다.

3 발전 과정

우리나라의 행정 사무자동화는 문서를 중심으로 사무 작업의 능률화와 사무 비용의 경제화에 중점을 두고 발전해 왔다. 사무 작업의 능률화는 육체적인 노동력을 최소화하는 작업의 능률화, 정신적인 긴장 상태를 최소화해 스트레스를 줄이는 정신적인 능률화, 그리고 일정한 목적을 달성하는 데 필요한 수단이 적절하게 조화될 수 있게 하는 균형 능률화를 포함하는 개념이다(행정자치부, 2003). 작업 능률화를 위해서는 작업의 용이화, 작업 과정의 간소화 · 표준화, 동작의 경제화, 사무의 자동화 · 기계화 등이 고려되어야 하고, 균형 능률을 극대화하기 위해서는 사무기기의 적재적소 배치, 개인별 능력에 적합한 사무 분담, 피로와 과로 요인 제거, 합리적이고 공정한 사무관리가 되어야 한다(제갈욱 · 길병옥, 2006: 253). 행정조직의 사무자동화 발달 과정은 행정 전산화의 발달 과정과 비교해 보면 어떻게 변화되었는지 좀 더 이해하기 쉽다.

사무자동화 시스템 모색은 1983년 2차 행정전산화 기본계획 수립 전까지 계속되었다. 1980년대 중반 이후 컴퓨터 및 전기통신을 중심으로 한 정보기술의 혁신적인 발전은 사무기기를 현대화해 사무의 기계화와 자동화를 촉진시켰다. 1990년대 들어서면서 행정사무 조직은 기기뿐만 아니라 사무관리 규정에 대한 것을 제도화시키고 문서와 관련해 작업의 능률성과 효율성을 고려한 사무조직 간 인터페이스가 가능하도록 문서 간 표준화 작업을 추진했다. 표준화 작업은 행정사무 조직뿐만 아니라 네트워크 가능 범위 내에서 정보 교류의 효율성 증진을 위해 사조직까지 확산되었다.

이러한 것들은 1990년대 들어서면서 2차 국가 기간 전산망사업으로 인해 가능해졌다고 할 수 있다. 행정전산화를 통해 행정사무 조직의 모든 사무가 자동화되었고, 네트워크를 통한 전산망 구축은 행정 사무자동화 시스템을 한층 더 업그레이드 하는 계기가 되었다고 볼 수 있으며, 이와 더불어 전자정부로 성장할 수 있는 동기를 부여했다고 할 수 있다. 2003년에 들어서면서 사무자동화 시스템은 전자정부를 위한 시스템으로 변모하기 시작했다. 이러한 변화된 시스템은 행정부처 내의 업무 효율화에서 그치는 것이 아니라 사회 현안 해결 및 국민 행복 증진을 목적으로 진화되었다. 특히 2012년부터 제시된 정부 3.0이라는 프레임은 정부가 정보를 개방할 뿐만 아니라, 국민들과 정보를 공유하고 사회문제를 해결하기 위해 시민들과 협업하는 방식으로 도약할 수 있는 전기를 마련했다. 또한 정부 내에서도 협업과 융합을 중시하는 쪽으로 변화함에 따라 데이터의 공공관리 및 공유가 중시되고 있다. <표 1-2>는 현재까지 조직에서 사무자동화 시스템의 지속적인 변화와 다양한 기술의 발달 형태를 보여주고 있다.

우리나라는 그동안 국가정보화 추진을 통해 세계 최고 수준의 ICT(Information & Communication Technology) 인프라 구축, 전자상거래 확대[2] 등 괄목할 만한 성과를 달성했다. 그러나 클라우드와 사물 인터넷 등과 같은 ICT 신기술 환경 변화에 대비한 선제적 대응은 아직 미흡한 수준이라고 할 수 있다. 그뿐만 아니라 데이터를 활용한 새로운 사업모형 창출 등과 같이 ICT를 통한 가시적인 성과 도출과 창의적 활용 또한 미흡한 수준이다. 이러한 문제 인식에 따라 정부는 'ICT 중심의 성장·확산'에서 나아가 '사회 전(全) 영역에 ICT 비타민을 접목하고 창의적인 활용을 촉진'하는 방향으로 새로운 국가정보화 방향을 설정하고 있으며, 이를 간략히 요약하면 [그림 1-3]과 같다. 구체적인 내용을 살펴보면, ① 신기술 선도 투자 및 규제 개선 등으로 ICT 산업 수요를 창출하고, 비즈니스 생태계 혁신과 기업의 창조역량 강화로 창조경제를 견인한다. ② 정보화를 통해 적은 비용으로 과학적이고 효과적으로 국가 사회 현안을 해결하고, 인간 중심의 안전하고 편리한 생활 보장을 한다. ③ 국민의 ICT 활용 역량 강화와 디지털 격차 해소로 ICT와 상상력·창의력

2) GDP의 7.3%.

표 1-2 행정전산화 vs. 사무자동화

시대 구분	행정전산화	사무자동화
1980년대 이전	제1차 행정전산화 기본계획(1978)	구 일본 총독부의 사무관리제도 활용(1948~1961) 정부 공문서 규정 개정(1961) 서식 제정 절차규정 및 보고 통제 규정 개정(1962) 문서 분류 체계를 업무 기능별 십진 분류 방법에 따라 전면 개편(1978)
1980년대	제2차 행정전산화 기본계획(1983) 제1차 국가 기간 전산망 기본계획 수립(1987)	사무의 기계·자동화 모색(1984~1991.9)
1990년대	제2차 국가 기간 전산망 기본계획 수립(1992) 초고속 정보통신 기반 구축 종합계획 수립(1995) 정보화 촉진 기본법 제정(1995) 정보화추진위원회 설치(1996) 제1차 정보화 촉진 기본계획 수립(1996) 정보화 촉진기금의 설치(1996) 정보통신망 고도화 추진계획 수립(1998) Cyber Korea 21 수립(1999)	사무관리 규정 제정(1991년 말~1996.4) 전산화 체제 도입(1996.5~1998) 전자정보 구현 기반 구축(1999.9~12)
2000년대	초고속 정보통신망 고도화 기본계획 수립(2001) e-KOREA VISION 2002 수립(2002) Broadband IT Korea 2007 수립	기록물 보존(2000.1) 전자관인의 인증 및 인증센터 설치(2001.2) 전자관인의 사용 및 인증관리센터(2001.7) 전자정부 대비 전자문서 관리 체계 구축(2004.1) 업무관리 시스템 도입(2006.3)
2008~2012년	제4차 국가정보화 기본계획 발표(2008) 국가정보화 실행계획 발표(2009)	행정내부규제 폐지를 위한 보고사무 및 협조사무 개선(2008. 9) 시행 완료 문서의 추가 발송 근거 마련(2010.3) 디자인 개념 도입, 서식설계 기준 개선(2010.8) 행정 업무의 효율적 운영에 관한 규정으로 개정(2011.12)
2013~2017년	제5차 국가정보화 기본계획 발표(2013) 국민 행복을 위한 디지털 창조한국 실현 전략	정보화를 통한 창조경제 견인 국가 사회의 창의적 ICT 활용 국민의 창조 역량 강화 디지털 창조 한국 인프라 고도화

그림 1-3 제5차 국가정보화 기본계획[3)]

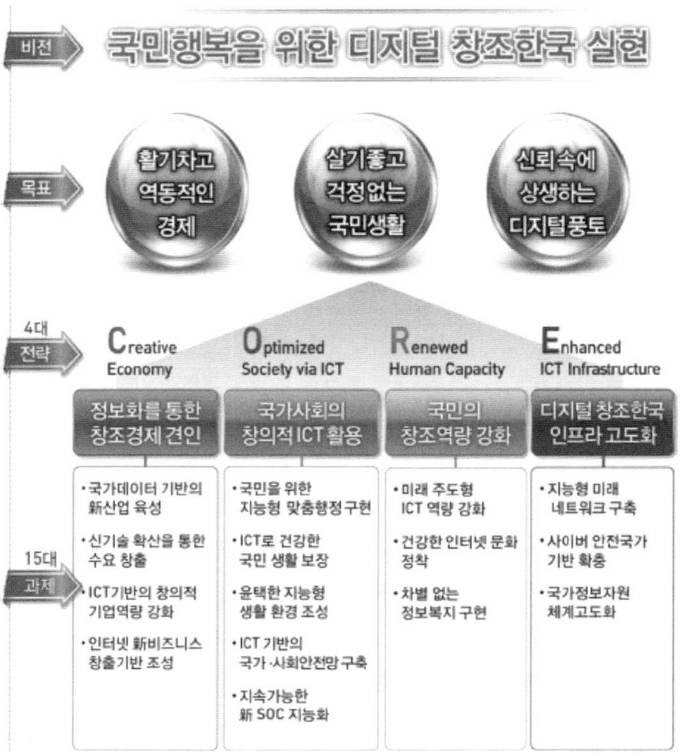

의 결합이 창의적 자산으로 이어질 수 있는 사회를 구현한다. ④ ICT를 통한 국가 사회 혁신을 뒷받침하는 핵심적인 인프라로서 네트워크 및 국가 정보자원 체계의 지속적인 고도화를 추진한다.

또한 우리나라는 지난 20년간 국가 사회 발전 동력으로 정보화를 체계적으로 추진한 결과, 세계 최고 수준의 ICT 인프라, 전자정부 세계 1위, 인터넷 경제 확대 등 괄목할 만한 성과를 달성했고, 우리나라의 강점인 ICT 역량을 바탕으로 국가 사회의 발전을 견인하기 위해 대내외 경제사회 및 기술 환경 변화를 반영해 국가정보화에 대한 새로운 역할 설정 및 전환의 필요성이 대두되었다. [그림 1-4]에 나타난 것과 같이 '정보화'는 ICT의 활용과 확산이라는 큰 틀 속에서 정책적 상황과

3) 제5차 국가정보화 기본계획(2013~2017), 미래창조과학부, 2013.

그림 1-4 정보화 패러다임 변화

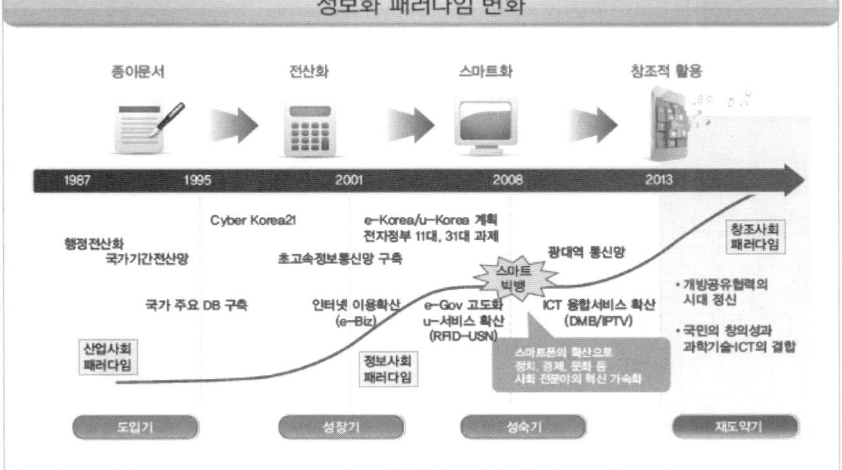

환경에 맞추어 지속적으로 변화하고 진화했다.

4 조직에 미치는 영향

행정 사무자동화가 조직에 미치는 영향을 파악하기 위해서는 조직을 구성하는 요소를 알아보고 실질적으로 구성 요소 간에 어떤 방식으로 사무가 연결되고 서로 영향을 미치는지를 알아볼 필요가 있다.

(1) 구성 요소

① 컴퓨터 기술

정보화 시대의 가장 중요한 수단은 컴퓨터라고 할 수 있다. 컴퓨터는 하드웨어와 소프트웨어의 결합으로 그 기능을 발휘하는 데 행정사무에서는 사무의 합리화를 촉진시키는 촉매 역할을 한다. 특히 사무자동화 시스템을 가능하게 해준 핵심적인 도구라고 볼 수 있다.

② 네트워크 기술

네트워크 기술은 컴퓨터와 더불어 조직과 조직을 연결하는 기본 매체이다. 이러한 네트워크 통신기술의 발달은 정보 전달 및 공유의 효율성을 높이는 데 획기적인 역할을 했다. 특히 정보 처리의 시간을 줄이는 데 혁혁한 공을 세웠다고 할 수 있다.

③ 시스템 과학

시스템 과학은 조직관리라고 할 수 있다. 조직 체제(system)는 투입, 처리 과정, 산출, 그리고 피드백의 과정을 거친다. 이러한 과정 속에서 컴퓨터와 통신기술은 다양한 방식으로 활용될 수 있다.

④ 행태과학

조직을 구성하는 인간은 내·외부적으로 영향을 받기 마련이다. 이런 영향을 받는 인간은 자기의 의사와는 무관하게 행동으로 드러내기 때문에 그 결과는 조직에도 영향을 미치기 마련이다. 자동화 시스템의 도입으로 인간이 받는 영향을 관찰해 조직을 구성하는 인간이 자동화 시스템을 능동적이면서 창의적으로 활용할 수 있도록 유도할 필요가 있다.

(2) 구성 요소의 영향

컴퓨터와 통신기술의 발달은 행정구조를 전산 및 사무조직에서 자동화 시스템으로 변화시켰으며, 변화된 행정구조 속에서 행정관료 및 공무원, 그리고 국민들은 공급자 또는 수혜자로서 서로 영향을 미치고 있다. 특히 공급자 측면에서 행정관료 및 공무원들은 행정자동화 시스템 도입의 직접적인 영향을 받는다고 볼 수 있다. 행정관료 및 공무원들은 업무의 전산화에 따른 업무 처리 규정의 변화에 영향을 받을 뿐만 아니라, 업무 수행을 위해서 컴퓨터 하드웨어와 소프트웨어 기술, 통신망 응용 기술, 네트워크에 대한 기술 등을 습득해야 한다. 또한 이러한 기술 습득을 위해서는 끊임없는 전산 및 정보화 교육이 요구된다. 즉, 전문적이면서 창의적인 공무원 육성을 위해 문서 작성, 수식 계산, 자료 관리, PC 통신 및 기타 관련 업무와 관련된 지식의 교육이 요구된다.

그림 1-5 행정조직 전산화

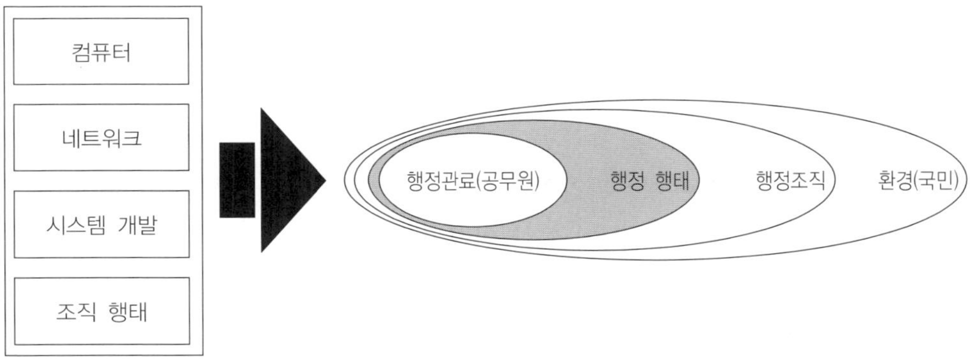

행정조직은 새로운 행정 목표를 설정할 때 행정전산화를 통해 기존 업무의 우선순위, 정책 결정의 신속성 및 정확성을 꾀할 수 있고, 미래 지향적인 업무를 설정할 수 있다. 이런 행정 목표가 설정되면 새로운 조직과 직책이 형성되고, 사무자동화 시스템을 통해 조직의 이동, 인력의 적재적소 배치, 시간과 비용의 절약을 통해 위험을 최소화할 수 있는 조직을 구성할 수 있다. 또한 새로운 역할을 부여받는 공무원들은 전산화된 업무를 통해 부서 간 이동에서 오는 이질감이나 업무의 부담감을 최소화할 수 있고, 능동적으로 새로운 조직의 구성원으로서 일할 수 있다.

이렇게 구성된 행정조직 환경은 수혜자인 국민에게 영향을 준다. 즉, 정치, 경제, 사회, 문화 등 모든 분야에서 제공되는 공공 서비스를 국민이 언제든지 어떤 장소에서든지 받아볼 수 있다. 그리고 쌍방향 통신기술의 발달로 인해 국가와 국민 간 커뮤니케이션이 활성화되어 국민들의 공공기관에 대한 거부감이 줄어들고, 민주적이면서 신뢰성 있는 행정문화가 구축될 수 있다.

제 4 절 사무자동화 관리의 효율화

1 조직에서의 사무관리 역할

행정사무의 자동화는 사무관리의 효율성을 증대시켰다. 사무는 조직을 운영하기 위해 각 기능 활동을 관리하기 위한 연결망이며, 정보의 발을 뜻하는 것으로 업무 수행 과정에서 의사 결정에 필요한 정보를 관리자에게 제공하고, 그 결정된 의사를 전달·처리·보관하는 수단이라고 할 수 있다(Odgers & Keeling, 1999; Terry, 1975). 즉, 사무는 행정 활동의 목적을 달성하거나 업무를 수행하는 수단으로 의사 결정, 문서 처리 및 자료 처리, 커뮤니케이션 등 다양한 기능을 수행한다. 사무 개념의 변천에 따른 기존 학자들의 견해와 행정자치부의 「사무관리 및 기록물 관리 실무」를 참고해 사무의 기능을 정리하면, 행정 활동의 보조 및 촉진 기능, 정보 처리 기능, 관련 분야의 연계성 유지와 관련한 결합 기능, 업무 수행 기능 등으로 구분할 수 있고, 구체적인 내용은 다음과 같다(정재욱, 2004: 32; 행정자치부, 2003).

(1) 행정 활동의 보조 및 촉진 기능

사무는 조직체의 목적 달성을 위한 업무 활동 과정에서 그 수단으로 존재하며, 사무 작업은 업무의 수행 과정과 내용 그리고 그 결과를 명확하게 한다. 그리고 사무를 통해 얻은 각종 자료는 다음 활동의 지침이 되거나 의사 결정에 필요한 정보로 제공되는 등 중요한 역할을 한다.

(2) 결합 기능

사무는 조직체가 행하는 여러 개의 활동을 각 부문 또는 기관 간 서로 연결함으로써 상호간의 활동을 협조·보완하게 하고, 때로는 견제·조정하는 역할을 한다. 이러한 사무의 결합 기능은 각 부문 또는 기관의 활동을 원활하게 하고, 서로 자기의 위치와 활동 방향을 깨닫게 해서 사회 유기체의 일원으로 필요한 활동이 전개되도록 유도하고 촉진함으로써 관련 분야 간의 연계성을 유지하도록 한다.

(3) 정보 처리 기능

사무는 조직체의 목적 달성을 위한 의사 결정을 할 때 필요한 정보를 처리한다. 그리고 정보 처리란 정보를 수집·생산·전달·정리·선택·가공·분석 및 평가를 하거나 보관하는 활동 등을 의미한다.

(4) 업무 수행 기능

사무 작업은 모든 업무 수행에 필수적인 수단이며, 사무 작업의 종류에는 쓰기, 읽기, 의사소통, 조사·확인, 계산, 분류·정리, 기타 서류나 물품의 운반 작업 등이 있다.

2 사무관리의 기능

사무관리(Office Management)는 사무 기능을 대상으로 하는 경영의 전문적인 관리를 의미하는 것이며, 사무 작업에서 생산되는 정보를 효율적으로 관리하는 것이다. 즉, 조직의 목표 달성을 위해 의사 결정에 필요한 다양한 정보를 수집·처리·전달·보관하는 기능이 효율적으로 달성할 수 있도록 계획·조정·통제 등의 관리 원칙을 적용하는 것을 의미한다(유희숙, 2004: 24: Qublie, 2004). 계획은 일정한 목적을 달성하기 위해 장래에 대한 전망이나 예측을 어떻게 해야 하는 것인지를 파악하고, 일정한 방향으로 나아가기 위한 기본 방침과 방법을 책정하는 것이다(조석준, 1994: 23-24). 조정은 조직의 행정 활동에서 관련 사항들이 행동의 통일이 이루어지도록 노력하는 것이며, 통제는 규제 대상으로서의 기준이나 표준을 개발·적용하는 것이며, 기준에 미달하는 상황이 발생하는가의 여부를 확인하는 것이다(이현승, 1995: 168).

정보관리(Information Management)는 경영관리를 위해 의사 결정에 필요한 정보를 정확·신속·용이하게 제공하는 것이고, 사무관리는 정보관리를 통해 얻은 정보의 기본계획을 실현하는 것이다. 다시 말하면, 정보관리는 광의의 사무관리라고 할 수 있고, 사무관리는 협의의 사무관리라고 구분할 수 있다. 광의의 사무관리인 정보관리는 정보 계획 기능, 정보 통제 기능, 정보 처리 기능, 정보 보관·제공 기능 등 네 가지 기능을 모두 포함하는 반면, 협의의 사무관리는 정보통제 기능과 정보 처리 기능만을 포함한다. 광의의 사무관리라고 할 수 있는 정보관리의 네 가지 기능을 구체적으로 살펴보면 다음과 같다.

첫째, 정보계획 기능은 사무의 기본계획을 수립하고 조직화해서 사무계획 실현을 위한 최선의 사무처리 시스템을 설정하는 것이다(유희숙, 2004: 26). 둘째, 정보통제 기능은 정보계획을 받아 그 실행계획을 세워 계획 내용을 정보 처리 기능에 지시해 계획안대로 처리·실시되고 있는가를 통제하고 잘못될 경우 정보계획 기능으로 환류(feedback)해 수정하는 기능이다. 셋째, 정보 처리 기능은 정보 처리의 실제 활동으로서 정보 통제 부문의 지시에 따라 작업을 실행해 작업이 완료되면 정보 통제 부문에 보고를 하는 기능이다. 이는 사무 작업의 실시와 작업 결과의 보고 형태로 이루어진다. 넷째, 정보 보관·제공 기능은 의사결정자가 원하는 정보를 적시에 제공하는 기능으로서 이를 위해 사전에 필요한 정보를 저장했다가 제공하기도 하며, 사용 후의 정보도 다시 사용할 경우에 대비해 보관해 둠으로써 처리 시간 및 비용을 절약할 수 있게 하는 기능이다.

3 사무관리 효율성 지표

정보기술의 급속한 발달은 전자문서를 바탕으로 한 전자정부의 구현을 가능하게 했다. 전자정부는 행정 업무를 전자 시스템으로 처리함으로써 행정의 생산성, 투명성, 민주성을 높이고 지식정보화를 통해 행정 서비스의 양질화 측면에서의 개선을 추구한다(이종두, 2003: 240). 이를 위해 정부는 사무관리 규정 및 동 시행령 개정을 포함한 전자정부의 기반 확립과 고도의 지식정부 구현을 통해 사무관리의 효율성을 위해 종합적인 전자문서 시스템 구축이 필요하게 되었다(<표 1-3> 참조).

사무관리 제도가 개정되기 이전인 2004년 이전에는 문서 처리 절차, 문서 형식 등이 복잡해서 효율적인 전자문서 시스템 구축 추진에 장애 요인으로 작용했다. 따라서 정부 차원에서 정부 기록물관리개선팀 구성, 전자정부 구현을 위한 문서관리 개선 시행 계획 수립, 문서 처리 절차 재설계 실태 조사 등을 거쳐 주요 개선 과제

표 1-3 사무관리

분류 항목	내용	개선 과제	세부 추진 과제
문서관리 전 과정	절차 및 항목	1. 문서 처리 복잡 2. 형식적인 기재 항목 과다	1. 복잡한 절차 폐지 2. 문서 처리 전 과정 전자화
	결재 단계 축소	결재 단계 6~7단계 의사 결정 지연	결제 단계 3~4단계 이내로 축소
기록물 관리 체계	문서 대장	1. 기재 항목 과다 기록물 관리 · 운영 표준화 미비	1. 전산 입력창과 기재 항목 축소 2. 표준 모델과 기록물 전자관리 시스템 개발 보급

를 도출했다. 정부가 마련한 주요 개선 과제 및 세부 추진 과제를 살펴보면, ① 문서관리 전 과정을 전자화에 맞도록 재설계, ② 기록물 관리 체계를 사용자 편의 위주로 개선, ③ 국민 편의를 고려해서 문서 처리 절차 개선, ④ 새롭고 강력한 전자문서 시스템 구축이다(행정안전부,[4] 2002). 이러한 취지에서 전자정부의 추진과 함께 사무관리 제도가 도입되어 정부 전자문서 유통센터를 통해 사무관리 전 과정을 관리하게 되었다.

4) 행정안전부(현 정부 행정자치부).

제 2 장 컴퓨터 일반

제 1 절 행정전산화

행정전산화는 국가 행정기관들을 통신망으로 연결해서 행정정보를 공유할 수 있게 함으로써 대국민 서비스를 일괄적으로 처리할 수 있게 하는 국가 기간 전산망을 설치하도록 했다. 1984년부터 정부가 국가 기간 전산망 사업으로 구축하고 있는 행정전산망은 1987년 행정전산망 종합계획을 확정함과 동시에 시작했고, 1987년부터 1991년까지 행정전산망 사업 기간 중에 전국 15개 시도에 전산본부와 160대 주 전산기를 설치했으며, 일선 행정기관에 4,300여대의 PC를 보급했다.

행정전산망의 목적은 정부의 행정기관들을 단일 통신망으로 연결해 행정정보를 공유할 수 있도록 함으로써 대민 서비스의 향상과 능률적인 행정을 실현하는 것이다. 각종 인허가 업무의 신속한 처리는 물론 각종 생활 정보도 제공하며, 각종 행정 업무 중에서 대민 행정과 직결되는 지방세, 민원 행정 등의 주요 업무를 단계적으로 전산화해서 행정정보를 공동 활용하고, 지방과 중앙, 지방과 지방 간을 연결하는 지방행정 종합 정보망 구축, 지역 간 정보 격차 해소를 통한 지역 균형 발전을 도모한다.

행정전산망은 41개 프로젝트를 전산화 대상 사업으로 선정하고, 그중 주민등록

관리, 부동산 관리, 자동차 관리, 통관 관리, 고용 관리와 경제 통계 업무 등을 6대 우선 추진사업으로 확정했다. 행정자치부 주관 하에 추진된 주민등록 관리 업무는 제1차 행정전산망 사업 중 가장 규모가 크고 방대한 핵심 사업이다. 주민등록 관리 전산망 사업은 전 국민의 성명, 주소 등 11개 분야 78개 필수 항목을 종합, 전산화하고 전국 3,600여개 읍·면·동사무소의 유관 부처 및 공공기관을 온라인으로 연결하는 사업이다. 행정전산망과 연계해서 정보화 촉진을 위한 여건 조성으로 정부는 '1997년 9월, 21세기 멀티미디어 정보사회의 인프라 구축을 위해 1995년 3월부터 추진해 오던 초고속 정보통신 기반 구축계획을 수정·보완한 정보통신망 고도화 추진계획을 수립했다. 이처럼 국가적 차원의 행정전산망이 구축되면 개인 및 다양한 조직이 자신이 필요로 하는 행정 서비스를 제공받고 효과적으로 업무를 수행하기 위해서는 도구로 사용되는 컴퓨터를 효율적으로 활용할 필요가 있다. 또한 여러 분야에서 중요한 역할을 하는 컴퓨터를 효과적으로 사용하기 위해서는 컴퓨터에 대한 기본적인 이해가 필요하다. 여기에서는 컴퓨터에 대한 기본적인 지식 습득을 위해 하드웨어와 소프트웨어로 분류해 설명하고, 통신에 관련된 기초 지식을 제공한다.

제 2 절 컴퓨터의 역사

1 컴퓨터의 시초

현대 컴퓨터의 발전은 폰 노이만(John von Neumann)의 두 가지 아이디어에서 출발했다. 첫 번째는 내장 프로그램(stored program)의 개념으로 프로그램을 변경하고자 할 때마다 배선을 다시 하는 대신에 저장된 데이터가 암호화되는 것과 동일한 방법으로 프로그램을 암호화해서 필요할 때까지 컴퓨터에 보관하는 식으로 프로그램을 컴퓨터에 간단하게 저장할 수 있다는 생각이다. 컴퓨터 자체는 매우 빠른 속도를 가지고 프로그램의 변경을 명령할 수 있고, 프로그램 자체는 다른 프로그램과의 상호작용을 실행할 수 있다.

노이만의 두 번째 아이디어는 컴퓨터 설계에서의 이진법의 사용이다. 이진법에서는 오직 '0'과 '1'의 두 숫자를 가지고 있는데, 전자(electron)는 두 가지 운영 모드를 가지고 있어 이진법과 매우 유사하다. 예를 들어, 진공관(vacuum tubes)은 'on'과 'off'의 경우만 존재한다. 이 두 상태는 이진법의 '0'과 '1'에 상응하기 때문에 십진법 대신에 이진법을 사용함으로써 컴퓨터를 설계하는 과정을 매우 단순화시킬 수 있었다.

그러나 노이만이 위의 두 가지 아이디어를 완전히 개발하기 전에 에니악(Electronic Numerical Integrator & Calculator: ENIAC)이 완성되어 자신의 아이디어를 여기에 도입하지 못했다. 완전한 전자식 컴퓨터인 ENIAC은 계산 능력을 확실히 증가시켰으며, 에니악의 속도는 영국에서 개발된 최초의 특수 목적 전자 디지털 컴퓨터인 Colossus와 최초의 일반 목적 전자 기계식 컴퓨터인 Mark 1보다 훨씬 빠르다.

에니악은 작업에 따라 기계를 해체해 재배선해야 한다는 문제가 있으며, 이 문제의 해결은 바로 노이만의 아이디어에 그 단서가 있었다. 최초로 노이만의 아이디어를 사용한 컴퓨터는 영국에서 1949년에 완성한 EDSAC(Electronic Delay Storage Automatic Computer)이다.

표 2-1 컴퓨터의 역사

연도	구분	내용
1944 1946	MARK-1 ENIAC	파스칼(Blaise Pascal)의 덧셈기인 치차식 계산기 개발
1949	EDSAC	라이프니츠(Gottfried W. Leibniz)의 가감승제 계산기
1951	EDVAC	기억, 연산, 제어, 입출력 등의 기능을 가진 현재의 컴퓨터의 모체가 됨.
1951	UNIVAC	홀러리스(Herman Hollerith)에 의해 PCS(천공 카드 시스템) 개발 미국의 국세 징수를 위한 인구조사에 사용되었으며, 오늘날의 일괄 처리 방식의 효시가 됨.

2 세대별 발전 및 특징

(1) 제1세대 컴퓨터(1951~58년)

노이만의 업적으로 인해 제1세대 컴퓨터의 발전이 쉬워졌다. 에니악(Eniac)은 1946년 미국 탄도연구소의 요청에 따라 펜실베이니아대학교의 모클리(John William Mauchly)와 에커트(John Presper Eckert)가 공동으로 완성한 것이었다. 이들은 이후 대학을 그만두고 컴퓨터 회사를 설립해서 UNIVAC(Universal Automatic Computer)이라는 컴퓨터를 생산해 1951년 미국 통계청에 설치했다. UNIVAC은 순수 상업적 데이터 처리를 위해 개발된 최초의 영업용 컴퓨터로서 제1세대 컴퓨터 시대를 열었다.

그러나 제1세대 컴퓨터들은 몇 가지 문제점을 지니고 있었다. 우선 가격이 너무 비쌌기 때문에 큰 회사나 연구소가 아니면 구매를 할 수 없었다. 또한 진공관을 20,000개 정도나 사용했기 때문에 유지비가 많이 들었다. 즉, 많은 수의 진공관 사용으로 인해 전력의 소모가 많을 뿐만 아니라 수명이 다 된 진공관을 교체하는 비용과 교체를 하는 인력에 대한 인건비가 많이 들었다는 것이다. 그뿐만 아니라 수천 개 진공관은 많은 열을 발생할 수밖에 없기 때문에 추가적인 냉방장치를 필요로 했고, 천공 카드의 입력과 출력의 속도도 매우 느렸다.

그림 2-1 UNIVAC, 진공관

UNIVAC 진공관

표 2-2 컴퓨터 발전사

시대 구분	주요 소자	주 기억 장치	처리 속도	특징	사용 언어
제1세대 (1951~ 58년)	진공관 (Tube)	수은지연회로 자기드럼	$ms(10^{-3})$	• 하드웨어 중심 • 전력 소모가 많고 신뢰성이 낮음 • 과학 계산 및 통계 처리용으로 사용	저급 언어 (기계어, 어셈블리)
제2세대 (1959~ 63년)	트랜지스터 (TR)	자기코어	$\mu s(10^{-5})$	• 소프트웨어 중심, 고급언어 개발 • 운영 체제(OS) 등장, 멀티프로그래밍 도입 • 전력 소모 감소 • 신뢰도 향상, 소형화 • 온라인 방식 도입	고급 언어 (FORTRAN, ALGOL, COBOL)
제3세대 (1964~ 70년)	집적회로 (IC)	집적회로 (IC)	$ns(10^{-9})$	• 기억 용량 증대 시분할 처리 • 다중 처리 도입 • MIS 도입 • OCR, OMR, MICR를 사용 • 마이크로프로세서 탄생	고급 언어 (BASIC, LISP, PASCAL, PL/1)
제4세대 (1971~ 83년)	고밀도 집적회로 (LSI)	고밀도 집적회로 (LSI)	$ps(10^{-12})$	• 컴퓨터의 소형화 • 최초의 개인용 컴퓨터와 슈퍼컴퓨터의 등장 • 네트워크의 발달로 원격자료 공유 • 공장자동화(FA), 사무자동화(OA) • 가상기억장치 기법(Virtual Memory)	문제 지향적 언어 (C, ADA)
제5세대 (1984년 ~현재)	초고밀도 집적회로 (VLSI)	초고밀도 집적회로 (VLSI)	fs(ec)	• 인공지능(AI) • 전문가 시스템(ES), 패턴 인식 시스템, 의사결정 시스템(DSS), 퍼지이론(Fussy Theory) 등 복잡한 계산을 수행하고 고도의 시스템 분야에 활용	Visual C, Visual Basic, Java, Delphi
제6세대 (미래)	초대고밀도 집적회로 (VLSI) 신경망칩	초대고밀도 집적회로 (VLSI) 신경망칩		• 신경 컴퓨터 • 음성, 몸짓, 시선으로도 정보 전달이 가능해 장애인이나 노약자용 컴퓨터, 음성을 인식해 문서 작성, 번역 등을 할 수 있는 전자비서 등 거의 전 산업 분야에서 응용 • 5세대 컴퓨터가 인간의 논리인 좌뇌를 목표로 한 것에 더해 6세대 컴퓨터는 직감을 주관하는 오른쪽 뇌부분을 담당하는 컴퓨터	

제1세대 컴퓨터의 다른 문제점은 컴퓨터의 규모와 프로그래밍 과정의 복잡성

이다. 초기에는 기계어(machine language)로 프로그램이 작성되었다. 즉, 명령어는 이진법의 '0'과 '1'로 표기되어 있고, 이것은 기계어의 'on'과 'off'에 직접적으로 반응하도록 되어 있었다. 프로그램에 필요한 수천 개의 명령어에서 단 하나의 명령어를 쓰는데 프로그래머는 48줄의 '0'과 '1'을 사용해야 했다. 그러나 이러한 프로그래밍 과정은 1950년대 초기 어셈블리 언어(assembly language)가 발전함에 따라 단순화되었다. 어셈블리 언어는 기계어 대신 인간이 좀 더 이해하기 쉬운 기호(symbol) 언어로 프로그램을 작성하도록 했고, 어셈블리(assembly)라는 번역 프로그램을 사용해 기호 형식으로 작성된 어셈블리 언어를 기계어로 변환시켜 주는 방식이었다.

이상 살펴본 다양한 문제점에도 불구하고 기업들은 내장 프로그램 컴퓨터의 장점인 융통성, 속도, 정확성에 대해 높이 평가하게 되었고, 이 같은 상업적인 자극에 의해 컴퓨터 산업은 급속히 성장하기 시작했다. 더욱이 하드웨어와 소프트웨어 기술의 발전은 컴퓨터 세대의 진화를 촉진하게 되었다.

(2) 제2세대 컴퓨터(1959~63년)

벨연구소(Bell Laboratories)에서 개발한 트랜지스터(transistor)는 제2세대 컴퓨터의 출현에 결정적인 기여를 했을 뿐만 아니라, 전 전자산업을 혁신적으로 변화시켰다.[1)] 기본적으로 트랜지스터는 특정한 조건이 맞으면 전자 기호가 통과하도록 허용한다는 점에서 진공관과 동일한 기능을 한다. 그러나 진공관이 전자 기호를 전달하기 위해 전장의 흐름이 진공을 통과해야 하는 반면, 트랜지스터는 전기의 반도체(semiconductor)[2)]로서 작용할 수 있는 실리콘(silicon)을 사용하기 때문에 전자의 흐름을 제어하는 스위치처럼 작동하게 된다는 면에서 차이를 지닌다.

진공관과 비교했을 때, 트랜지스터의 장점은 라디오의 예를 통해 설명할 수 있다. 트랜지스터 라디오의 경우 라디오를 켜는 즉시 즉각적인 반응을 나타낸 반면, 진공관 라디오의 경우 라디오를 켜더라도 진공관이 열을 받을 때까지 반응을 기다려야 했다. 또한 트랜지스터는 가열 전극이 필요 없기 때문에 에너지 소모가 훨씬 적고 필요한 공간도 적다. 이와 같은 특징 때문에 많은 트랜지스터들은 매우 조밀

---

1) 이러한 기여를 인정받아 트랜지스터를 개발한 바딘(John Barden), 쇼클리(William Shockely), 브래튼(Walter H. Brattain)은 1956년 노벨 물리학상을 수상했다.

2) 반도체는 전기의 전압이 어느 수준 이상이 될 때만 전기가 흐르도록 하는 소재이다.

하게 조립될 수 있으며, 회로판(circuit board)에 평평하게 연결될 수 있다. 따라서 트랜지스터의 개발로 하드웨어 규모의 축소가 가능하게 되었고, 그 결과 컴퓨터는 더 빠른 속도로 운영될 수 있게 되었다.

이러한 컴퓨터의 발전과 더불어 처리 속도의 향상을 이끈 진보는 고급 언어(high-level language)의 개발이다. 최초의 고급 언어는 과학적 프로그램을 쓰기 위해 설계된 포트란(Formula Translator: FORTRAN)이고, 뒤이어 기업의 데이터 처리 분야를 위해 설계된 코볼(Common Business-Oriented Language: COBOL)이 개발되었다. 고급 언어는 약자로 된 어셈블리 언어에 비해 인간의 일상생활 언어와 매우 유사하기 때문에 사람들이 배우고 사용하기에 한층 쉬워졌다. 물론 어셈블리 언어와 마찬가지로 기계어로의 번역 작업이 필요하고, 이러한 번역 프로그램을 통칭해 컴파일러(compiler)라고 한다.

고급 언어가 개발되기 전, 컴퓨터 제조업자는 각 컴퓨터 장비마다 고유한 프로그래밍 언어를 사용함에 따라 프로그래머는 다양한 프로그램 언어를 알아야만 했다. 특히 하드웨어의 급속한 발전으로 회사는 장비를 교환할 때마다 그리고 프로그래머가 작업을 변경할 때마다 프로그래머는 항상 새로운 언어를 배워야만 했다. 그러나 고급 언어의 출현으로 대부분의 컴퓨터 제조업자들은 고급 언어를 사용하게 되었고, 그 결과 프로그래머는 장비의 종류에 상관없이 동일한 언어를 사용할 수 있게 되었다. 간략하게 말하면, 프로그래밍 언어는 표준화되었고, 회사는 표준화된 프로그래밍 언어로 개발된 소프트웨어를 사용할 수 있게 되었다.

그림 2-2 트랜지스터, 제2세대 컴퓨터

트랜지스터

제2세대 컴퓨터(TRADIC)

(3) 제3세대 컴퓨터(1964~70년)

1960년대 우주산업에 대한 관심은 좀 더 작고 간결한 컴퓨터 시스템의 개발 연구를 자극했고, 그 결과 제3세대 컴퓨터를 주도한 집적회로(Integrated Circuit: IC)가 탄생했다. 집적회로는 조그마한 실리콘 칩 위에 전자회로의 설계를 새기는 것이다. 따라서 트랜지스터처럼 연결선이나 땜질이 필요없게 되어 수백 혹은 수천 개의 회로를 포함하면서도 칩의 크기는 매우 작게 할 수 있었다. 집적회로 크기의 축소는 속도의 증가를 가져왔고, 연결선이나 땜질의 생략은 에너지 소비와 열 발생을 더욱더 줄일 수 있었다. 특히 집적회로는 부분이 아니라 전체적인 단위로 제작되었기 때문에 대량 생산이 가능해졌고, 그 결과 컴퓨터의 가격은 하락하게 되었다. 가격의 하락은 많은 중간, 혹은 작은 규모의 기업체들이 컴퓨터를 구입할 수 있는 계기를 만들었고, 그 결과 컴퓨터 시장은 급속도로 확장되었다.

또한 이러한 가격 하락의 부분적인 반응으로 미니 컴퓨터(mini computer)라는 특수 목적의 컴퓨터 시장이 활성화되었다. 전통적인 대규모 컴퓨터인 메인프레임(mainframe)은 매우 비싸고 운영을 위해서는 전문 운영요원이 필요했기 때문에, 대규모 컴퓨터보다는 성능은 다소 떨어지지만 생산 장비를 통제할 수 있는 소규모 컴퓨터 시스템에 대한 요구가 제기되었다. 그 결과 미니 컴퓨터가 도입되어 급격하게 보급되었다.

그림 2-3 집적회로, 미니컴퓨터

집적회로

미니 컴퓨터(IBM 360)

(4) 제4세대 컴퓨터(1971~83년)

트랜지스터나 집적회로의 개발과 같은 극적인 기술의 변화가 없었다면, 제4세대 컴퓨터는 개발되지 못했을 것이다. 일반적으로 1971년을 제4세대의 시작으로 잡는다. 이 세대 컴퓨터 기술은 제3세대와 동일한 집적 회로이다. 그러나 제4세대가 제3세대와 구별되는 요인은 지속적이고 성공적인 소형화이고 이것이 컴퓨터의 수요를 급속하게 증대시킬 수 있었다. 1970년대 초반까지 고밀도 집적회로(Large Scale Integration: LSI)는 하나의 실리콘 칩 위에 많게는 64,000개 전자회로를 구축하는 것을 가능하게 했으며 궁극적으로 계산 능력을 강화시켰다.

하드웨어 요소의 소형화는 다른 중요한 기술 발전을 유도한 요인이 되었다. 이것은 칩에서 회로의 밀도에 관한 것이 아니라 칩의 구조에 관한 것이다. 1969년 인텔(Intel)사의 젊은 공학자인 호프(Ted Hoff)는 컴퓨터의 모든 처리 회로를 하나의 칩에 설치하는 연구를 시작했다. 그 전까지는 각 기능에 대해 각각 분리된 칩이 필요했다. 호프의 아이디어는 우표보다 작은 하나의 실리콘 칩이면서 산술 논리 장치, 제어 장치, 주기억 장치의 회로를 모두 포함하는 마이크로프로세서(microprocessor)로 나타났다. 컴퓨터 시장이 정말로 대량화된 것은 바로 이 시기이다. 인텔사가 1971년 마이크로프로세서 칩을 판매하기 시작할 때, 이 새로운 상품은 칩 위의 컴퓨터라고 불리었다. 마이크로프로세서는 전자 오븐에서 우주선까지 광범위하게 사용되기 시작했다.

마이크로프로세서는 추가 기억 칩, 통신 제어 칩, 입력출력 제어 칩의 지원을 받았고, 이 모든 칩이 하나의 단일체로 묶어지게 되는데 이것이 마이크로컴퓨터(microcomputer), 즉 PC(Personal Computer)이다. 마이크로컴퓨터는 1세대 전의 대형 컴퓨터만큼 강력한 것이었다. 마이크로컴퓨터 시스템의 차이점은 데이터를 어떻게 처리하느냐에 있는가가 아니고 전자가 어떻게 묶여지느냐에 있다. 마이크로세서의 칩의 출현은 처음에는 컴퓨터 사업의 진출을 용이하게 하는 것을 의미했다. 그 이유는 어떠한 연구개발 비용이 필요하지 않았고 오직 컴퓨터를 만드는 것은 표준 부품을 조립하고 캐비닛(cabinet)을 설계하는 것이 문제였기 때문이다.

그림 2-4 고밀도 집적회로, PC

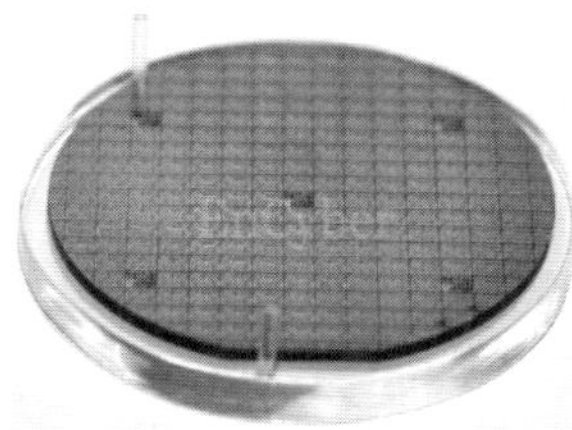

고밀도 집적회로

PC(APPLE 2)

(5) 제5세대 컴퓨터(1984~현재)

고밀도 집적회로(Large Scale Integration: LSI)는 곧 초고밀도 전자회로(Very Large Scale Integration: VLSI)로 발전하게 되었다. 초고밀도 전자회로는 제5세대를 이끈 프로세서로서 계산 능력을 강화시키는 것에 중점을 두고 개발되었다. 이 때부터 세계 최초의 16bit 개인용 컴퓨터인 IBM PC 및 운영 체제인 MS-DOS가 등장했다. 그 후 32bit, 64bit 마이크로프로세서가 계속적으로 개발되었다. 또한 RISC(Reduced Instruction Set Computer) Logic의 프로세서도 등장하게 되었다. 반면에 인공지능(AI)을 이용해 전문가 시스템(ES), 패턴 인식 시스템, 의사결정 시스템(DSS), 퍼지 이론(Fussy Theory) 등 컴퓨터를 이용해 좀 더 복잡한 계산을 통해 고도의 시스템 분야에 활용되었고, 폰 노이만의 '프로그램 내장 방식' 기능을 탈피하려는 노력이 시작되었다.

그림 2-5 초고밀도 집적회로, 제5세대 컴퓨터

초고밀도 집적회로

제5세대 컴퓨터(APPLE MAC AIR)

(6) 제6세대 컴퓨터(미래)

제5세대 컴퓨터가 인간의 논리적인 판단 기능에 해당하는 왼쪽 뇌형의 컴퓨터를 목표로 한 것에 비해, 제6세대 컴퓨터는 도형 인식과 직감을 주관하는 오른쪽 뇌 부분을 담당하는 컴퓨터이다. 현재 개발 단계이며, 오른쪽 뇌형의 컴퓨터 개발은 인간의 뇌 정보 처리의 기구를 모방하는 신경회로 컴퓨터나 대량의 정보를 분담하면서 처리하는 초병렬 초분산 컴퓨터 등의 기술을 융합하는 것이 중요하다. 제6세대 컴퓨터는 상황에 따른 학습을 하기 때문에 새로운 소프트웨어를 설치할 필요가 없다는 장점이 있다.

그림 2-6 컴퓨터 중앙 처리 장치(CPU)의 발전

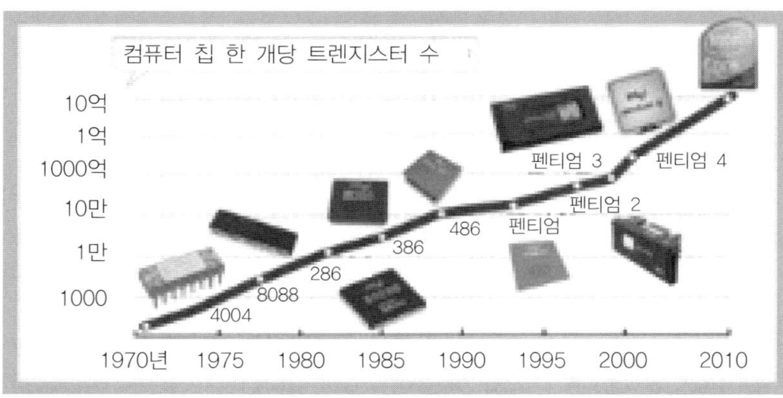

제 3 절 컴퓨터의 분류

컴퓨터는 처리 능력, 사용 목적, 취급 데이터에 따라 분류된다. 처리 능력은 중앙 처리 장치(CPU)의 성능 및 기억 장치의 용량에 따른 것이고, 사용 목적은 그 쓰임이 어디에 있는가에 따른 것이며, 취급 데이터에 따른 분류는 데이터의 종류에 따른 것이다.

1 처리 능력에 따른 분류

중앙 처리 장치(CPU)와 기억 용량, 즉 메모리 용량에 따라 컴퓨터는 크게 슈퍼 컴퓨터(super computer), 메인 컴퓨터(main computer), 미니 컴퓨터(mini computer), 워크스테이션(workstation), 마이크로컴퓨터(microcomputer) 등 다섯 가지로 분류할 수 있다. 슈퍼 컴퓨터가 중앙 처리 장치와 메모리 용량이 가장 크고, 메인 컴퓨터, 미니 컴퓨터, 워크스테이션, 마이크로컴퓨터 순이다.

각 종류별 특징을 살펴보면, 첫째, 슈퍼컴퓨터는 복잡한 계산을 초고속으로 처리하는 초대형 컴퓨터로 처리 속도는 초당 200 메가플롭[3] 이상의 성능을 지니고 있다. 원자력 개발, 항공우주, 기상 예측, 환경공해 문제, 예측 시뮬레이션, 자원 탐사, 유체 해석, 구조 해석, 계량경제 모델, 화상 처리 등에 이르기까지 다양하게 활용되고 있다. 슈퍼 컴퓨터의 종류로는 ILLIAC-IV, STAR-100, CRAY 시리즈(CRAY-1, CRAY-2, CRAY-3 등), CYBER-205, HITAC S-810/20, FACOM VP시리즈, NEC SX 등이 있다.

둘째, 메인 컴퓨터는 슈퍼 컴퓨터보다 한 단계 낮은 것으로 대형 컴퓨터라고 하며 기억 용량이 크고 처리 속도가 빠르다. 단말기(터미널) 등을 이용해 다수의 사용자가 동시에 사용 가능한 다중 사용자 시스템으로 병원, 대학, 대기업, 은행 등에서 주로 활용된다. 메인 컴퓨터에 해당하는 컴퓨터로는 IBM360 계열 등이 있다.

셋째, 미니 컴퓨터는 대형 컴퓨터보다는 성능이 떨어지고 마이크로컴퓨터보다는 우수한 컴퓨터이다. 대형 컴퓨터인 메인 프레임과 비슷한 역할을 하되, 그 크기와 성능을 간소화한 컴퓨터이다. 오늘날에는 중형 컴퓨터(midrange computer)라고 부르기도 한다. 주로 기업체, 학교, 연구소 등에서 많이 사용되고, DEC사의 PDP-8, PDP-11, VAX 계열 등이 있다.

넷째, 워크스테이션은 대부분이 RISC 마이크로프로세서를 채택해서 사용하며, 고속으로 작업할 수 있는 컴퓨터로 고속 연산 장치, 대용량의 주기억 장치, 고해상도 디스플레이, 키보드와 마우스, 다양한 형태의 보조 기억 장치를 갖추고 있다. 고

3) 메가플롭(megaflop)이란 나노초(1/10억분의 초) 또는 초당 백만 개의 실수 연산을 하는 것을 의미한다.

성능 컴퓨터로 그래픽, 미디(MIDI), 멀티미디어 제작용으로 사용되거나 네트워크 망에서 서버(server) 역할을 하는 컴퓨터로 사용되기도 한다. 고도의 맨-머신 인터페이스(man-machine interface), 화상 처리, 파일링(filing), 메일링(mailing), 네트워크 기능이 있다.

마지막으로, 마이크로컴퓨터는 일반 PC를 의미하는 것으로 미니컴퓨터에 비해서 크기가 작고 값이 저렴한 편이다. 보통 8bit, 16bit, 32bit, 64bit와 같이 워드(word) 길이에 따라 구분하며, 숫자가 클수록 처리 속도가 빠르다. 마이크로컴퓨터는 탁상용과 휴대용으로 구분하는데, 전자는 책상 위에 설치해서 사용하는 컴퓨터(데스크톱)를 의미하며, 후자는 노트북보다 조금 더 크고 먼저 출시된 랩톱(lap Top), 일반 노트 크기로 무릎 위에 올려놓고 사용 가능한 노트북(notebook), 피코 컴퓨터(pico computer)라 하면서 손바닥 위에 올려놓고 사용 가능한 컴퓨터인 팜톱(palmtop=PDA)으로 나뉜다. 크기순으로 보면 데스크톱이 가장 크고 랩톱, 노트북, 팜톱 순이다.

2 데이터 취급에 따른 분류

사용하는 데이터에 따라 컴퓨터를 분류하면, 디지털 컴퓨터(digital computer), 아날로그 컴퓨터(analog computer), 하이브리드 컴퓨터(hybrid computer)로 구분한다. 디지털 컴퓨터는 가장 일반적인 컴퓨터로 범용성 컴퓨터라고 하며, 이산적 데이터 처리에 적합하다. 반면 아날로그 컴퓨터는 특수 목적용 컴퓨터로 연속적인 물리량을 이용해서 데이터를 처리하는 것이다. 하이브리드 컴퓨터는 또한 특수한 용도로 사용되는 것인데 이는 아날로그와 디지털 컴퓨터의 장점을 혼합한 것이다. 디지털 컴퓨터와 아날로그 컴퓨터를 비교하면, <표 2-3>에서 보는 바와 같이, 입력, 출력, 연산 장치, 회로, 계산 형식, 정밀도, 프로그램, 가격, 기억 기능에 따라 차이가 난다.

표 2-3 디지털 컴퓨터 vs. 아날로그 컴퓨터

구분	디지털 컴퓨터	아날로그 컴퓨터
입력	숫자, 문자	전류, 전압, 길이
출력	숫자, 문자	곡선, 그래프
연산 장치	사칙 연산	미적분 연산
회로	논리 연산	증폭회로
계산 형식	이산적 데이터	연속적 데이터
정밀도	필요한 한도까지	제한적임.
프로그램	필요	필요 없음.
가격	고가	저가
기억 기능	있음.	없음.

3 사용 목적에 따른 분류

사용 용도에 따라 컴퓨터는 크게 특수 목적용(전용) 컴퓨터와 범용 컴퓨터로 분류할 수 있다. 특수 목적용 컴퓨터란 한 가지 업무만을 위해 설계된 컴퓨터를 말하며, 특정 업무를 수행하기 위해 전용 프로그램이 컴퓨터 내에 상주하고 있으므로 처리 속도가 빠르다. 특수 목적용이다 보니 다른 업무에는 사용이 불가능하다는 단점이 있다. 잠수함, 미사일, 항공기 등의 궤도를 추적하는 군사용으로 이용되거나 산업 공정 제어, 예약 시스템과 같은 민간용으로 이용된다. 범용 컴퓨터는 우리가 일반적으로 많이 사용하고 있는 디지털 컴퓨터를 의미하고, 사무 처리나 과학 계산 등 다양한 분야에서 다목적으로 사용이 가능하다.

제 4 절 컴퓨터 처리 방식

컴퓨터는 전기적인 데이터 처리 장치(Electronic Data Processing System: EDPS)

또는 자동데이터 처리 장치(Automatic Data Processing System: ADPS)라고 하는데, 이는 주어진 데이터를 프로그램이라는 정해진 루틴(routine)에 의해 수행함으로써 원하는 정보를 출력해 내는 전자 시스템을 의미하기 때문이다. 즉, 컴퓨터는 프로그램이 가능한 전자장치로 입력 데이터(input data)를 수용할 수 있고, 수용된 데이터를 처리(process), 저장(store), 검색(retrieve)해서 출력(output)할 수 있다.

이 같은 컴퓨터 처리와 관련한 중요한 개념의 정의를 좀 더 상세히 설명하면 다음과 같다.

① 프로그램 가능성

프로그램 가능성(programmable) 이란 어떠한 작업을 수행하기 위해 컴퓨터가 가져야 하는 단계적인 지침을 의미하며, 이런 일련의 지침을 프로그램(program)이라고 한다. 컴퓨터를 운영하고 실행시키기 위해서는 여러 가지 프로그램이 필요하며, 사람들이 컴퓨터를 이용해 특정한 데이터 처리 문제를 해결하기 위해서는 소프트웨어(software)라는 명령과 절차의 집합체를 필요로 한다.

② 전자장치

전자장치(electronic device) 란 우리가 실제로 컴퓨터라는 단어를 연상케 하는 칩(chip), 전자회로(electronic circuitry), 키보드(keyboard)와 같은 컴퓨터의 기계장치를 의미한다. 실제로 대다수의 컴퓨터는 입력, 처리, 출력 그리고 추가적인 데이터의 저장을 위해 별도의 기계를 사용하고 있는데, 이런 기계를 종합해서 하드웨어(hardware)라고 한다.

③ 데이터 입력

원시 데이터(source date)나 그림을 컴퓨터에 입력(input)시켜 처리할 수 있도록 하는 것이다.

④ 처리, 저장, 검색

처리(process), 저장(store), 검색(retrieve)은 컴퓨터가 데이터를 유용한 정보로 변환시키는 활동이다.

⑤ 출력(output)

출력(output)은 처리된 결과를 보고하는 것으로 바로 컴퓨터의 존재 이유가 되

그림 2-7 컴퓨터 처리 절차

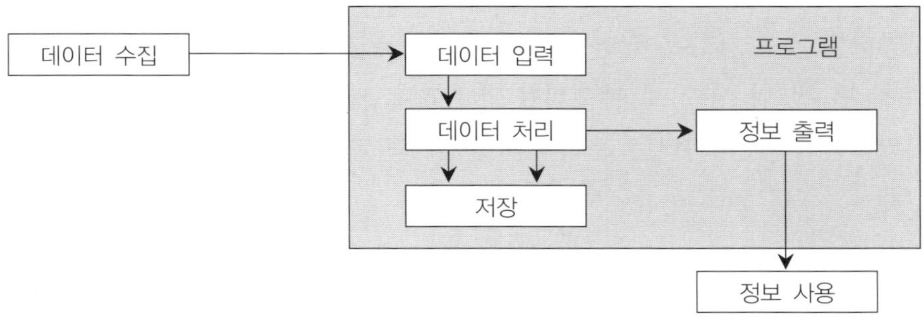

는 부분이다.

이들 외에 컴퓨터 처리를 정의하는 데 필요한 특징들은 다음과 같다: 첫 번째로 컴퓨터는 시스템(system)이다. 즉, 특정 목표를 달성하기 위해 상호 작용하는 요소들의 집합이다. 만약 시스템의 어느 한 요소라도 없으면 시스템은 작동하지 않는다. 우리가 이미 언급한 컴퓨터 시스템의 요소는 데이터, 하드웨어, 소프트웨어인데 가장 중요한 네 번째 요소는 인간(people)이다. 시스템을 설계·조립하고, 프로그램을 준비하고, 데이터를 수집하고, 기계를 작동하고, 출력을 사용할 수 있는 유능한 사람이 없으면 컴퓨터는 무용지물이 될 수밖에 없다. 또한 컴퓨터 처리에서 지녀야 할 속성은 정확성(신뢰성), 신속성, 기억성, 고속성, 대량성, 범용성, 호완성이 있다. 위의 [그림 2-7]은 컴퓨터 처리 과정이 어떻게 운영되고 있는가를 잘 묘사하고 있다.

제 5 절 데이터

1 데이터의 정의

데이터(data)는 컴퓨터에 의해 처리되어야 할 원시 자료(raw materials)이다. 처리된 데이터는 정보(information)가 된다. 데이터는 그 자체로 사람들에게 흥미를 끌지 못하지만, 정보화되면 효과적인 의사 결정에 사용될 수 있다. 데이터를 정보로 가공하는 것은 새로운 활동이 아니며 컴퓨터를 이용하지 않고도 행할 수 있었다. 수천 년 전에는 손으로 데이터를 처리했다. 데이터를 컴퓨터로 처리하든 손으로 처리하든 간에 데이터는 논리적인 순서, 즉 데이터 환기에 따라 진행된다.

2 데이터 환기

데이터 환기(data cycle)의 단계는 [그림 2-8]에서 보듯이 입력(input), 처리(processing), 출력(output)으로 이루어지며, 저장(store)도 이 환기(cycle)의 일부분이 될 수 있다.

그림 2-8 데이터 환기 단계

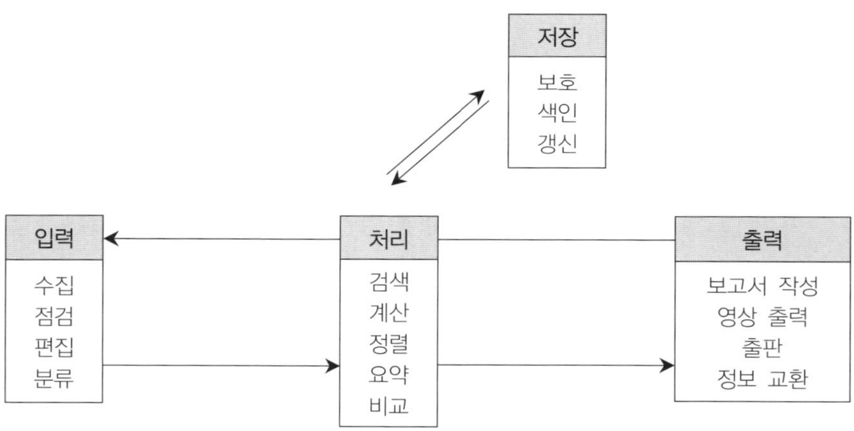

데이터 환기의 입력 단계는 데이터를 수집하고 수집된 데이터의 정확성을 점검하는 활동을 포함한다. 만약 처리가 전산화되어 있으면, 입력 단계는 데이터를 컴퓨터가 인식할 수 있는 기계어로 코딩하는 작업이 필요하다. 일단 코딩 작업이 완성되고 나면, 데이터는 처리될 준비가 되어 있다. 처리 작업의 형태는 필요로 하는 출력의 형태에 따라 결정된다. [그림 2-8]에서와 같이 원하는 출력을 얻기 위해서는 하나 이상의 처리 작업이 필요하다.

처리된 데이터에 의해 생성된 정보는 직접 필요로 하는 사용자에게 전달되거나 장래의 필요를 위해 저장된다. 전산화된 데이터 처리 시스템에서 정보의 저장은 추가적인 작업과 비용을 필요로 한다. 왜냐하면 저장 장치에서 데이터를 검색하려면 특별한 프로그램이 필요하며, 정보를 파일에 저장하는 것이 추가 비용을 지불하는 만큼 가치 있는지를 결정해야 하기 때문이다.

출력은 데이터 환기의 마지막 단계이다. 이것은 정보를 필요로 하는 사람에게 정보를 전달하는 것이며, 정보는 반드시 적시에 적당한 사람에게 정확히 전달되어야 한다. 만약 이것이 지켜지지 않으면 정보는 쓸모없는 것이 된다. 만약 처리가 컴퓨터에 의해 진행되는 경우에, 컴퓨터에 의해 기계어로 출력된 것이 사람들이 인식할 수 있는 형태로 재코딩되어야 한다.

정보의 전달은 구두 메시지나 문자 보고서를 전달하는 것처럼 간단하다. 그러나 데이터 통신 시스템(data communication system)은 좀 더 복잡한 장치이다. 이 시스템에서는 컴퓨터 기술과 통신기술이 결합해 한 장소에서 다른 장소로 전자 기호의 형태로 데이터를 신속하게 전달한다. 이 시스템에 사용되는 통신기술은 우리에게 매우 친숙한 전화 시스템이다. 데이터 통신 시스템은 점점 데이터 환기의 모든 단계에서 정보와 데이터 전달의 보편적인 수단이 되어가고 있다.

3 데이터 편성과 처리

컴퓨터를 이용해서 데이터를 처리하는 장점은 매우 뚜렷하다. 컴퓨터는 데이터 처리를 빠르고 정확하게 할 뿐만 아니라 방대한 양의 정보에 정확하고 신속하게 접근할 수 있도록 한다. 그러나 전산화된 데이터 처리는 수작업으로 이루어진 데이터 처리에 비해 몇 가지 제약을 가지고 있다. 첫째, 입력 데이터는 컴퓨터가 읽을 수 있는 형태를 갖추어야 하며, 둘째, 산술적·논리적인 운영이 컴퓨터가 할 수 있는 오직 두 가지 유형의 처리 방법이기 때문에 모든 문제는 반드시 산술적(arithmetic) 문제나 논리적(logical) 문제로 기술되어야 한다.

그림 2-9 데이터 편성과 처리

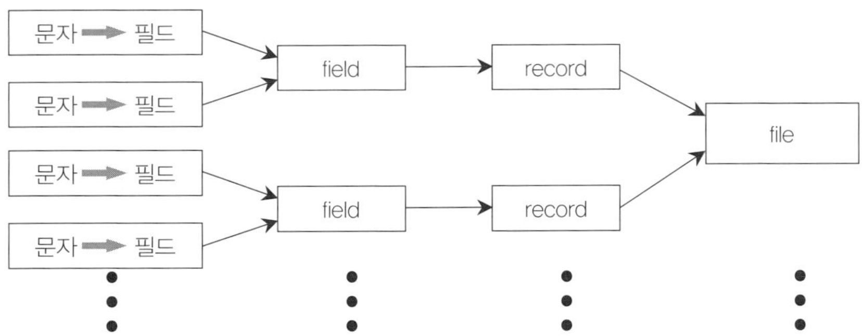

전산화된 데이터 처리를 위한 다른 필요 요건은 컴퓨터가 찾아내고 처리할 수 있도록 데이터가 일정한 기준으로 편성되어야 한다는 것이다. 설사 컴퓨터를 이용하지 않는 수동적 데이터 처리 시스템이라고 하더라도 만약 우리가 저장된 장소에서 정보를 쉽게 찾아낼 수 있으려면 어떠한 방법으로든지 데이터를 적절한 위치에 편성할 필요가 있다. 라벨을 이용한 폴더(folder)나 파일 캐비닛 등이 전통적으로 서류를 저장하는 일반적인 수단이었다. 컴퓨터를 통해 원시 데이터를 처리하기 위해서는 문자, 필드, 레코드, 파일, 데이터베이스로 편성되어야 한다. 필드(field)는 데이터의 속성을 표시하며, 레코드(record)는 연관된 필드의 집합이며, 파일은 관련된 레코드의 집합이다. 그리고 데이터베이스(database)는 같이 저장된 상호 연관된 데이터의 집합으로, 데이터베이스는 데이터의 중복성을 줄이고 정보 검색 및 갱신을 용이할 수 있도록 연관된 모든 파일의 편성이 구조화되고 통합된다.

레코드는 다양한 응용 분야에서 발생하는 특수한 처리에 대한 요구를 충족하기 위해 각기 다른 방법으로 파일 속에 설치되어 있다. 순차 파일 편성(sequential file organization)과 직접 파일 편성(direct file organization)은 파일을 편성하는 가장 일반적인 방법이다. 순차 파일 편성은 데이터에 순차 접근을 허용한다. 컴퓨터는 레코드를 찾을 때 전형적으로 파일의 첫 레코드를 검토한 다음 필요한 레코드를 찾을 때까지 순차적으로 나머지 레코드를 검토한다. 자기 테이프와 같은 저장 매체는 오직 순차적 편성만을 허용하다. 순차 파일 편성에서는 레코드가 어떤 순서에 따라 설치가 되는데 여기서 순서는 항상 레코드의 특정 필드에 의해 결정된다. 레코드 순서의 결정에 기초가 되는 필드를 특히 키 필드(key field)라고 한다. 레코드가 순차적으로 편성되었을 때 컴퓨터는 하나하나 차례로 데이터를 처리해야 하는데 이것을 순차 처리(sequential processing)라 하며, 순차 파일 편성과 처리는 파일 속의 모든 레코드가 처리될 경우에는 매우 능률적이다. 그러나 컴퓨터가 파일 속의 각 레코드를 차례로 읽어야 하기 때문에 개별 레코드가 무작위로 처리될 필요가 있을 때 순차 파일 편성 및 처리는 비능률적이다.

직접 파일 편성과 직접 처리(direct processing)는 개별 레코드를 무작위로 처리할 때는 매우 비능률적인 대안이다. 직접 파일 편성은 파일 내의 개별 레코드에 즉시적이고 직접적인 접근을 허용한다. 자기 디스크는 직접 파일 편성에 가장 널리 사용된다. 직접 파일 편성에서는 키 필드가 각 레코드의 정확한 위치를 지정하는 데 사용된다. 따라서 컴퓨터 파일 속의 모든 레코드를 읽지 않고 필요한 레코드에 직접 접근해 처리할 수 있다. 직접 파일 편성에서 키 필드가 사용되기 때문에 각 레코드는 고유한 키를 가져야 한다. 이 같은 방법으로 편성되고 처리된 파일은 직접 접근 저장 장치(direct access storage device)에 저장되어야 하는데 이 장치는 컴퓨터가 원하지 않는 데이터는 뛰어넘고 필요한 데이터에 직접 접근할 수 있도록 한다.

이 밖에도 컴퓨터가 데이터를 처리하는 방법에는 여러 가지가 있다. 일괄처리(bach processing) 방식에서 파일에 대한 변경 및 질의는 일정 기간 동안 저장된다. 그 다음 파일을 갱신하고 질의에 대한 반응을 산출하기 위한 처리가 주기적으로 이루어진다. 즉각처리(immediate processing) 방식에서는 거래가 실세계의 사상이 발생하자마자 즉각적으로 파일을 갱신하기 위해 처리된다. 즉각처리 방식을 사용하는 정보 처리 응용 업무는 흔히 실시간 응용 업무들이다. 실시간 응용 업무는 진행 중인 사상이나 과정에 대한 데이터를 즉각적으로 획득할 수 있고 그것을 관리하는 데 필요한 정보를 제공할 수 있다.

데이터베이스는 데이터를 편성하는 또 다른 방법이다. 이것은 좀 복잡하기는 하지만, 파일 편성보다 유용한 접근 방법이다. [그림 2-10]에서 데이터베이스는 여러 개의 다른 처리 요구를 만족시킬 수 있는 여러 개의 파일로 구성되어 있다. 데이터 필드는 독립적으로 유지되지만 처리를 위해 필요하다면 연결될 수 있다. 각 데이터 필드는 원래 레코드의 다른 필드와 연결할 수 있는 키를 가지고 있다.

그림 2-10 데이터베이스

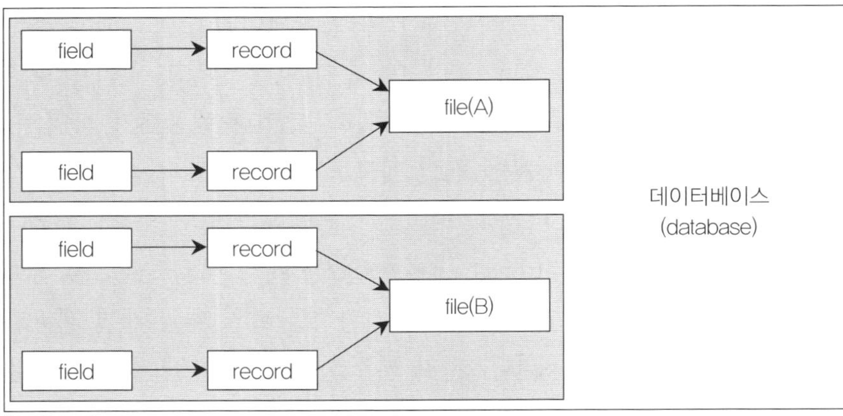

이 같은 형태의 파일 편성은 데이터의 각 항목은 단지 한번만 저장되어 있기 때문에 파일 사이의 데이터 중복을 피할 수 있다. 예를 들면, 순차 혹은 직접 파일 편성에서는 각 학생들에 관한 개인 정보가 기숙사 파일, 성적 파일, 학생 파일 등에 반복적으로 존재하는데 반해, 데이터베이스 편성에서는 각 필드가 오직 한번만 존재하면 된다.

4 데이터와 정보

우리가 컴퓨터를 논할 때는 흔히 데이터와 정보라는 용어를 사용한다. 데이터는 원시자료(raw material) 혹은 사실(fact)로서 컴퓨터에 입력하기 위해 수집되고 사용되는 것이다. 그리고 정보(information)는 유용한 형태로 처리되고 편성된 데이터이다. 데이터를 유용한 형태로 수집하고 편성하는 시스템을 정보 시스템(information system)이라 한다. 잘 설계된 정보 시스템은 근로자의 생산성에 기여하며 작업장의 능률성을 증가시킬 수 있을 것이다.

제 6 절 하드웨어

컴퓨터의 개념을 완전히 이해하기 위해서는 컴퓨터가 여러 개의 하드웨어(hardware)로 구성되어 있다는 것을 인식하는 것이 중요하다. 대규모의 컴퓨터에서는 이 하드웨어가 수백 개에 달하지만 흔히 우리가 접하는 컴퓨터는 몇 개의 하드웨어로 구성되어 있다. 일반적으로 하드웨어의 구성 요소에는 입력 장치(input unit), 중앙 처리 장치(central processing unit: CPU), 출력 장치(output)가 있다([그림 2-11] 참조). 각 장치는 컴퓨터 회사마다 다르고 또한 과학 기술의 발달에 따라서 그 성능과 형태가 달라진다. 여기서는 구체적인 장치의 형태나 이름보다는 각 장치가 수행하는 기능을 중심으로 해서 장치를 설명한다.

그림 2-11 하드웨어

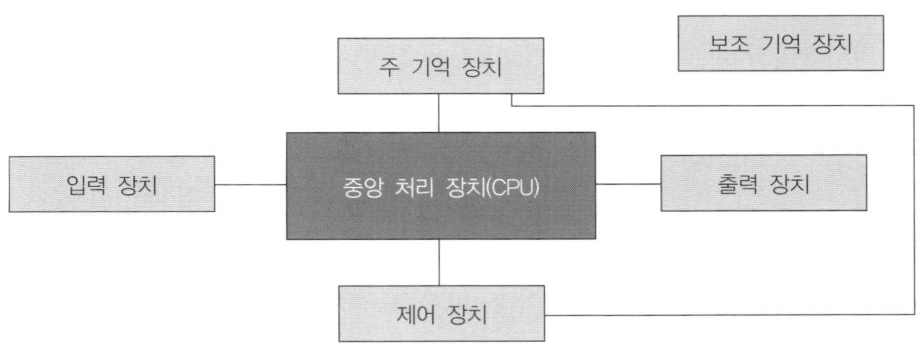

1 입력 장치

입력 장치는 사람이 눈으로 읽을 수 있고 들을 수 있는 형태로 되어 있는 자료를 컴퓨터가 읽을 수 있는 형태로 바꾸어 주는 장치이다. 여기서 사람이 처리할 수 있는 형태의 자료란 우리가 일상생활에서 이용하는 모든 종류의 자료를 말하고, 여기에는 숫자, 문자, 소리, 그림 등이 모두 포함된다. 그렇다면 컴퓨터가 처리할 수 있는 형태의 자료는 어떤 것일까? 이 질문에 대한 해답은 컴퓨터를 정의할 때 사용한 "전자의 원리에 의해"란 말에서 찾을 수 있다. 즉, 컴퓨터는 "0"과 "1"이라는 두 종류의 기호로 된 자료만을 처리한다. 요컨대 입력 장치란 보통 우리가 사용하는 다양한 기호로 되어 있는 정보를 컴퓨터가 처리할 수 있는 형태로 전환시켜 주는 기능을 수행하는 모든 장치를 말한다. 일반적으로 마우스와 키보드가 있으며, 그 외 데이터를 입력할 때 키보드 대신 특정 위치를 클릭해서 사용할 수 있는 장치들로 라이트 펜, 마우스, 트랙볼, 터치스크린, 펜 기반 시스템, 디지타이징, 태블릿, 조이스틱 등이 있고, 컴퓨터가 인쇄된 문서를 스캐닝해서 인식 가능한 패턴으로 변환시키는 데이터 스캐닝 장치로 MICR, 바코드, OMR, 광학 스캐너 등이 있다. 각각을 구체적으로 살펴보면 다음과 같다.

① 스캐너(scanner)는 빛의 반사 작용을 이용해서 사진이나 그림 등을 디지털 데이터로 변화하는 데 사용되는 것으로 종류로는 핸드(hand-held) 스캐너, 낱장 공급(sheet-fed) 스캐너, 플랫베드(flatbed) 스캐너 등이 있다.
② 디지타이징(digitizing)/태블릿(tablet)은 문자나 도형의 위치 좌표를 디지털적으로 검출해서 정보를 입출력하는 장치이다. CAD/CAM이나 설계도면, 지도와 같이 정밀하고 복잡한 데이터를 입력할 때 사용하는 장치로 입력받을 데이터를 올려놓고 테이블과 입력 펜 또는 마우스 등으로 구성되어 있다.
③ 마우스(mouse)는 모니터 화면에 나타나 있는 내용 중 원하는 항목을 선택하기 위해 사용되는 입력 장치이다. 마우스를 컴퓨터에 연결하려면 직렬 포트를 사용하는데 최근에는 PS/2나, USB로 연결한다. 마우스의 동작 방식에는 볼 마우스, 광 마우스, 레이저 마우스 등이 있다.
④ 트랙볼(track ball)은 마우스와 유사한 것으로 볼을 돌려 볼이 이동한 거리만큼 화면에 커서를 이동 가능하게 한 것이다.
⑤ 터치 패드(touch pad)는 노트북 등에서 장착되는 마우스와 유사한 기능을 수행하는 입력 장치이다. 패드에 손가락으로 그림을 그리듯이 움직이면 포인터가 손가락을 따라 움직이면서 작업을 수행한다. 노트북 등에서 많이 사용하는 마우스 대용의 도구로 터치패드, 트랙볼, 트랙패드 등이 있다.
⑥ 광펜(光pen)은 펜 모양의 입력 장치로 화면에 나타나는 정보를 선택하거나

직접 그리거나 써서 컴퓨터에 입력하는 전자 장치이다.

⑦ 바코드(barcode)는 굵기가 서로 다른 선을 조합시켜 코드화해서 특정 물품들을 구분하기 위해 사용하는 것으로 마트나 백화점 등에서 물품관리에 이용하는 POS(Point of Sale) 시스템에 사용한다.

⑧ 터치 스크린(touch screen)은 접촉식 화면이라는 뜻으로 키보드나 마우스의 조작 없이 사람이 손가락으로 화면에서 물체를 선택해서 데이터를 입력할 수 있게 하는 장치이다.

⑨ 키보드(keyboard)는 가장 많이 사용하는 표준 입력 장치 중 하나로 키보드 판에 있는 문자나 숫자를 눌러 데이터를 입력하는 장치이다.

⑩ 광학마크 판독기(OMR)는 컴퓨터용 연필이나 펜으로 특정 형식의 용지나 카드에 쓴 데이터를 광학적으로 판독해서 컴퓨터에 입력하는 장치로, 시험 답안용으로 주로 활용된다.

⑪ 자기잉크 문자 판독기(MICR)는 자성 잉크를 사용해서 인쇄된 문자들을 판독해 헤드가 지나면서 신호를 감지해 판독하는 장치로 자기앞 수표, 지로 영수증에 쓰인다.

2 출력 장치

이것은 입력 장치와 반대로 컴퓨터가 처리할 수 있는 이진 형태의 자료를 사람들이 읽어서 처리할 수 있는 다양한 형태의 자료로 전환시켜 주는 장치이다. 앞에서 언급한 대로 컴퓨터가 처리한 결과는 1과 0의 조합으로 되어 있어서 사람들이 그대로 이해할 수 없다. 이것을 사람이 읽을 수 있는 문자, 숫자, 그림, 음성 등으로 전환시켜 주는 기능을 수행하는 장치를 출력 장치라고 부른다. 출력 장치에는 플로터, 모니터, 프린터, 마이크로필름 출력 장치 등이 있다. 각각을 구체적으로 살펴보면 다음과 같다.

① 플로터(plotter)는 펜을 상하좌우로 움직여 가면서 단순 문자에서부터 그래프나 도형, 복잡한 설계도면까지 인쇄 용지에 출력할 때 사용하는 장치이다.

② 모니터(monitor)는 화면에 내용을 표시하는 장치로 컴퓨터에서는 CRT 디스플레이, 액정(LCD), 디스플레이 플라즈마 디스플레이어(PDP)를 주로 사용하고 있다(<표 2-4> 참조).

③ 프린터(printer)는 컴퓨터 작업한 내용을 종이에 인쇄하는 장치로 크게 충격식과 비충격식 프린터로 분류한다. 충격식 프린터는 도트 매트릭스 방식과 활자 방식(시리얼 프린터와 라인 프린터)이 있고, 비충격식 프린터는 열전사 방식, 감열 방식, 잉크젯 방식, 레이저 방식 등이 있다.

④ 마이크로필름 출력 장치(COM)는 컴퓨터로 작업한 내용을 저장하는 장치 중 하나로 많은 양의 정보를 적은 부피로 보관 및 관리하기가 용이하다.

표 2-4 디스플레이 종류

디스플레이 종류	특성
CRT (음극선관)	일반적으로 가장 많이 사용하는 모니터로 입출력 속도가 빠르고 가격이 비교적 저렴함. 전력 소모가 크고 눈이 쉽게 피로해질 수 있음.
LCD (액정)	CRT 디스플레이보다 전력 소모가 적고, 가볍고 휴대하기가 편리함. CRT보다 화면에 나타내는 속도가 느리고 눈에 피로를 적게 줌.
PLASMA (플라즈마)	눈의 피로가 적고 해상도가 뛰어나며, 두께가 얇고 가벼움. 가격이 고가이며 전력 소모가 큼.

3 중앙 처리 장치

컴퓨터 시스템 전체를 제어하는 장치로서 다양한 입력 장치로부터 자료를 받아서 처리한 후 그 결과를 출력 장치로 보내는 일련의 과정을 제어하고 조정하는 일을 수행한다. 모든 컴퓨터의 작동 과정이 중앙 처리 장치의 제어를 받기 때문에 컴퓨터의 두뇌에 해당한다. 중대형 컴퓨터에서는 이를 중앙 처리 장치(Central Processing Unit: CPU)라고 부르지만, 소형 컴퓨터에서는 때로 마이크로프로세서(micro processor) 또는 줄여서 프로세서라 부르기도 하는데, 명칭만 다를 뿐 기본적으로 동일한 기능을 수행한다. 범용 마이크로프로세서를 구성하는 요소에는 명령 세트,

레지스터, 메모리 공간 등이 있다. 이 중 명령 세트는 형태에 따라 두 가지 종류가 있다. CISC(Complex Instruction Set Computer)는 마이크로 프로그래밍을 통해 다양한 명령어 형식을 제공하지만 구조가 복잡해서 생산 단가가 비싸다. 따라서 자주 쓰이지 않는 명령어들은 소프트웨어로 구현하고 자주 쓰이는 명령어만 간략화해서 CPU의 성능을 높인 RISC(Reduced Instruction Set Computer)가 고안되었다. RISC는 연산 속도를 향상시키기 위해 제어 논리를 단순화해서 CISC에 비해 가격이 저렴하다. 펜티엄을 포함한 인텔 계열의 모든 프로세서는 CISC 프로세서이다. RISC 프로세서는 IBM의 System/60000 기종과 매킨토시 컴퓨터에 사용되고 있다.

표 2-5 CISC & RISC

종류	특징
CISC	명령어 집합이 커서 많은 명령어들을 프로그래머에게 제공해 주므로 작업이 쉬움. 구조가 복잡하므로 생산 단가가 비싸며 전력 소모가 많음.
RISC	전력 소모가 적고 CISC 구조보다 처리 속도가 빠름. 필수적인 명령어들만 제공되므로 CISC 구조보다 덜 복잡하고 생산 단가가 낮음. 복잡한 연산을 수행하기 위해서는 RISC가 제공하는 명령어들을 반복 수행해야 하므로 프로그래머의 작업이 복잡함. 중형 컴퓨터나 UNIX 워크스테이션과 같은 고급 마이크로컴퓨터 들이나 몇몇의 프린터 등에 사용되고 있음.

사용 레지스터의 종류에는 프로그램 카운터(PC), 명령 레지스터(IR), 명령 해독기, 기억 번지 레지스터(MAR), 기억 버퍼 레지스터(MBR) 등이 있다. 사용 레지스터의 종류로는 누산기, 데이터 레지스터, 가산기, 상태 레지스터 등이 있다. 여기에서 레지스터에 대해 알아보면 데이터를 일시적으로 기억할 수 있는 중앙 처리 장치 내의 임시 기억 장치를 말하며, 종류에는 다음과 같다.

CPU[4]는 컴퓨터의 유형에 상관없이 일반적으로 주 기억 장치(primary storage unit), 산술 논리 장치(arithmetic/logic unit), 제어 장치(control unit)로 구성되어 있다. 흔히 주 기억 장치와 다른 두 장치를 구별하는데, 주 기억 장치는 실제로 데이터를 처리하지 못하고 대신에 처리될 데이터를 저장하는 기능을 하므로, 흔히 사

4) CPU의 처리 속도에 영향을 미치는 요소들에는 버스(bus), 주 메모리의 크기, 클럭(clock) 속도, 캐시 메모리, 수치 연산 보조 프로세서가 있다.

표 2-6 사용 레지스터의 종류

종류	의미
누산기 (Accumulator)	연산기의 입출력 데이터를 임시적으로 기억하는 연산용 레지스터
프로그램 카운터 (Program Counter)	프로그램의 수행 순서를 제어하는 레지스터로 다음에 실행할 명령의 번지 기억
메모리 주소 레지스터 (Memory Address Register)	현재 수행 중인 명령의 내용을 기억하는 레지스터
상태 레지스터 (Status Register)	CPU에서 수행되는 연산에 관련된 여러 가지 상태 정보를 기억하기 위해 사용되는 레지스터
메모리 버퍼 레지스터 (Memory Buffer Register)	기억 장치를 통해 접근되는 정보가 기록되는 CPU의 레지스터

람들은 제어 장치와 산술 논리 장치 두 개만을 CPU로 보기도 한다. 그러나 컴퓨터가 데이터를 처리하는 능력은 이 세 가지 기능 모두에 의존하고 있고, 이 세 가지 기능은 물리적으로 같은 장치에 내장되어 있기 때문에 이 세 개 기능을 통합해 CPU라고 하는 것이 바람직하다.

중앙 처리 장치에서 제어 장치는 입출력 장치와 기억 장치 및 연산 장치 등을 제어하고 디코더(decorder)를 통해서 명령어를 해독하고 제어 신호에 따라 동작하는가를 감시·감독하는 기능을 한다. 즉, 연산 장치가 산술적 혹은 논리적 기능을 할 것인지 혹은 데이터를 입력 장치에서 기억 장치로 옮길 것인지를 결정하는 것이 제어 장치이다. 제어 장치는 프로그램으로부터 받은 각 명령어를 해독하고 명령에 따라 활동한다. 각 명령어를 번역해서 실행해야 할 행동을 결정하고 그 다음에 필요한 명령을 CPU의 다른 요소와 연락한다. 프로그램 명령어와 데이터가 CPU에 입력될 때는 주 기억 장치에 입력된다. 제어 장치는 프로그램이 실행되는 동안 적절한 순서에 따라 그들을 저장하거나 검색하는 역할을 한다. 프로그램이 실행되고 데이터가 주 기억 장치에 입력됨에 따라 제어 장치는 적절한 산술 혹은 논리 회로를 점화시키는 각 프로그램 명령어와 기호를 해석한다. 즉, 기계어로 되어 있는 명령어와 기호를 해독하게 된다. 산술 논리 장치가 계산을 완료하고 나면, 제어 장치는 그 결과를 주 기억 장치의 적당한 장소에 배치한다. 처리의 결과를 표시하거나 기록할 때 제어 장치는 단말기, 프린터 혹은 다른 출력이나 보조 기억 장치에 기호를 보낸다. 연산 장치는 산술 논리 장치로 자료의 비교, 판단과 산술 연산, 논리 연산, 관계 연산, 이동 등을 수행한다. 산술 논리 장치는 컴퓨터에서 모든 계산이 수행되는 곳이다. 여기서 사칙 연산과 같은 계산이 프로그램의 통제 하에 이루어진다.

기타 장치로 CPU와 함께 운영을 위해 컴퓨터는 다른 요소도 가지고 있다. 세 가지 일반적인 요소는 다음과 같다. 버스(bus)는 전자회로로서 데이터와 메시지를 시스템의 다른 요소들로 보내는 것이다. 포트(port)는 화면, 키보드, 프린터와 같은 입력과 출력 장치를 컴퓨터에 연결하는 곳이다. 대부분의 컴퓨터는 내장되어 있는 확장 슬롯을 가지고 있다. 이것은 기타 장치의 추가적인 기능을 보완하고 있다.

4 주 기억 장치

주 기억 장치(main memory)는 임의 접근 방식의 기억 장치로, 프로그램이나 데이터 처리 결과를 기억하는 곳이다. 다시 말해서 컴퓨터가 처리하려는 자료와 처리 결과를 임시로 보관하는 이른바 작업 장소를 말한다. 이 장치의 이름이 기억 장치이기 때문에 여기에 보관된 자료는 영원히 보관되는 것으로 이해하기 쉬우나 사실은 그렇지 않다. 즉, 우리가 기억 장치라고 부르는 이 장치는 사실상 임시 작업 장치이기 때문에 작업이 끝나서 전기를 끄면 기억 내용이 모두 지워진다. 또 동일한 장소에 다른 사람이 다른 자료를 입력시키면 그전에 기억해 두었던 자료는 소멸된다. 따라서 우리는 주 기억 장치를 앞으로 작업 장치 또는 더 정확히 임시 기억 작업 장치라고 부를 필요가 있다. 일반적으로 주 기억 장치의 크기는 컴퓨터의 성능과 밀접한 관련을 갖는다.

주 기억 장치는 처리될 명령이나 자료가 저장되는 장치로, 흔히 ROM과 RAM의 두 가지로 구분된다. ROM(Read-Only Memory)은 미리 기록된 내용을 읽기만 할 수 있는 장치이다. 즉, 기억되고 있는 데이터를 읽기만 가능한 비휘발성 메모리를 말한다. 흔히 컴퓨터를 움직이는 데 필요한 가장 본질적이고 원천적인 명령이 회사 기계에 의해 ROM 안에 기록된다. 프로그래머는 이 장소의 내용을 변경할 수 없다. 비유적으로 ROM은 기록을 못하도록 한 녹음 테이프에 해당된다.

표 2-7 ROM(Read-Only Memory)의 종류 및 특징

종류	특징
MASK ROM	한번 기억된 내용은 변경할 수 없는 메모리로 컴퓨터 제조 회사에서 제작해 줌.
PROM	한 번에 한해서 사용자가 원하는 정보를 기록할 수 있는 메모리
EPROM	ROM Writer에 의해 데이터를 기록하고 자외선과 같은 특수 장치를 사용해서 내용을 지우고 새로 프로그램을 등록할 수 있는 메모리
EEPROM	전기적으로 기억된 내용을 지울 수 있어 여러 번 쓰고 지울 수 있는 메모리

RAM(Random-Access Memory)은 기록하고 읽기도 할 수 있는 기억 장치로 보통의 기억 장치를 의미하며 전원이 켜진 상태일 경우에 한해서 읽고 쓰기가 가능한 휘발성 메모리로 SRAM(정적 RAM)과 DRAM(동적 RAM)으로 분류한다. SRAM과 DRAM의 차이는 <표 2-8>과 같다.

표 2-8 SRAM vs. DRAM

구분	SRAM	DRAM
사용 범위	캐시 메모리	주 기억 장치
가격	비싸다.	싸다.
속도	빠르다.	느리다.
구조	복잡하다.	단순하다.
용량	작다.	크다.
재충전(refresh)	불필요	필요

이 밖에도 기타 기억 장치로 플래시 메모리(Flash Memory), 캐시 메모리(Cache Memory), 가상 기억 장치(Virtual Memory), 연관 기억 장치(Associative Memory) 등이 있다. 플래쉬 메모리는 EEROM이라고도 하며 RAM처럼 저장된 정보를 변경하거나 ROM처럼 한번 기억된 정보를 유지할 수 있다는 장점이 있다. 전원과 무고한 기록된 내용이 유지되는 비휘발성 메모리로 휴대용 컴퓨터나 노트북의 하드 디스크 역할 또는 BIOS와 같이 적은 양의 정보를 써넣을 수 있다. 캐시 메모리는 CPU와 DRAM으로 구성된 주 기억 장치와의 처리 속도 차이를 줄이기 위해 SRAM으로 구성된 캐시 메모리를 두어 CPU의 작업을 돕는 데 사용한다. 가상 기억 장치는 기억

장치의 용량을 좀 더 크게 사용하기 위한 것으로 디스크의 메모리를 주 기억 장치와 같이 사용할 수 있도록 하는 것이다. 연관 기억 장치는 CAM(Content Addressable Memory)이라고도 하며 기억된 내용의 일부를 이용해서 데이터를 직접 접근할 수 있는 메모리이다.

5 보조 기억 장치

보조 기억 장치는 주 기억 장치의 기억 한계를 확장시켜서 컴퓨터의 기억 능력을 보조해 준다는 의미로 등장한 것이다. 사실 컴퓨터의 기억 장치, 즉 임시 작업 장치의 규모가 크지 않았던 시절에는 이러한 의미가 설득력을 가졌으나, 최근 들어서는 기억 장치의 규모가 상상을 초월해 확장됨에 따라 보조 기억 장치의 기능이 자료를 오랫동안 보관하는 용도에 더 초점이 맞추어지게 되었다. 대표적인 보조 기억 장치로는 자기 테이프, 자기 디스크 장치, 자기 드럼 등이 있다. 자기 테이프는 우리 주위에서 흔히 볼 수 있는 녹음 테이프이다. 폴리에스테르 필름의 표면에 자성 물질을 입힌 대용량의 저장 매체로 IBG(Inter Bock Gap: 블록과 블록 사이의 공백), IRG(Inter Record Gap: 레코드와 레코드 사이의 공백), 트랙(Track: 8 트랙 또는 9트랙으로 구성), Read/Write Head(정보를 읽고 쓸 수 있는 헤드), BOT (Beginning of Tape: 테이프의 시작 위치를 나타냄), EOT(End of Tape: 테이프의 끝 위치를 나타냄), BPI(Byte(Bit) Per Inch: 기록 밀도로 1인치에 기록할 수 있는 문자 수(또는 비트 수)), TPI(Track Per Inch: 1인치에 기록되는 트랙 수), TM(Tape Mark: 특수 문자 1개로 레이블과 파일을 구분하기 위해 사용)으로 구성된다. 차이점은 소리 대신 자료를 기억한다는 점이다. 자기 디스크는 대량의 데이터를 기록할 수 있는 저장 매체로 둥근 원판의 양면에 자성 물질을 입혀 자기화된 상태를 읽고/쓰기 헤드(read/write head)가 감지한다. 비유적으로 설명하면 레코드판을 여러 개 겹쳐놓은 것으로 볼 수 있다.

자기디스크는 트랙(track: 디스크상의 동심원을 의미), 실린더(cylinder: 디스크의 중심축으로부터 동일한 거리에 위치하고 있는 트랙의 모임), 섹터(sector: 실제 데이터가 기록되는 위치로 트랙을 여러 구역으로 분리한 것), 읽고/쓰기 헤드

(read/write head: 디스크에 데이터를 읽거나 쓰기 위한 장치), 액추에이터(actuator: 디스크 상에 있는 자료를 꺼내기 위해 읽고/쓰기 헤드를 이동시키는 데 사용되는 장치), 디스크 팩(disk pack: 여러 장의 디스크를 하나로 묶어 사용하는 것)으로 구성되어 있다. 프로그램 라이브러리를 통해 여러 사용자가 공유할 수 있도록 여러 유형의 프로그램을 저장해 두는 것으로 가격도 적당하고 임의 접근이 가능한 자기 디스크를 많이 사용한다. 두 장치의 차이점은 테이프는 테이프의 가운데 있는 자료를 찾을 때, 처음부터 그 자료가 있는 지점까지를 순차적(sequentially)으로 읽어야 하나, 디스크의 경우는 우리가 원하는 자료에 직접 접근(direct access)할 수 있다는 데 있다. 그래서 전자를 순차적 접근 장치(sequential access device)라고 하고 후자를 직접 접근 장치 또는 임의 접근 장치(direct access device: random access device)라고 부른다.

자기 드럼은 직경 20~30cm인 금속 원통의 표면에 자성 물질을 입힌 것으로 수십에서 수백 개의 읽고/쓰기 헤드가 각 트랙마다 고정된 형태로 배치되어 있어 데이터를 액세스(access)하는 데 자기 디스크나 자기 테이프보다 속도가 빠르다.

세 가지 기억 장치를 서로 비교하면, 세 가지 장치 모두 주 기억 장치를 보조해 주는 기억 장치로 대량의 데이터를 저장하는 것이 가능하고, 주 기억 장치에 비해 처리 속도가 느리고 반영구적으로 저장 가능하다는 점에서 공통점이 있다. 그러나 처리 속도에서 자기 드럼, 자기 디스크, 자기 테이프순으로 느려지며, 기억 용량에서 자기 테이프, 자기 디스크, 자기 드럼순으로 용량이 적어진다는 측면에서 차이점이 있다. 세 가지 장치 중 어느 장치를 사용할 것인가는 처리하려는 업무의 성격에 따라서 달라진다. 예를 들어 수시로 문의가 들어오는 민원 업무는 직접 접근 장치를 이용하고, 주기적으로 일괄 처리를 하는 업무는 순차적 접근 장치를 사용하는 것이 유리하다. 그러나 최근에 와서 자기 디스크 장치의 고속화와 저가격화에 따라 자기 디스크가 주로 사용되고 있다. 이러한 자기 디스크로는 하드 디스크(hard disk), 광학 디스크(compact-disc read only memory), 광자기 디스크(Magnetic Optical Disk: MOD), DVD(Digital Video[또는 Versatile] Disk) 등이 있다.

하드 디스크는 개인용 컴퓨터에 가장 많이 사용되고 있는 고정 디스크 장치로 대용량의 데이터를 비순차적으로 처리 가능하며 처리 속도가 빠르다.

광학 디스크는 일반적으로 CD-ROM으로 알려져 있다. 광학 디스크는 멀티미디어 PC의 핵심 장비 중 하나로 대용량의 데이터 저장이 가능한 읽기 전용 저장 매체로 플라스틱 원판에 금속 표면을 입힌 CD-ROM의 직경은 12cm, 두께는 1.2mm로 연속된 나선형의 트랙을 사용하며 섹터의 길이가 일정하다. 8배속, 16배속, 32배속… 등은 전송 속도를 의미하는 것으로 숫자가 클수록 초당 전송되는 데이터의 전송률이 높아진다. 그러나 하드 디스크에 비해 접근 시간(access time)이 느리고 데이터 전송률도 낮다. 인터페이스로 저가형의 AT-BUS, IDE와 고성능의 SCSI 방식 및 USB 등이 있다.

표 2-9 광학 디스크

종류	규격	종류
CD-MA	레드 북	디지털 오디오로 사용하기 위해 만든 것으로 일반적으로 음악용 CD
CD-ROM	옐로 북	문자나 숫자, 음악, 동영상의 데이터 저장 컴퓨터 데이터를 저장하기 위한 읽기 전용 CD-ROM
CD-I	그린 북	TV와 연결해서 사용 가능/대화형 CD
CD-DV	화이트 북	영화를 기록한 CD
CD-R	오렌지 북	한 번에 한해서 쓰기가 가능한 CD-R 오디오나 데이터 CD의 원본을 만들 때 사용
CD-G		CD에 음악과 정지 화상을 기록한 것 WORM(Write-Once Read Many) CD

광자기 디스크(Magneto Optical Disk: MOD)는 CD-ROM과 유사한 기억 장치로 레이저를 이용하므로 하드 디스크나 플로피 디스크와 비교할 때, 좀 더 작은 면적에 대용량의 데이터를 기록하는 것이 가능하다. 데이터 전송 속도는 하드 디스크와 유사하지만 데이터 저장 속도는 좀 더 느리다. 왜냐하면 데이터를 저장할 때 이전의 데이터를 지운 다음 저장하게 되기 때문이다.

DVD(Digital Video[or Versatile] Disk)는 고해상도와 높은 화질을 제공하는 차세대 영상 정보 매체로 현재는 점점 그 사용 빈도가 높아지고 있다. 화질과 음질이 뛰어난 영상을 저장할 수 있으며 4.7GB 정도의 대용량의 데이터가 저장 가능(135분 이상의 디지털 영상 저장 가능)하다.

제 7 절 컴퓨터 언어의 이해

1 컴퓨터 언어

컴퓨터 언어는 사람과 기계 사이의 대화를 위해 사람들이 인위적으로 만든 인공어(artificial language)이다.[5] 흔히 '프로그래밍 언어'라는 용어를 많이 활용하는데, 프로그래밍 언어는 컴퓨터 언어의 부분 집합이다. 컴퓨터 언어에는 프로그래밍 언어 외에도, 스크립팅 언어, 스페시피케이션 언어, 기계어(다른 언어로부터 변환됨. 간혹 온 더 플라이 변화됨), 바이트 코드(특히 '가상 기계' 코드－가상 기계에서 수행됨), 쿼리 언어(예: SQL, XQuery), 마크업 언어(예: HTML－일반적으로 문서 생산에 사용), 변환 언어(예: XSLT), 틀 처리 언어, 제4세대 프로그래밍 언어(4GL), 하드웨어 디스크립션 언어(HDL), 설정 파일 포맷(예: INI 파일) 등이 있다.

2 프로그래밍

(1) 프로그래밍 언어의 조건

언어의 구조와 개념은 단순하고 명료해야 하며, 개념은 확장성 및 신뢰성이 있어야 한다. 또한 다른 기종과 호환이 되어야 하며, 다른 언어에 쉽게 이식할 수 있고 추상적인 것을 지원함과 동시에 검증하기 쉬워야 한다.

(2) 프로그래밍 언어의 종류

프로그래밍 언어는 크게 저급 언어(low-level)와 고급 언어(high-level)로 구분한다. 저급 언어는 기계 중심의 언어로 기계 코드를 잘 알아야 하므로 프로그래밍하는 것이 어렵고, 에러 발생 시 수정하기 힘들며, 다른 기계와 호환하기 어렵다는

5) 이에 반해 사람과 사람 간 대화에 이용되는 언어는 자연스럽게 형성된 언어라는 측면에서 자연어(natural language)라고 부른다. 한국어, 영어, 일본어, 독일어 등은 자연어이다.

단점이 있다. 그러나 기계 자체의 언어이므로 번역할 필요가 없어 처리 속도가 빠르다. 저급 언어로는 기계어, 어셈블리 등이 있다. 고급 언어는 사용자가 중심이 되는 언어로 일반적으로 프로그래밍 언어를 의미하며 컴파일러 언어라고 한다. 저급 언어와 반대로 프로그램을 작성하기 쉽고 이해하기 쉬우며 다른 기계와 호환이 가능하다는 장점이 있다. 그러나 실행하기 위해서는 기계어로 번역하는 과정을 거쳐야 하므로 수행 시간이 오래 걸린다는 단점이 있다. 고급 언어로는 FORTRAN, COBOL, ALGOL, PASCAL, C 등이 있다.

(3) 프로그래밍 언어의 발전 과정

프로그래밍 언어는 기계 중심에서 사람 중심으로 발전하고 있다. 특히 최근 들어서는 윈도우 같은 그래픽 인터페이스(Graphic User Interface: GUI)가 강조되고 있으며, 발전 단계를 보면 기계어, 어셈블리어, 고급 언어(절차적 언어), 4세대 언어(4GL: 문제 중심 언어), 인공지능(자연어)순으로 발전했다고 볼 수 있고, 각 세대별 특징을 구체적으로 살펴보면 다음과 같다.

첫째, 1세대(1950년)에는 2진수를 이용한 기계어나 어셈블리 언어를 이용해 프로그래밍을 했다. 2진법 언어이므로 기계에 대한 이해가 부족하면 프로그램을 하기 힘들고 에러가 발생할 경우 수정하기 어려웠었다. 1세대에 개발된 프로그래밍 언어로는 저급 언어인 기계어, 어셈블리, 수치 과학용 언어 FORTRAN Ⅰ, ALGOL 58, 자료 처리용 언어 FLOWMATIC, 리스트 처리용 언어 IPL 5가 대두되었다.[6)]

둘째, 2세대(1950년 말~1960년 초)는 프로그래밍 언어가 가장 활발히 발전한 시기이다. 개발된 주요 언어로는 FORTRAN Ⅱ, ALGOL 60, COBOL, LISP 등이 있다. 각 언어의 특징을 살펴보면 FORTRAN은 FORmula TRANslation의 약자로 과학 기술용 언어이다. 프로그램 간의 자료 전달 기법은 실매개 변수, 형식 매개 변수가 있으며, 자료 공유기법으로는 COMMON, EQUIVALENCE 등이 있다. ALGOL 60은 ALGOrithimic Language의 약자로 최초의 블록 중심 언어로 수치 자료와 동질의 배열을 강조한 과학 계산용 언어이다. COBOL은 Common Business Oriented Language

6) 기계어(machine language)는 기계가 이해 할 수 있는 2진수, '0'또는 '1'을 이용해서 프로그래밍하는 언어이고, 어셈블리 언어(assembly language)는 기계어에 1 : 1로 대응하는 기호 언어를 이용해서 프로그래밍하는 언어를 말한다.

의 약자로 인사, 자재, 판매, 회계, 생산 관리 등에 주로 사용되는 상업용 자료 처리 언어이다. LISP는 List Processing의 약자로 인공 지능 분야에 사용되는 언어로 프로그램과 자료를 동일하게 표현하는 새로운 개념이 도입되었다.

셋째, 3세대(1960년 중반~1970년대)는 언어 번역 시 발생되는 컴파일러의 각종 문제점이 개선되는 등 기존 언어가 발전되고 수많은 새로운 언어가 개발된 시기이다. 개발된 언어로는 PL/Ⅰ, ALGOL 80, SNOBOL 4, APL, BASIC, PASCAL, C 등이 있다. PL/Ⅰ는 Programming Language One의 약어로 FORTRAN, COBOL, ALGOL 등의 장점을 포함하려고 시도한 범용 언어이다. 또한 직교(orthogonality) 개념을 보유한 언어로 발생 가능한 제한을 최소화하기 위한 범용 언어이며, 모드(mode)에 대한 융통성이 많은 프로시저(procedure)를 포함한 언어이다. SNOBOL 4는 어떤 기계에도 종속되지 않는 매크로 언어를 가진 인터프리터형 언어이다. APL은 A Programming Language의 약어로 배열을 기본 요소로 해서 배역 자체의 연산을 지원하는 언어이다. BASIC은 Beginner's All-purpose Symbolic Instruction Code의 약어로 초보자 들이 배우기 쉬운 대화형 인터프리터 언어이다. PASCAL은 학생들에게 쉽게 프로그래밍 언어를 가르치기 위한 언어로 구조화 프로그래밍을 가능하게 하는 언어로 교육용 언어로 많이 쓰였다. C언어는 UNIX 운영 체제를 위해 개발한 시스템 프로그램 언어로, 발전 단계를 보면 CPL, BCPL, B, C로 저급 언어와 고급 언어의 특징을 모두 갖춘 언어가 되었다.

4세대(1980년대) 언어는 생산성을 증가시켜 주는 언어로 '제4세대 언어', '고생산성(high-productivity) 언어', '비절차적(non-procedural) 언어' 등으로 불린다. 온라인 환경에서 응용 개발을 지원하는 언어, 문제 해결형 언어로 원하는 결과를 컴퓨터에 지정한 후 접근 시키는 비절차적 언어, 응용 문제를 빠르게 구현시키기 위한 언어로 디버깅(debugging)을 최소화하기 위한 언어 등이 있다. 개발된 언어로는 MULTIPLAN, Super Calc, Lotus1-2-3, dBASE, SAS, ADF 등과 같은 데이터베이스 및 질의 언어, 스프레드시트, 프로그램 생성기와 같은 매우 고급 수준의 언어들이 있다.

5세대(1990년대) 언어는 인공 지능 분야에 기반을 둔 언어로 자연어(natural language)라고 한다. 전문가 시스템(expert system), 지식 기반 시스템(knowledge-based system), 추론 엔진(inference engines), 자연어 처리(processing of human language) 등의 특징을 가진다.

최근 프로그래밍 언어의 흐름은 두 가지 방향으로 흐르고 있다. 우선 객체 지향 프로그래밍 언어로 1964년 노르웨이 컴퓨터센터(Norwegian Computing Center)에서 모의실험을 목적으로 한 Simula에서 시작된 언어로 그 후 1972년 객체 지향 언어의 완전한 모델인 Smalltalk에서 완성되었다. 종류 및 특징을 살펴보면 객체, 클래스, 상속성 등으로 표현되고, 종류는 Smalltalk, C^{++}, Actor, Object, C, Pascal 등이 있다. 다음으로 비주얼(visual) 프로그래밍 언어로서 기존 프로그래밍 언어의 개념에 아이콘, 메뉴와 같은 시각적인 요소를 더해서 GUI 환경의 인터페이스(interface)를 결합한 프로그래밍 언어이다. 프로그래밍 언어를 아이콘 형태로 표현해 사용자가 아이콘을 선택하면 해당 구문이 나타나는 시각적인 인터페이스를 제공, 쉽게 프로그램을 할 수 있게 해준다. 종류에는 Visual Basic, Visual C^{++}, VennLisp, CANTATA 등이 있다.

(4) 프로그램 언어의 번역과 번역기

그림 2-12 프로그램 언어

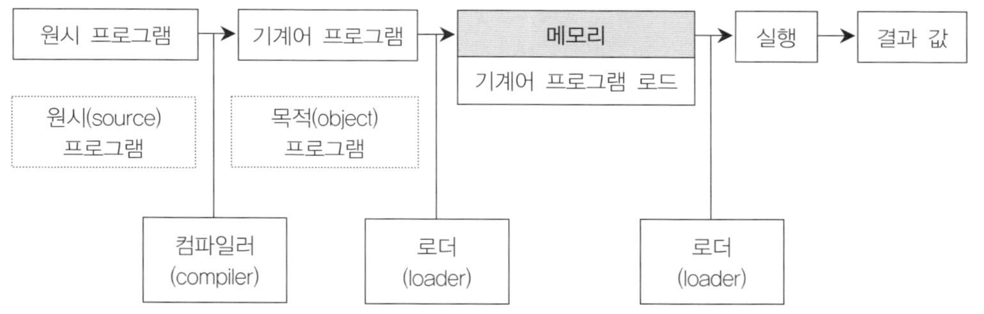

어떤 문제를 컴퓨터로 해결하기 위해서는 그 문제를 해결하기 위한 논리적인 처리 방법을 컴퓨터 언어로 미리 작성해서 컴퓨터에 기억시켜 놓아야 한다. 이 때 사람이 컴퓨터 언어를 이용해 작성한 프로그램을 원시 프로그램이라 한다. 즉, 컴파일러에 의해 목적 프로그램(기계언어 프로그램)으로 번역되기 전의 프로그램을 의미한다. 종류에는 하위 언어(low level language)인 어셈블러 언어로 작성된 프로그램과 상위 언어인 FORTRAN, COBOL, PASCAL 등으로 작성된 프로그램이 있다.

목적 프로그램으로 가기 위해서는 기계어로 번역하는데 이 때 컴파일러와 어셈블러 두 가지로 나뉜다. 컴파일러는 사용자가 고급 언어로 작성한 프로그램을 2진수 기계어로 번역해 주고, 어셈블러는 어셈블리 언어로 작성한 프로그램을 기계어로 번역해 준다. 이렇게 기계어로 번역되면 기계어 프로그램인 목적 프로그램은 링커를 통해서 기계어를 메모리에서 불러들인다. 여기에서 링커(linker)는 기계어로 번역된 목적 프로그램을 실행 프로그램 라이브러리를 이용해서 실행 가능한 형태의 로드 모듈로 번역하는 번역기이다. 이렇게 메모리에 상주되어 있는 로드 모듈로 번역된 기계어는 로더를 통해서 실행 프로그램으로 갈 수 있게 번역한다. 로더는 로드 모듈을 수행하기 위해 메모리에 적재 시켜 주는 기능을 수행한다.

기타 번역기로 인터프리터와 크로스 컴파일, 전(前) 처리기(preprocessor)가 있는데 특징을 보면 인터프리터는 고급 언어나 코드화된 중간 언어를 입력받아 목적 프로그램 생성 없이 직접 기계어를 생성해 실행해 주는 프로그램이다. 크로스 컴파일은 원시 프로그램을 다른 컴퓨터의 기계어를 번역하는 프로그램이다. 마지막으로 전 처리기는 원시 프로그램을 번역하기 전에 미리 언어의 기능을 확장한 원시 프로그램을 생성시키는 시스템 프로그램이다.

제 8 절 소프트웨어

모든 컴퓨터가 제 기능을 하기 위해서는 프로그램이 필요하고, 컴퓨터가 주어진 작업을 완료하기 위해서는 프로그램의 명령에 따라야 한다. 이러한 프로그램을 소프트웨어(software)라 부르는 이유는 이것이 하드웨어처럼 물리적인 물체가 아니기 때문이다. 소프트웨어가 없으면 아무리 성능이 좋은 컴퓨터가 있다고 하더라도 쓸모가 없다. 소프트웨어는 컴퓨터가 필요로 하는 프로그램을 포함하고 있을 뿐만 아니라 사용자가 컴퓨터를 통해서 자신이 원하는 출력을 얻기 위해 필요한 명령어와 절차를 포함하고 있다. 프로그램은 컴퓨터가 필요로 하는 시간만 기억 장치 속에 있으며 기억 장치 속의 프로그램은 저장 장치로부터 읽어온 것의 복사이기 때문에 프로그램은 컴퓨터가 반복해서 사용할 수 있다.

초창기 컴퓨터 사용자들은 컴퓨터의 내부 작용에 대해 많이 알고 있는 기술적으로 훈련된 프로그래머들이었다. 따라서 기업의 관리자들은 단순히 데이터를 제공하고 컴퓨터가 어떻게 작업을 했는가를 알 필요가 없이 그 결과만을 받았다. 그러나 오늘날 많은 관리자는 컴퓨터를 직접 사용해 작업을 수행할 줄 알아야 한다. 이렇게 기술적인 지식을 많이 알지 못하더라도 컴퓨터를 효과적으로 사용할 수 있게 된 것은 시스템 소프트웨어 혹은 응용 소프트웨어로 알려진 프로그램의 발전 덕택이다.

1 시스템 소프트웨어

시스템 소프트웨어는 컴퓨터를 작동시키고 효율적으로 사용하기 위한 프로그램으로서 사용자들이 컴퓨터를 좀 더 편리하게 이용할 수 있도록 도와준다. 컴퓨터 사용자는 하드웨어의 구조나 특성을 잘 알지 못하더라도 시스템 소프트웨어의 사용 방법만을 알면 컴퓨터를 이용할 수 있다. 시스템 소프트웨어의 종류에는 시스템 관리 소프트웨어(운영 체제: OS: Operation System), 시스템 지원 소프트웨어(유틸리티 프로그램), 시스템 개발 소프트웨어(언어 번역 프로그램)가 있는데, 각각의 개념, 기능, 종류에 대해 살펴보도록 한다.

(1) 시스템 관리 소프트웨어

① 개념

시스템 관리 소프트웨어는 컴퓨터 하드웨어와 컴퓨터 사용자 간에 중재적 역할을 하는 프로그램의 집합을 의미하며, 흔히 운영 체계(Operating System: OS)라고 한다. 하드웨어와 소프트웨어의 자원을 관리하는 프로그램의 집합으로 중앙 처리 장치(CPU), 메모리(memory), 디스크(disk)와 같은 자원들을 최대한 효율적으로 사용하게 함으로써 편이성을 도모하려는 목적을 가지고 있다. 컴퓨터가 일반인들에게 보급되지 않았던 초기에는 사용자가 공유하는 네트워크용 대형 컴퓨터의 효율적인 운용을 위해 만들어졌지만, 지금은 일반 컴퓨터에도 모두 장착되어 나온다.

② 시스템 관리 소프트웨어의 기능

시스템 관리 소프트웨어는 다양한 기능을 통해 사용자의 편이성과 효율적인 자원관리를 도모한다. 그 기능을 살펴보면 다음과 같다:

㉠ 사용자 인터페이스(user interface) 기능

명령어 추진 방식, 메뉴 추진 방식, 그래픽 사용자 환경(Graphic User Interface: GUI) 방식 등을 사용해 사용자가 편리하게 컴퓨터를 이용하도록 한다.

㉡ 작업 관리(job management) 기능

운영 체계는 여러 프로그램이 컴퓨터에서 작동할 때 각 프로그램의 작업 순서를 지시해 주며, 컴퓨터에서 계속적으로 작업을 처리하기 위한 준비, 계획, 그리고 통제 기능, 작업의 처리 순서를 결정하는 스케줄링 기능, 각 작업의 처리 운영자에게 알려주는 통신 기능 등을 수행한다. 예를 들어, 엑셀 프로그램을 이용해 자료를 계산하고, 워드프로세서를 사용해 글을 쓰고, 인쇄를 지시하면 프린트에 명령문을 보내 마지막 장에서 첫 장까지 출력되도록 하는 일련의 작업 순서를 지정해 주는 것이다.

㉢ 자원 관리(resource management) 기능

시스템 관리 소프트웨어는 자원 할당자의 역할을 한다. 즉, CPU, 메모리, 저장장치, 입출력 장치 등의 자원을 관리하고 할당하는 것이다. 이는 인간이 신체의 각 부분에 어느 정도의 에너지를 배분하는가의 문제와 같다. 운영 체계인 윈도우즈는 그 자체 프로그램이 많은 자원을 필요로 한다. 윈도우즈가 응용 프로그램 90%의 자원을 할당할 수 있는 반면, UNIX는 99%까지 자원을 할당할 수 있다.

㉣ 파일 관리(file management) 기능

운영 체계는 자료 파일과 프로그램 파일의 생성, 삭제, 접근을 통제하는 파일 프로그램이다. 자기 디스크 및 기타 보조 기억 장치에 저장되어 있는 파일의 위치와 특성에 관한 정보 목록을 유지 관리함으로써 파일을 관리한다.

㉤ 자료 관리(data management) 기능

자료의 입출력, 저장 위치, 검색 등을 통제하는 기능으로 데이터베이스 관리 시스템 소프트웨어의 데이터베이스 처리에 관한 활동을 지원한다. 또한 주 기억 장치의 관리뿐만 아니라 보조 기억 장치의 할당, 주 기억 장치와 보조 기억 장치 간의 자료 이동 등을 통제하는 기능을 수행한다.

③ 시스템 관리 소프트웨어의 기술

초기 운영 체계는 컴퓨터가 처리해야 할 작업을 일정기간 모아 두었다가 한 번에 전체적으로 하나의 CPU에서 처리하는 방식인 배치(batch) 프로세싱, 하나 이상의 CPU를 보유해 여러 작업을 동시에 처리하는 방식인 다중 처리(multiprocessing) 방식, 그리고 네트워크에서 컴퓨터와 연결을 위한 온라인(on-line system) 방식을 주로 사용했다. 그러나 현재에는 시분할 방식 및 멀티태스킹 방식을 사용하고 있다.

시분할(time-sharing) 방식은 하나의 컴퓨터를 시간별로 나누어서 사용하는 것이다. 즉, 프로그램을 돌리면서 여분의 시간에 다른 자료를 입력하든가 다른 프로그램을 돌리기 위한 준비를 하는 것이다. 예를 들어, 프린터에 인쇄를 지시한 후 다른 입력 작업을 할 수 있는 것이 시분할 방식이다. 시분할 방식은 가상 메모리(virtual memory)를 사용하는데, 이는 큰 용량의 프로그램을 메모리(primary memory)에서 다룰 수 없는 경우 이차 저장 장치의 일부를 메모리와 같은 역할로 할당하는 것이다.

멀티태스킹(multi-tasking) 방식은 순차적인 처리 방식인 시분할과는 달리 하나의 CPU에 여러 개의 프로그램이 동시에 돌아갈 수 있도록 하는 것이다. 다중 처리의 경우 여러 개의 CPU를 사용하지만 멀티태스킹은 하나의 CPU를 사용한다. 이는 CPU의 처리 능력이 급속도록 발전했기에 가능해진 것이라고 할 수 있다.

④ 시스템 관리 소프트웨어의 종류

초기의 운영 체계에서는 시스템 조작자(operator)가 일일이 스위치를 작동해서 프로그램 하나하나를 실행시켰다. 그러나 이러한 운영 체계로는 컴퓨터 이용의 효율성을 높일 수 없어, 사용자들의 컴퓨터 이용 편이성을 제고할 수 있는 수많은 운영 체계가 여러 회사에 의해 개발되었다. 현재에는 PC의 보급이 확대되면서 운영 체계 또한 수요가 확대되어 여러 회사에서 경쟁적으로 신제품을 출시하며 경쟁하고 있는 상황이다. 일반적으로 컴퓨터의 종류에 따라 상이한 운영 체계를 사용하는 데 몇 가지 대표적인 운영 체계를 살펴보면 다음과 같다.

㉠ **도스(DOS)**

도스는 IBM컴퓨터와 IBM 호환 기종에 사용될 수 있는 운영 체계로 마이크로소프트사에서 만든 것이다. 1981년 IBM-PC가 처음 발표되었을 때부터 사용되었으며, 이후 많은 변화를 거쳐 왔다. 1990년대 중반 윈도우즈가 나오기 전까지 개인용 컴퓨터의 대표적인 표준 운영 체계라고 할 수 있다.

㉡ **윈도우즈(Windows)**

윈도우즈는 마이크로소프트에서 만든 것으로 윈도우즈 3.1에서 95, 97, 98, Me, 2000, XP, Vista 등 다양한 버전이 출시되었고, 현재는 Windows 10.0이 출시된 상태이다. 윈도우즈의 가장 큰 장점은 GUI를 제공함에 따라 마우스를 사용해 쉽게 프로그램을 사용할 수 있다는 점이다.

㉢ **IBM의 OS/2**

OS/2는 윈도우즈보다 많은 특색을 가지고 장점도 많다. 그러나 하드웨어의 성능이 뛰어나야 프로그램의 성능이 제대로 발휘된다는 단점이 있다. 과학자, 엔지니어 등 특수 전문직의 복잡한 작업이 필요한 사람들이 주로 사용하며 서버의 운영 체계로도 많이 사용한다.

㉣ **유닉스(UNIX)**

유닉스는 AT&T사의 벨연구소에서 멀티유저 시스템으로 설계되었으며 멀티태스킹과 GUI를 제공한다. 워크스테이션이나 서버에서 많이 사용하고 소형 컴퓨터(minicomputer)에 주로 사용된다. 윈도우즈보다 자원을 많이 차지하지 않아 효율적인 운영 체계이며 다른 기계에 이식(potable)이 쉽고 배우기 쉽다는 장점이 있다. 그러나 표준화되지 않았고 사무 처리 응용 프로그램이 부족하다는 단점이 있다.

㉤ **윈도우즈 엔티(Windows NT)**

윈도우즈 엔티는 중형 컴퓨터와 서버에 많이 사용되고 있고, 유닉스(UNIX)와 경쟁하기 위해 마이크로소프트사에서 만든 것이다. 주로 네트워크용으로 사용되며, RISC를 기본으로 사용하는 컴퓨터를 생산하는 회사들은 모두 윈도우즈 엔티를 장착한다.

㉥ **매킨토시 OS(MAC OS)**[7)]

매킨토시 컴퓨터의 운영 체계(OS), 매킨토시 OS라고도 한다. 맥 OS는 당초 매킨토시 시스템 소프트웨어의 일반적인 호칭이었으나 현재는 매킨토시용 OS의 이름으로 정식 채용, 상표가 되었다. 1984년에 처음으로 매킨토시를 발매한 이래 매킨토시의 OS는 마우스 조작에 의한 그래픽 사용자 인터페이스나 윈도우 표시를 재빨리 채용한 것으로 주목을 끌었다.

(2) 시스템 지원 소프트웨어

① 개념

컴퓨터의 사용을 편리하게 위해 일반적인 시스템 지원 업무를 수행하는 프로그램으로 유틸리티 프로그램(utility program)이라고 한다. 이는 프로그램을 미리 작성해 내부에 저장해 두었다가 필요할 때 사용자에게 서비스를 해주는 프로그램으로서 하드웨어의 관리, 파일의 관리, 백신, 파일의 압축·해제 기능을 가지고 있다. 컴퓨터 시스템 구입 시 운영 체계와 함께 제공되는 것이 일반적이다.

② 시스템 지원 소프트웨어의 기능

유틸리티 프로그램은 다음과 같은 기능을 한다. ① 파일의 레코드를 정해진 순서에 따라 정렬, ② 디스크에서 특정 프로그램이나 자료 파일을 탐색, ③ 디스크에 특정 프로그램이나 자료 파일 탐색, ④ 프로그램이나 자료 파일을 복사, ⑤ 시스템의 성능을 진단, ⑥ 포맷을 수행, ⑦ 시스템 보안 등 다양한 기능을 지원한다.

③ 시스템 지원 소프트웨어의 종류

㉠ **매체 변화**

한 매체가 저장된 데이터나 프로그램을 다른 매체로 이동할 수 있게 하는 프로그램이다. 예를 들어 카세트테이프에 있는 데이터를 하드 디스크로 옮기거나 카세트테이프의 내용을 프린터로 이동시키는 기능을 수행한다.

7) 한국정보통신기술협회 정보통신용어사전.

㉡ **디버깅**

프로그램 개발 시 발생하는 에러를 교정하는 기능을 한다. 프로그램 개발 시 발생할 수 있는 에러로는 문법적 에러와 논리적 에러가 있다. 문법적 에러란 프로그래밍 언어의 문법 규칙을 어겨서 발생하는 에러이고, 논리적 에러란 프로그램이 정확한 결과를 낼 수 없도록 잘못 구성된 경우에 발생하는 에러를 의미한다. 이러한 에러를 교정하는 작업을 도와주기 위한 유틸리티를 통틀어 디버거(debugger)라 하고, 프로그래머는 디버거를 이용해 프로그래밍 작업을 수월하게 할 수 있다.

㉢ **텍스트 에디터**

텍스트를 새로 만들거나 기존 텍스트를 수정하는 데 이용되는 프로그램이다. 여기에서 텍스트란 일반적인 문자를 의미하며, 프로그램이나 데이터 등을 가리킨다. 이 밖에도 실제 프로그래밍 과정에서는 수많은 유틸리티 프로그램이 제공되어 좀 더 편리하게 프로그래밍 작업을 할 수 있다.

(3) 시스템 개발 소프트웨어

① 시스템 개발 소프트웨어의 개념

프로그래밍 언어로 작성된 프로그램을 컴퓨터가 인식할 수 있는 기계어 명령어 코드로 번역하는 소프트웨어이다. 따라서 언어 번역 프로그램(language translation program)이라고도 부른다. 대부분의 시스템 개발 소프트웨어는 원시 프로그램을 번역하는 역할 외에도 사용자의 편의를 위해 문서 편집기, 디버거 등의 프로그램 개발 통합 환경을 제공하고 있다.

② 시스템 개발 소프트웨어의 종류

㉠ **컴파일러**

컴파일러(compiler)는 고급 언어로 쓰여진 원시(source) 프로그램 명령들을 컴퓨터가 이해할 수 있는 기계어(machine language) 명령들로 바꾸어 목적 프로그램(object program)을 생성시키는 프로그램이다. 예를 들어, 원시 언어가 파스칼이나 코볼과 같은 고급 언어이고 목적 언어가 어셈블리 언어나 기계어일 경우, 이를 번역해 주는 프로그램을 컴파일러라고 한다. 목적 프로그램은 전체가 기계어 명령들로 표현되어 있고, 프로그램의 실행을 위해서는 컴퓨터의 주 기억 장치에 기억되어 있어야 한다. 컴파일러는 컴퓨터의 제조업체나 또는 소프트웨어 개발 판매 회사들에 의해 제공되며, 대부분의 고급 언어에는 컴파일러를 필요로 한다. 컴파일러 프로그램은 주로 디스크에 저장되어 있다.

ⓛ 인터프리터

원시 프로그램을 처리하기 위한 또 하나의 방법이 인터프리터(interpreter) 방식이다. 인터프리터 컴퓨터의 주 기억 장치에 저장된 프로그램이나 ROM의 형태로 되어 있으며, 원시 프로그램을 한 번에 한 문장씩 읽고 번역해서 그 문장을 수행하게 한다. 인터프리터는 목적 프로그램이 생성되지 않으므로 목적 프로그램을 위한 디스크 저장 공간이 요구되지 않으나 목적 프로그램에 의해 수행되는 것보다 그 속도가 훨씬 늦다. 왜냐하면 통역관처럼 각 명령들을 매번 통역해야 하기 때문이다. 인터프리터 방식을 채택하고 있는 언어로는 Basic, Prolog 등이 있다.

ⓒ 어셈블러

어셈블러(assembler)는 영자를 조합한 기호, 즉 기호 언어(symbolic language)로 쓰인 프로그램을 컴퓨터가 직접 해독할 수 있는 기계어로 고치기 위한 프로그램이다. 어셈블러 작업은 컴파일러 작업과 유사하다. 어셈블러에 의해 기계어로 번역할 수 있는 프로그램 언어를 어셈블러어라고 한다. 컴퓨터의 명령 코드나 데이터의 주소를 영자 등으로 기호화해서 프로그래밍을 용이하게 하고 해독하기 쉽게 해서 기계어로 고치는 작업을 컴퓨터 자신이 하도록 한 것이 어셈블러의 시초이다. 초기의 어셈블러에는 IBM650의 SOAP나 IBM704의 SAP 등이 있다.

2 응용 소프트웨어

(1) 응용 소프트웨어의 개념

시스템 소프트웨어가 사용자에 대한 컴퓨터의 편리한 활용을 지원하기 위한 목적으로 만들어지는 프로그램들인 반면, 응용 소프트웨어는 컴퓨터 사용자들이 시스템 소프트웨어들을 바탕으로 특정 분야의 응용을 할 수 있도록 개발된 프로그램이다. 응용 소프트웨어는 응용 범위에 따라 일반 목적용인 범용 소프트웨어와 특수 목적인 전용 소프트웨어로 나뉜다. 범용 소프트웨어는 일반적으로 워드프로세싱, 스프레드시트, 데이터베이스, 그래픽 프로그램 등이 있다. 특수 목적용인 전용 소프트웨어로는 대표적으로 과학 응용 프로그램이 있는데, 자연과학, 사회과학, 수학 등 각종 연구개발에 관련된 작업을 하기 위한 프로그램이 있다. 그리고 기타 응용 프로그램으로는 교육, 오락, 음악, 예술 분야 등에 이용되는 프로그램으로 교육 분야에서 쓰이는 CAI(Computer Assisted Instruction)와 오락 분야에서 비디오 게임 프로그램이 있다. 우리의 일상생활에서 흔히 사용하는 소프트웨어의 종류에 대해 살펴보면 다음과 같다.

(2) 응용 소프트웨어의 종류

① 워드프로세서 프로그램

문서의 작성, 수정, 편집, 인쇄 등을 쉽게 처리할 수 있도록 하는 프로그램으로 이러한 워드프로세서에는 훈글, MS워드 등이 있다.

② 데이터베이스 프로그램

대량의 자료를 저장하고, 저장된 자료를 신속하게 접근해 검색하는 데 사용된다. 데이터베이스 프로그램을 사용함으로써 대량의 자료를 공유할 수 있게 되고, 사용자들은 별도의 프로그램을 작성할 필요가 없이 간단한 질의어(query language)를 통해서 원하는 자료를 쉽게 검색할 뿐만 아니라 원하는 형태의 보고서를 쉽게 출력할 수 있다. 대형 컴퓨터를 위한 IBM사의 DB2, Oracle 등과 개인용 컴퓨터를 위한 Microsoft Access, dBase, FoxPro, Clipper 등이 있다.

③ 그래픽 프로그램

그래프, 차트, 그림 등을 그리는 데 사용되는 프로그램으로 산술적인 숫자 자료를 그대로 표현하기보다는 꺾은 선 그래프, 바 차트, 또는 파이 차트 등과 같은 그래픽 디스플레이로 변형해서 효과적으로 나타내는 데 쓰이는 소프트웨어이다. 최근에는 사진 편집과 웹디자인을 위한 프로그램도 나와 있다. 대형, 중형 컴퓨터를 위한 SASgraph, Tella-graph 등, 개인용 컴퓨터를 위한 어도브 포토샵, 일러스트레이터, 나모 웹에디너, 코렐 드로우, 프론트페이지 등이 있다.

④ 스프레드시트 프로그램

행과 열로 구성된 표에 숫자를 기록해 계산할 수 있도록 지원함으로써 데이터의 분석 및 처리, 그래프 작성을 쉽게 하기 위해 만들어진 소프트웨어이다. 오늘날의 스프레드시트 기술은 눈부시게 발전해 여러 파일을 동시에 한 화면에 표시할 수 있고, 파일 간의 내용을 연결시켜 복사, 이동, 연산을 할 수 있다. 또한 2차원과 3차원 그래프 등 다양한 형태의 그래프 작성을 할 수 있다. 대표적인 것은 대형 컴퓨터와 중형 컴퓨터를 위한 Lotus1-2-3M, IFPS, Focus 등과 개인용 컴퓨터를 위한 Excel, Lotus1-2-3, Quattro Pro 등이 있다.

⑤ 통계 처리 프로그램

각종 통계 및 문서에 사용하는 프로그램으로 SAS, SPSS, AMOS, 미니탭, 엑셀 등이 있다. 사회과학에서는 SPSS, 자연과학은 SAS를 사용하고 있으며 여러 분야에 다양하게 사용되고 있다.

⑥ 프레젠테이션 프로그램

과거에는 그래픽의 한 분야였으나, 지금은 연설회나 발표회 등에서 각종 그림이나 도표, 그래프 등을 이용해 만든 문서를 슬라이드 형식으로 보여줌에 따라 그 비중이 커지면서 한 분야로 발전하게 된 프로그램이다. 대표적으로 파워포인트, 프리렌스, 키노트, 프레지 등이 있다.

⑦ 통신 프로그램

컴퓨터가 사용자들 간에 문서, 음성, 화상 등의 데이터를 자유롭게 주고받을 수 있도록 해주는 소프트웨어이다. 인터넷 접속을 위한 MS Explorer, Netscape 등이 널리 사용되고 있으며, Talnet 기반의 이야기, 새롬 데이터맨 Pro 등의 프로그램이 있다.

⑧ 통합된 패키지 프로그램

최근에는 문서 작성, 스프레드시트, 데이터베이스, 프레젠테이션, 통계, 통신 등 다양한 응용 프로그램을 통합해 프로그램 간의 호환성 및 안정성, 보안성을 높이기 위한 패키지 프로그램이 출시되고 있다. 그 예로 MS Office, 한컴 Office 등이 있다.

3 유틸리티 소프트웨어

(1) 파일 압축 프로그램

압축 프로그램이란 데이터를 백업해 보전하고자 할 경우나 컴퓨터 통신을 이용해 데이터를 전송하고자 할 경우 저장 공간을 줄이고, 데이터 송수신 시간을 줄이기 위해 파일 크기를 작게 줄여 주는 프로그램이다. WINzip, PKZIP, RAR, LHA, ARJ, 알집 등이 있다.

(2) 백신 프로그램

운영 체제나 데이터에 치명적인 손상을 주는 일종의 불법 프로그램으로 인해 부트 섹터(boot sector)의 내용이 파괴되거나 파일이 비정상적으로 커지거나 또는 시스템 수행 속도가 현저히 느려지거나 프로그램 수행 도중에 전혀 예기치 못한 일이 생기면 바이러스를 의심해 보아야 한다. 바이러스 퇴치 프로그램인 백신 프로그램으로는 V3, TV, ANTIVIRUS, SCAN/CLEAN 등이 있다.

4 기타 소프트웨어 분류

그 밖에 소프트웨어를 네트웨어, 그룹웨어, 셰어웨어, 프리웨어로 분류할 수 있다. 네트웨어는 무료로 사용하는 소프트웨어나 사용자 등록을 하지 않고 사용하면 경고 메시지를 내보내는 소프트웨어이다. 그룹웨어는 특정 소프트웨어로 사용자 그룹이 공동으로 사용하는 소프트웨어로 통신망에 여러 사람이 동시에 하나의 작업을 지원해 주는 것이다. 셰어웨어는 많은 사람이 일정 기간 동안 공짜로 사용하거나 복사할 수 있는 소프트웨어로 일정 기간이 지난 후에는 제작자에게 돈을 내고 정식으로 등록한 후 사용하는 소프트웨어이다. 프리웨어(공개 소프트웨어)는 일반 사용자들의 소프트웨어를 저작권 없이 공짜로 자유롭게 사용할 수 있는 프로그램이다.

제 3 장 통신

제 1 절 네트워크

1 데이터 통신의 개요

데이터 통신은 정보화 사회를 실현하는 수단으로 전기 통신과 컴퓨터의 결합체이며 컴퓨터에 의한 정보 처리 기술과 데이터 전송 기술이 통합된 형태를 의미한다.

(1) 데이터 전송 방식

① 오프라인 방식(Off-Line Processing)

단말기와 컴퓨터 사이에 연결된 통신 회선이 없으므로 사람이나 기록매체를 경유해서 작업을 수행한다. 급여 관리, 재고 관리, 원가 계산 등의 일괄 처리 방식에 이용한다.

② 온라인 방식(On-Line Processing)

단말기가 통신회선을 통해 주 컴퓨터에 바로 연결되어 데이터가 발생하면 곧바로 중앙 컴퓨터에 입력되어 처리되는 시스템을 말한다. 은행 업무, 좌석, 예약, 전화 교환 제어 등의 실시간 처리에 이용된다.

(2) 데이터 처리 방식

데이터 처리 방식은 크게 다음 세 가지로 분류할 수 있다. 첫째, 일괄 처리(batch processing)는 다량의 데이터를 일정한 기간 동안 모아서 처리하는 방식을 말한다. 둘째, 실시간 처리(real-time processing)는 데이터의 발생과 동시에 통신회선을 통해 즉시 처리되는 방식을 말한다. 셋째, 시분할 처리(time sharing processing)는 다양한 데이터를 각각 시간을 분할해서 처리하는 방식으로 여러 데이터를 동시에 돌려 처리할 수 있다.

2 주 기억 장치

(1) 위상(topology)

위상에 따라 별형, 링형, 그물망형, 트리형 등으로 구분할 수 있다.

① 별형(star)

네트워크의 모든 노드가 중심의 노드와 1 : 1로 직접 연결된다. 중심 노드가 고장 나면 전체 네트워크가 작동하지 못한다.

그림 4-1 별형

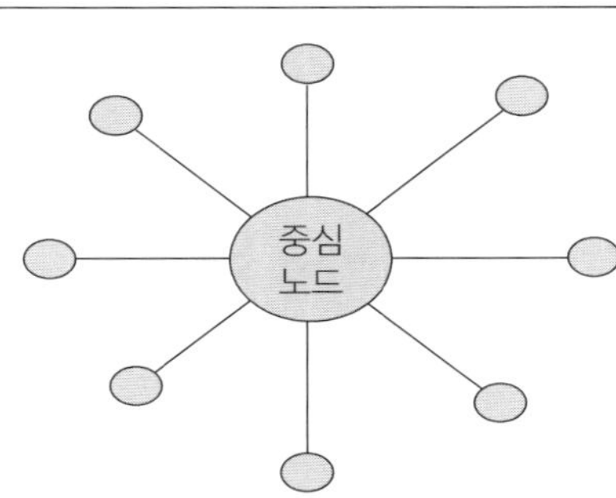

② 링형(ring)

네트워크의 노드들이 링 모양으로 연결된다. 일정한 지역이나 조직 내에서만 통신하는 근거리 통신망(LAN)에서 주로 사용한다. 어떤 노드가 고장 나면 전체 네트워크가 작동하지 못한다.

그림 3-2 링형

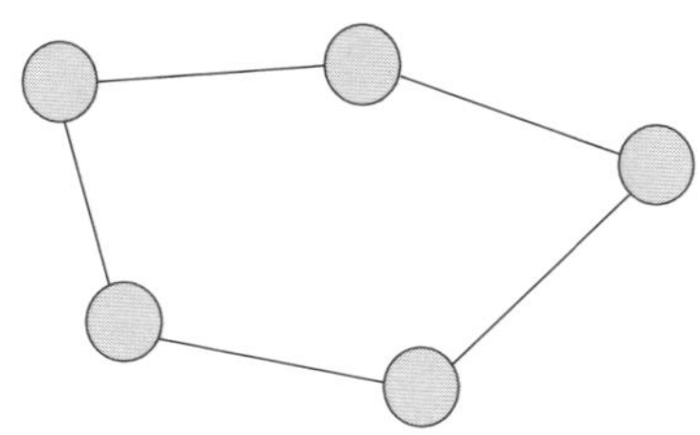

③ 그물망형(mesh)

네트워크의 모든 노드가 하나의 통신회선에 연결된다. 한 노드의 고장이 전체 네트워크 동작을 방해하지 않으나 노드의 추가는 전체 네트워크의 성능을 저하시킨다.

그림 3-3 그물망형

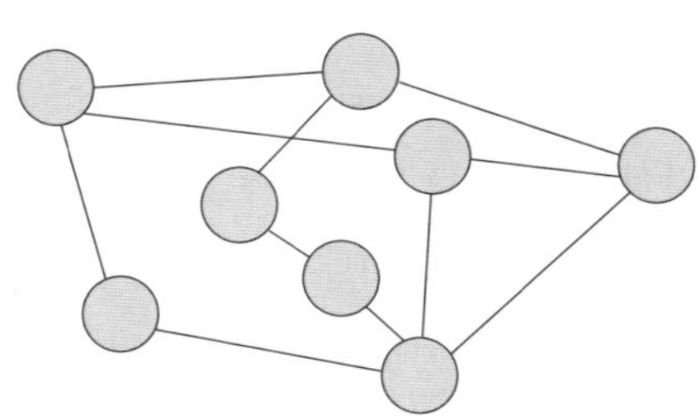

④ 트리형(tree)

허브(hub) 구조라고 하며, 중앙의 노드에서 일정 지역까지 근처에 있는 노드부터 다시 회선을 연장시켜 데이터를 전송한다.

그림 3-4 트리형

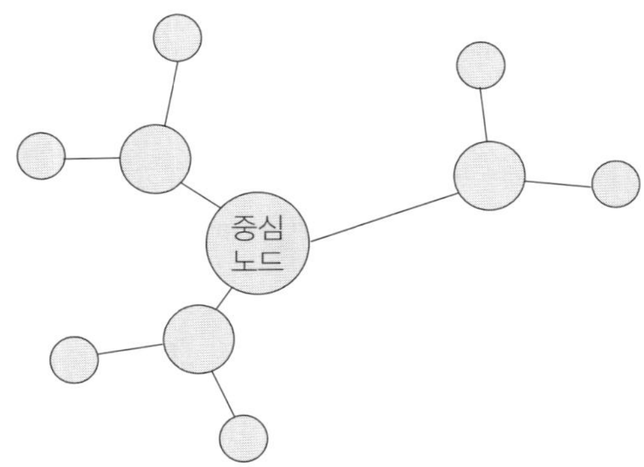

(2) 전송 매체에 따른 분류

전송 매체에 따라 유도 매체와 비유도 매체로 분류할 수 있다. 유도 매체에는 트위스티드 페어(twisted pair), 동축 케이블(coaxial cable), 광섬유 케이블(optical fiber cable) 등이 있다. 트위스티드 페어는 가장 값싼 매체로 잡음의 영향을 받기 쉽고 거리와 속도에 제약이 있다. 가정용 전화기와 개인용 컴퓨터 연결에 주로 사용된다. 동축 케이블은 고속이며 먼 거리까지 이용이 가능하고 잡음에도 강하지만 설치 공간을 많이 차지한다. 광대역 아날로그나 고속 디지털 전송에 주로 사용된다. 광섬유 케이블은 저손실, 대용량, 경량성, 고속성, 비전도성, 잡음에 대한 안정성 등의 특징을 지닌다. 전화 교환망, 데이터 통신망, 광대역 통신망 등에 적합하다.

비유도 매체에는 지상 마이크로파(terrestrial microwave), 위성 마이크로파(satellite microwave) 등이 있다. 지상 마이크로파의 경우 마이크로파 안테나는 전송거리를 최대화하고 장애물을 극복하기 위해 고지대에 설치한다. 폐쇄 회로 TV, 근거리 통신망 사이의 데이터 링크에 사용한다. 위성 마이크로파는 지구 궤도를 도는 위성체를 이용해 지상의 지구국들과 교신하는 위성 무선통신이다. 위성 TV, 장거리 전화, 기업의 사설망 등에 사용한다.

(3) 연결 방식에 따른 분류

연결 방식에 따라 다음 세 가지로 분류할 수 있다. 첫째, 회선 교환의 경우 데이터 전송은 항상 일정한 경로를 사용하므로 길이가 긴 연속적인 데이터 전송에 적합한 방식이다. 둘째, 패킷(packet)[8] 교환의 경우 하나의 논리적인 메시지를 여러 개의 고정 길이 패킷으로 나누어 전송하고 수신 후에 다시 하나의 메시지로 재결합한다. 셋째, 셀(cell) 교환의 경우 ATM(Asynchronous Transfer Model) 망에서 사용하는 교한 기술로 전송하는 정보를 53바이트의 고정 길이 셀로 세분화해 전송하는 방식이다.

(4) 네트워크 구성 방식

네트워크 구성 방식은 크게 클라이언트 서버(client-server) 방식과 피어 투 피어(peer-to-peer) 방식이 있다. 클라이언트 서버 방식이란 자원을 제공하는 서버와 자원을 요구해 이용하는 클라이언트가 결합해 작업하는 네트워크 결합 방식이다. 클라이언트는 독자적인 중앙 처리 장치(CPU)를 가지고 데이터를 처리하는 분산 시스템이다. 반면, 피어 투 피어 방식은 네트워크를 관리하는 서버가 없이 컴퓨터들이 동등하게 연결되는 방식이다. 컴퓨터는 클라이언트인 동시에 서버가 되며, 소규모 네트워크를 구축할 때 사용한다.

3 통신망의 종류

(1) 근거리 통신망(Local Area Network: LAN)

가까운 지역 내에서 컴퓨터 시스템을 연결하는 네트워크로 한 건물이나 일정 지역 내의 데이터 전송을 목적으로 설치된 통신망이다.

(2) 광역 통신망(Wide Area Network: WAN)

원거리 데이터 전송을 목적으로 하며 넓은 지역의 수많은 컴퓨터가 연결되어 있는 통신망이다.

8) 데이터 전송 시 에러 검증과 전송을 용이하게 하기 위해 적절한 크기로 나뉜 데이터의 조각.

(3) 도시권 정보 통신망(Metropolitan Area Network: MAN)

대도시와 같은 넓은 영역을 서비스하는 네트워크이다.

(4) 부가가치 통신망(Value Added Network: VAN)

회선을 직접 보유하거나 통신 사업자의 회선을 빌려서 단순한 전송 기능 이상의 부가가치를 부여한 음성이나 데이터 정보를 제공하는 정보 통신망이다.

(5) 종합 정보통신망(Integrated Service Digital Network: ISDN)

음성 및 데이터, 화상 등의 다양한 통신 서비스를 디지털 통신망을 근간으로 해서 종합적으로 제공할 수 있는 통신 시스템이다. 고속 통신망 서비스가 가능하며 통신 비용을 절약할 수 있다.

(6) 초고속 통신망(High Speed Communication Nerwork: HSCN)

모든 시설을 광대역화, 쌍방향화, 디지털화해서 음성, 문자, 영상, 정보를 자유롭게 주고받을 수 있는 멀티미디어 서비스를 국민 누구나 쉽게 이용할 수 있도록 하는 정보통신망으로서 전송 방식은 비동기 전송 모드(Asynchronous Transfer Mode: ATM)이며, 전송 기술은 코드 분할 다중 방식(Code Division Multiple Access: CDMA)을 사용하고 있다.

(7) 광대역 종합 정보통신망(Broadband ISDN: B-ISDN)

ISDN보다 진보된 형태로 고화질의 동영상과 CAD/CAM 데이터를 손쉽게 전송하는 통신망이다. 전송 방식은 비동기 전송 모드이며, 연결 방식으로 패킷 교환 방식을 취하고 있다.

(8) 디지털 가입자 회선(Digital Subscribe Line: DSL)

일반 전화선을 사용하면서 고속 데이터 전송을 지원하는 디지털 가입자 회선으로 ADSL(비대칭), SDSL(대칭), RASDL(속도 적응), VDSL(초고속) 등으로 분류할 수 있다.

4 네트워크 장비

(1) 리피터(Repeater)

LAN상에서 신호의 전송 거리를 연장하기 위해 신호를 증폭하는 장치이다.

(2) 브리지(Bridge)

같은 프로토콜을 사용하는 두 개의 LAN 사이를 접속하는 장치이다.

(3) 허브(Hub)

LAN 전송로의 중심에 위치해 단말 장치를 접속하는 형태의 전송로 중계 장치이다. 허브는 더미 허브(dummy hub)와 스위칭 허브(switching hub)로 분류된다. 스위칭 허브는 통신망 관리에서 서버 간의 통신량이 많고 서버들이 동일 허브에 접속되어 있는 경우, 보통의 중계기 허브 대신 스위칭 허브로 대체하면 성능을 개선할 수 있다. 즉, 서버 접속용의 고속 접속구를 가진 스위칭 허브가 있다면 1대의 서버에 다수의 클라이언트로부터 접속 요구가 집중되어도 성능 저하 등의 현상은 발생하지 않는다.

(4) 라우터(Router)

둘 이상의 네트워크 연결을 관리하는 장비로 전송된 패킷이 어떤 경로로 가는 것이 최적 코스인지 판단한다.

(5) 게이트웨이(Gateway)

프로토콜 변화기로서 호환되지 않는 네트워크를 연결하는 응용 프로그램 지정 노드(교환기)로 데이터 코드와 전송 프로토콜을 상호 운용할 수 있도록 변환한다.

5 OSI 7계층

개방형 시스템 상호 연결(Open System Interconnection: OSI) 모델로서 한글 그대로 시스템 상호 연결에 있어 개방 모델을 뜻한다. 일반적으로 상호 이질적인 네트워크 간의 연결에 어려움이 많은데 이러한 호환성의 결여를 막기 위해 국제표준화기구(International Standardization Organization: ISO)에서는 OSI 참조 모델을 제시하고, 실제 인터넷에서 사용되는 TCP/IP는 OSI 참조 모델을 기반으로 상업적이고 실무적으로 이용될 수 있도록 단순화된 현실화의 과정에서 채택된 모형이다.

그림 3-5 OSI 7계층의 목적

표준(호환성)
여러 장비 간의 호환성으로 인한 비용 절감

학습 도구
정보통신기술 학습에 좋은 도구

일반적으로 여러 정보통신업체 장비들은 자신의 업체 장비 간만 연결이 되는 등 호환성이 없어서 ISO 단체에서 1984년에 OSI 참조 모델을 발표하게 되었다. OSI는 모든 시스템을 상호 연결할 때 문제가 없도록 표준을 만드는 것이며, 7개의 계층으로 구분된다.

OSI 7계층의 가장 중요한 목적은 표준과 학습 도구 두 가지이다. 비용 절감은 표준화를 통해 장비별로 이질적인 포트의 문제나 프로토콜 등으로 인한 문제를 해결하기 위함이다. 비용 절감의 예로서 3계층 장비인 라우터를 제작했는데 그에 따른 1, 2, 3, 4, 5, 6, 7 모두 제작해야 하는 것이 아니라 프로토콜에 맞춰서 사용하게 되면 일일이 모두 제작하지 않아도 되기 때문에 비용 절감이 되는 것이며 표준화

표 3-1 OSI 7계층

계층		기능	프로토콜
1	물리 계층(Physical Layer)	데이터 비트를 물리적 매체를 통해 전송	Ethernet/ Token ring
2	데이터 링크 계층(Data Link Layer)	오류 제어, 흐름 제어	
3	네트워크 계층(Network Layer)	송수신자 간의 전송 경로 설정(routing)	IP
4	전송 계층(Transport Layer)	양단 간의 신뢰성 있는 데이터 전송 보장	TCP/UDP
5	세션 계층(Session Layer)	송수신의 동기 제어	
6	표현 계층(Presentation Layer)	암호화와 부호화 담당	
7	응용 계층(Application Layer)	사용자에게 통신을 위한 응용 서비스 제공	FTP/Telnet/ SMTP/HTTP

목적 중 하나이다. OSI 7계층은 응용, 표현, 세션, 전송, 네트워크, 데이터링크, 물리 계층으로 나뉜다. 데이터를 전송할 때 각각의 층마다 인식할 수 있어야 하는 헤더를 붙이게 되는데 이러한 과정을 캡슐화라고 한다. 데이터를 전송하고 전송매체를 통해 전송된 후 다시 1계층부터 7계층으로 올라가게 되면서 헤더가 벗겨지는데 이러한 과정을 디캡슐레이션이라고 한다. 또한 각각의 층마다 요청과 응답을 하면서 상호 작용을하기 때문에 서버와 클라이언트 관계라고 할 수 있다.

OSI란 1977년 국제표준화기구(ISO)에 의해 정의된 데이터 통신 프로토콜의 표준을 말한다. 통신 기능을 7개의 층으로 분류하고 각 계층마다 기능적인 정의에 적합한 표준화된 서비스의 정의와 프로토콜을 규정한 규격을 의미한다.

제 2 절 인터넷

1 인터넷의 개요

(1) 인터넷(Internet)이란?

세계 최대의 컴퓨터 망으로 전 세계의 컴퓨터 망이 연결되어 있으며, TCP/IP,

프로토콜로 접속된 네트워크의 집합체이다. 인터넷은 1969년 미국 국방부가 군사용으로 구축한 ARPANET[9]에서 유래되었다.

(2) TCP/IP(Transmission Control Protocol/Internet Protocol)

네트워크로 연결된 시스템 간의 데이터 전송을 위해 인터넷에서 사용되는 표준 프로토콜이다. TCP/IP를 이용하면 컴퓨터의 기종에 관계없이 인터넷 환경에서의 정보 교환이 가능하다. TCP/IP는 OSI 7계층의 전송 계층(transport layer)에 해당되고, IP는 네트워크 계층(network layer)에 해당된다. TCP는 전송 데이터의 흐름을 관리하고 데이터의 에러 유무를 검사한다. IP는 데이터 패킷(packet)을 전송하는 역할을 한다.

2 인터넷 서비스

(1) 전자우편(e-Mail)

전 세계의 인터넷 사용자들이 편지를 주고받거나 파일 등을 전송하는 기능이다. 전자우편 주소 표시는 "발신자 ID @ 도메인 네임, 예를 들면 Gildong@sch.ac.kr"로 한다.

(2) FTP(File Transfer Protocol)

한 컴퓨터에서 다른 컴퓨터로 파일 전송을 지원하는 통신 규약으로 인터넷으로 연결된 컴퓨터에 존재하는 파일을 빠른 속도로 송·수신할 수 있다.

(3) 원격 접속(Telnet)

원격 접속용 소프트웨어로 먼 거리의 컴퓨터를 자신의 컴퓨터처럼 사용할 수 있는 서비스를 제공하며 다른 인터넷 서비스를 이용하기 위한 도구이다.

9) 미 국방부 안에 있는 ARPA(advanced research project agency: 고등연구계획국) 컴퓨터 네트워크는 미국 각지에 있는 대학과 비영리기관을 중심으로 완성한 전국적인 컴퓨터 네트워크이다.

(4) 고퍼(Gopher)

텍스트 중심의 방대한 인터넷 정보를 빠르고 효율적으로 검색하기 위한 서비스로 메뉴 방식으로 짜여 있어 이용하기 쉽다.

(5) 유즈넷(Usenet: User's Network)

뉴스 서버를 통한 토론 그룹으로 정치, 경제, 문화 등의 다양한 분야에 대해 세계 각국의 사람들과 토론을 하거나 자신의 의사를 표현하는 글을 올릴 수 있다.

(6) 웨이즈(WAIS: Wide Area Information Service)

특정한 데이터베이스 등을 키워드로 고속 검색하는 환경을 제공한다. 다양한 주제에 걸친 갖가지 정보가 담긴 수백 개의 데이터베이스를 접근할 수 있다.

(7) 후이즈(WHOIS)

인터넷 사용자, 도메인. 네트워크, 호스트 이름 등의 개인 정보를 검색할 수 있는 서비스이다.

(8) IRC(Internet Relay Chat)

인터넷에 연결된 다른 사람과 자유롭게 서로의 의견을 주고받을 수 있도록 해주는 서비스를 말한다.

(9) 월드 와이드 웹(World Wide Web: WWW)

하이퍼텍스트(hyper text)로 구성되어 보고 있는 문서와 연관된 정보를 연결해서 이동해 볼 수 있으며, 그래픽, 비디오, 이미지, 음성, 문서 등의 각종 문서를 손쉽게 볼 수 있는 화상정보 검색 서비스이다.

① URL(Uniform Resource Locator)

인터넷에 있는 정보의 위치를 표기하기 위한 방법으로 웹에서 사용되고 있는 표준 방법이다. 표기 방법은 다음과 같다.

표 3-2 표기 방법

형식	프로토콜://서버의 주소[:포트 번호]/[디렉토리명]/[파일명]
웹 주소	http://www.sch.ac.kr/
파일 전송 서비스	ftp://ftp.netscape.com
전자 우편 서비스	Gildong@sch.ac.kr

② HTTP(Hyper Test Transfer Protocol)

HTML 문서를 웹상에서 교환하기 위한 TCP/IP 프로토콜이다.

③ HTML(Hyper Text Markup Language)

하이퍼텍스트 문서를 만드는 데 사용되는 간단한 언어의 규약이다.

④ CGI(Common Gateway Interface)

외부 데이터베이스에 접근하거나 인터넷 호스트 내에서 다른 프로그램을 별도로 수행한 결과를 홈페이지에서 받아 볼 때 사용한다. 홈페이지에 일방적인 내용을 표시하는 것이 아니라 카운터, 방명록, 게시판과 같이 방문자 상호 간의 정보를 주고받는 기능을 추가해 준다.

⑤ 자바(Java)

월드 와이드 웹(WWW) 환경에 가장 잘 맞는 프로그래밍 환경을 제공하는 객체지향 프로그래밍 언어이다. 자바 프로그램은 자바 어플리케이션, 자바 애플릿, 자바 스크립보드로 구분된다.

㉠ 자바 어플리케이션(Java application)

웹브라우저를 통하지 않고 자체만으로 실행이 가능한 프로그램이다. 클래스가 존재하며 변수를 선언해야 한다.

㉡ 자바 애플릿(Java Applet)

웹브라우저에서 실행되는 프로그램이다. HTML 문서에 해당 애플릿을 지정하면 사용자의 시스템에 다운로드되어 실행된다. 클래스가 존재하며 변수를 선언해야 한다.

㉢ **자바 스크립트(Java Script)**

HTML 문서에 소스 코드를 직접 기술해 웹브라우저에서 실행되는 프로그램이다. 클래스가 존재하지 않으며 변수 선언 없이 사용한다.

3 인터넷 주소 체계

(1) IP 주소(IP Address)

인터넷에서 연결된 수많은 컴퓨터가 갖는 고유한 주소를 말한다. 현재 사용하는 IP주소는 IPv4(Internet Protocol version 4)로 32비트 체계이다. 32비트의 숫자를 8비트씩 나누고 각 부분을 점(.)으로 구분한다. 192.215.54.29와 같이 0~255 사이의 10진수로 표시한다. 차세대 IP 주소 체계로는 IPv6(Internet Protocol version 6)가 있으며 고갈되어 가는 IP 주소를 32비트에서 128비트로 확장했다.

(2) 도메인 이름(Domain Name)

IP 주소는 숫자로 구성되어 식별이 어렵기 때문에 의미가 있는 단어를 사용해 사용자가 알기 쉽게 표기한다. 형식은 "호스트 이름, 소속기관, 소속기관의 종류, 소속 국가(단 미국은 제외)"로 표시한다.

표 3-3 IP 주소 비교

미국		한국	
도메인	기관	도메인	기관
com	영리를 목적으로 하는 기업/기관	ac	전문대학 이상의 교육기관
net	네트워크를 관리하는 기관	co	영리를 목적으로 설립한 기업
org	비영리기관	or	비영리기관 또는 단체
edu	4년제 단과대학/종합대학	go	정부조직도상의 기관
gov	미국 연방 정부기관	ne	네트워크 제공 기관
mil	미국 연방 군사기관	re	연구를 목적으로 설립된 기관
int	국제적인 특성을 가진 기관	pe	개인

(3) DNS(Domain Name System)

도메인 이름을 IP 주소로 바꿔 주는 작업을 하는 것이 DNS이다.

제 3 절 웹 브라우저

웹 브라우저(Web Browser)란 하이퍼미디어 방식의 WWW를 이용할 수 있게 해주는 프로그램으로 그래픽 기반의 익스플로어가 대표적이다. 그 외 텍스트 기반의 링스(LYNX), 그래픽 기반 브라우저의 모자이크(Mosaic), 넷스케이프(Netscape), 핫자바(Hot Java)가 있다.

제 4 절 검색 엔진

WWW에 분산되어 있는 정보 중에서 키워드를 포함한 웹사이트를 알려주고 이동하게 해주는 도구를 말한다.

1 주제별 검색 엔진

주제별 검색 엔진(Directory Search Engine)은 웹사이트를 주제별 카테고리(category)로 분류해 사용자가 순서대로 검색해 나가는 방식이다. 데이터베이스의 양은 적지만 고급 정보를 제공한다. 예로 야후(Yahoo)를 들 수 있다.

② 키워드 검색 엔진

키워드 검색 엔진(Keyword Search Engine)은 로봇 에이전트(Robot Agent)가 정보를 수집해서 분류해 데이터베이스를 사용자가 키워드를 입력해 검색하는 방식이다. 자료의 양은 방대하지만 원하는 결과를 찾기 힘들 경우가 많이 있다. 예로 네이버(Naver)가 있다.

③ 메타 검색 엔진

메타 검색 엔진(Meta Search Engine)은 자체적으로 데이터베이스를 가지고 있지 않고 여러 개의 검색 엔진을 대상으로 정보를 검색하는 방식이다.

제 5 절 인트라넷과 전자상거래

① 인트라넷

인트라넷(Intranet)은 인터넷 관련 기술과 통신규약을 조직 내부의 정보 시스템에 적용한 것을 말한다. 별도의 통신망을 구축하지 않더라도 세계 각지의 지사나 거래처와 연결해서 정보를 교환할 수 있다. 차세대 정보기술로 빨리 전환할 수 있으며, 조직 내・외부의 정보를 결합하기 쉽다. 그러나 정보보안의 문제점을 가지고 있다.

② 전자상거래

전자상거래(Electronic Commerce: EC)란 인터넷에 구축된 상점을 통해 실시간

표 3-4 전자상거래

분류	특징
B to E(Business to Employee)	기업 내부의 전자우편, 화상 회의, 전자 게시판 등을 통해 직원 관계 개선, 업무의 의사 결정과 생산성 향상에 기여하는 형태
B to B(Business to Business)	기업과 기업 간의 조달, 운송, 판매, 고객 서비스 등을 인터넷을 통해 지원하는 형태
B to C(Business to Customer)	기업이 소비자를 상대로 인터넷에 상점을 개설하고 상품을 판매하는 형태
B to G(Business to Government)	정부 조달 업무, 세금 부과 및 징수, 부가가치세 환급 등
B to C(Business to Consumer)	민원서류 발급, 공과금 고지 및 납부, 정부 공시에 의한 사이버 경매

으로 상품을 사고파는 것으로 편리함과 저비용을 목표로 하는 새로운 거래의 형태이다.

3 전자지불 시스템의 종류

(1) 지불브로커 시스템(Payment Broker System)

신용카드나 은행의 계좌를 이용해 대금을 지불하는 방식으로 CyberCash와 FV(First Virtual)가 있다.

(2) 전자화폐 시스템(Electronic Cash System)

은행에 현금을 입금하고 그에 해당하는 디지털 머니를 지급받아 디지털 머니를 이용해 대금을 지불하는 방식으로 NetCash와 DigiCash가 있다.

제 4 장 공문서 작성을 위한 워드프로세서*

제 1 절 공문서의 종류

공문서란 "행정기관에서 공무상 작성하거나 시행하는 문서(도면 · 사진 · 디스크 · 테이프 · 필름 · 슬라이드 · 전자문서 등의 특수 매체기록을 포함한다. 이하 같다)와 행정기관이 접수한 모든 문서"를 의미한다(「행정업무의 효율적 운영에 관한 규정」 제3조). 그리고 이러한 공문서는 법규문서, 지시문서, 공고문서, 비치문서, 민원문서, 일반문서로 구분된다. 각각에 대한 정의를 살펴보면 <표 4-1>과 같다.

표 4-1 공문서의 종류

공문서	정의
법규문서	헌법 · 법률 · 대통령령 · 총리령 · 부령 · 조례 · 규칙(이하 "법령"이라 한다) 등에 관한 문서
지시문서	훈령 · 지시 · 예규 · 일일명령 등 행정기관이 그 하급 기관이나 소속 공무원에 대해 일정한 사항을 지시하는 문서

* 이 부분의 경우 대통령령 제26456호 「행정업무의 효율적 운영에 관한 규정」(2015.8.3. 시행) 및 행정자치부령 제1호 「행정업무의 효율적 운영에 관한 규정 시행규칙」(2014.11.19. 시행)을 참조해 작성했다.

공고문서	고시·공고 등 행정기관이 일정한 사항을 일반에게 알리는 문서
비치문서	행정기관이 일정한 사항을 기록해 행정기관 내부에 비치하면서 업무에 활용하는 대장, 카드 등의 문서
민원문서	민원인이 행정기관에 허가, 인가, 그 밖의 처분 등 특정한 행위를 요구하는 문서와 그에 대한 처리문서
일반문서	위에 해당하지 않는 모든 문서

자료: 「행정업무의 효율적 운영에 관한 규정」 제4조 수정.

제 2 절 문서 작성을 위한 일반 사항

1 문서 작성의 일반 원칙

「행정업무의 효율적 운영에 관한 규정」 제7조는 다음과 같이 문서 작성의 일반 원칙을 규정하고 있다. 이를 참조해 일반 원칙을 간략히 정리하면, ① 공문서상 용어는 「국어기본법」 제3조 제3호에 따른 어문 규범에 맞게 한글로 작성하는 것을 원칙으로 하고, 명확한 의미 전달을 위해 필요한 경우 괄호 안에 한자 또는 기타 외국어를 함께 적을 수 있다. 그리고 원칙적으로 가로로 글을 쓰도록 한다. ② 문서의 내용은 간결하고 명확하게 표현하고, 독자의 이해가 용이할 수 있도록 약어(略語)와 전문 용어 등의 사용은 되도록 피해야 한다. ③ 문서에는 음성정보나 영상정보 등이 수록되거나 연계된 바코드 등을 표기할 수 있다. ④ 숫자는 특별한 사유가 없을 경우 아라비아 숫자를 쓰는 것을 원칙으로 한다. ⑤ 날짜는 숫자로 표기하되, 연·월·일의 글자는 생략하고 그 자리에 온점을 찍어 표시하며(예: 2015년 11월 24일 → 2015.11.24.), 시·분은 24시각제에 따라 숫자로 표기하되, 시·분의 글자는 생략하고 그 사이에 쌍점을 찍어 구분한다(예: 오후 1시 15분 → 13:15). 단, 특별한 사유가 있으면 다른 방법으로 표시할 수 있다. ⑥ 문서 작성에 사용하는 용지의 규격은 문서의 작성·처리·보관·보존에 매우 중요한 사항 중의 하나이다. 따라서 특별한 사유가 없으면 가로 210밀리미터, 세로 297밀리미터의 A4 용지로 한다. 단 필요한 경우에는 그 용도에 적합한 규격을 정해 사용할 수 있다.

2 용지의 여백

용지의 여백은 [그림 4-1]과 같이 지정한다. 단, 문서의 편철 위치나 용도에 따라 각 여백을 달리할 수 있다.

그림 4-1 용지의 여백

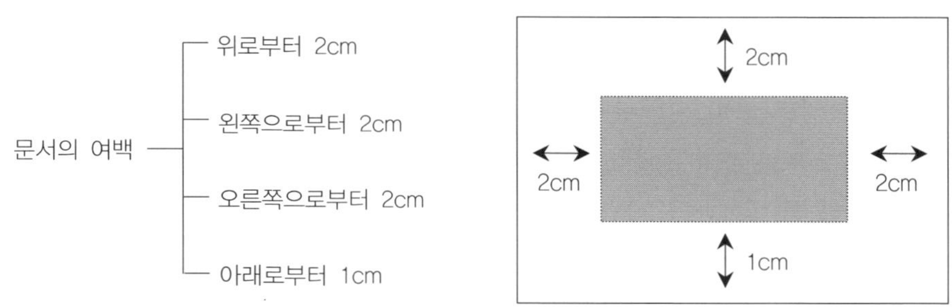

3 용지 및 글자의 색채

용지는 일반적으로 흰색을 활용하고 글자의 색채는 검은색 또는 푸른색을 활용한다. 단, 도표의 작성이나 수정·주의 환기 등 특별한 표시를 할 때는 다른 색을 사용할 수도 있다.

4 문서의 수정

「행정업무의 효율적 운영에 관한 규정」 제17조에 따르면, 결재를 받은 문서의 일부분을 삭제하거나 수정할 때에는 재작성해서 결재를 받도록 규정하고 있다. 다만, 종이문서의 경우로서 삭제하거나 수정하려는 사항이 명백한 오류의 정정 등 경미한 사항인 경우에는 일부 삭제하거나 수정할 수 있다. 수정하는 방법을 담은 「행정업무의 효율적 운영에 관한 규정 시행규칙」 제14조에서는 종이문서의 일부분을 삭제하거나 수정하는 경우에는 원안의 글자를 알 수 있도록 해당 글자의 중앙에 가로로 두 선을 그어 삭제하거나 수정하고, 삭제하거나 수정한 사람이 그곳에 서명이나 날인을 하도록 규정하고 있다.

5 항목의 구분

「행정업무의 효율적 운영에 관한 규정 시행규칙」 제2조에 따르면, 문서의 내용을 두 개 이상의 항목으로 구분해서 작성하고자 할 때에는 <표 4-2>와 같이 나누어 표시한다. 단, 기안문 작성 시에 하나의 항목만 있을 경우에는 항목 구분을 생략한다. 또한 부분적으로 필요한 경우에는 □ ○ - · 등과 같은 특수한 기호로 표시할 수 있다. 둘째, 넷째, 여섯째, 여덟째 항목의 경우에 하., 하), (하), ㉻ 이상 더 계속되는 때에는 거., 거), (거), ㉮로 이어 표시한다.

표 4-2 항목의 구분

구분	항목 부호
첫째 항목	1., 2., 3., 4.,……………
둘째 항목	가., 나., 다., 라.,……………
셋째 항목	1), 2), 3), 4),……………
넷째 항목	가), 나), 다), 라),……………
다섯째 항목	(1), (2), (3), (4),……………
여섯째 항목	(가), (나), (다), (라),……………
일곱째 항목	①, ②, ③, ④,……………
여덟째 항목	㉮, ㉯, ㉰, ㉱,……………

각 항목의 표시 위치 및 띄우기는 다음과 같은 방식으로 한다([그림 4-2] 참조). ① 첫째 항목 부호는 제목의 첫 글자와 같은 위치에서 시작한다. ② 첫째 항목 다음 항목부터는 바로 앞 항목의 위치로부터 1자(2타)씩 오른쪽에서 시작한다. ③ 항목 부호와 그 항목의 내용 사이에는 1타를 띄운다.

그림 4-2 항목의 표시 위치 예시 I

수신✘○ ○ ○장관
참조✘○ ○ ○국장

제목✘문서 작성 요령
1.*첫째 항목○ ○ ○ ○ ○ ○ ○ ○ ○
✘가.*첫째 항목○ ○ ○ ○ ○ ○ ○ ○ ○
✘✘1)*첫째 항목○ ○ ○ ○ ○ ○ ○ ○ ○
✘✘✘가)*첫째 항목○ ○ ○ ○ ○ ○ ○ ○ ○
✘✘✘✘(1)*첫째 항목○ ○ ○ ○ ○ ○ ○ ○ ○
✘✘✘✘✘✘(가)*첫째 항목○ ○ ○ ○ ○ ○ ○ ○ ○

(✘표시는 한글 1자(2타), *표시는 숫자 1자(1타)를 띄움).

하나의 본문 아래 항목을 구분할 때는 [그림 4-3]과 같은 방식으로 한다.

그림 4-3 항목의 표시 위치 예시 II

수신✘○ ○ ○장관
참조✘○ ○ ○국장
제목✘문서 작성 요령

✘✘✘문서관리교육을 다음과 같이 실시하오니 참석하여 주시기 바랍니다.
✘✘✘1.*일시: ○ ○ ○ ○
✘✘✘2.*장소: ○ ○ ○ ○
✘✘✘3.*참석 대상: ○ ○ ○ ○.✘끝.

6 문서의 “끝” 표시

① 본문이 끝났을 경우에는 1자(2타) 띄우고 “끝”자를 쓴다.

② 붙임물이 있는 경우 붙임의 표시를 한 다음에 1자(2타)를 띄우고 “끝”자를 쓴다.

③ 본문 또는 붙임의 표시문이 오른쪽 한계선에서 끝났을 경우 다음 줄의 왼쪽 기본선에서 1자를 띄우고 “끝”자를 표시한다.

④ 연명부 등의 서식을 작성하는 경우 기재 사항이 서식의 중간에서 끝나는 경우에는 기재 사항의 마지막 다음 줄에 “이하 빈칸”이라고 표시한다.

⑤ 기재 사항이 서식의 마지막 칸까지 작성되는 경우 서식의 칸 밖에 다음 줄의 왼쪽 기본선에 1자를 띄우고 “끝”자를 표시한다. [그림 4-4]는 예시이다.

그림 4-4 문서의 “끝” 표시 예시

① ——주시기 바랍니다.✕끝.

② 붙임 1. 서식 승인 목록 1부.
2. 승인 서식 2부.✕끝.

③ 붙임————————————————————1부.
✕끝.

④

응시번호	성명	주민등록번호	주소
10	김길동	560223-1120813	도봉구 번동 413-58
33	홍기용	550415-1020813	종로구 청운동 30-5
		이하 빈칸	

⑤

응시번호	성명	주민등록번호	주소
10	김길동	560223-1120813	도봉구 번동 413-58
33	홍기용	550415-1020813	종로구 청운동 30.5

✕끝.

7 붙임물의 표시

붙임물의 경우 본문이 끝난 다음 줄에 붙임을 표시한다. 붙임물이 두 가지 이상인 때에는 항목을 구분해 표시한다([그림 4-5] 참조).

그림 4-5 붙임물의 표시

〈예시〉

(본문) ──────────────────────────하시기 바랍니다.
붙임✕1.*○ ○ ○계획서1부
 ✕2.*○ ○ ○서류 1부.✕끝.

8 금액의 표시

유가증권 및 문서에 금액을 표시할 때에는 금15,790원(금일만오천칠백구십원)과 같이 한다. 단, 다른 법령에 표시 방법이 따로 있는 경우 그 법령에 따른다.

9 문서의 면 표시

문서의 면 표시는 다음과 같은 방식으로 한다. ① 문건별 면 표시는 중앙 하단에, 문서철 단위 면 표시는 우측 하단에 표기한다. 1999.12.31.까지는 본문과 붙임의 면 표시는 각각 달리했으나, 2000.1.1.부터는 본문과 붙임은 하나의 문건으로 보고 계속 이어서 면 표시를 한다. ② 양면 기재된 문서는 양면에 모두 표시한다. ③ 기록물철의 면표시는 편철 순서대로 맨 아래부터 위로 일련번호로 부여하되, 표지와 색인 목록은 제외하고 본문(붙임 포함)부터 면 표시를 시작한다. ④ 동일 기록물철을 2권 이상으로 나누어 편철 시 2권 이하의 철단 위 면 표시는 전권의 마지막 쪽수 다음부터 시작한다. 이 경우에도 표지와 색인 목록은 면 표시를 제외한다. ⑤ 기록물 철 단위 면 표시는 최초에는 연필로 했다가 기록물 정리가 끝나면 비로소 잉크 또는 넘버링 기기로 확정해 표시한다.[1)]

10 서식

일반적으로 공문서는 행정기관에서 장기간에 걸쳐 반복적으로 사용하는 문서이므로 일정한 서식을 정해놓고 있다. 「행정업무의 효율적 운영에 관한 규정」 제28조에서는 다음과 같이 서실 설계의 일반 원칙을 정해놓고 있다. ① 서식은 글씨의 크기, 항목 간의 간격, 적어 넣을 칸의 크기 등을 균형 있게 조절하여 서식에 적을 사항을 쉽게 알 수 있도록 하여야 한다. ② 서식에는 누구나 쉽게 이해할 수 있는 용어를 사용하고, 불필요하거나 활용도가 낮은 항목을 넣어서는 아니 된다. ③ 서식은 특별한 사유가 없으면 별도의 기안문과 시행문을 작성하지 아니하고 그 서식 자체를 기안문과 시행문으로 갈음할 수 있도록 생산등록번호 · 접수등록번호 · 수신자 · 시행일 및 접수일 등의 항목을 넣어야 한다. ④ 법령에서 서식에 날인하여야 한다고 정하고 있지 아니하면 서명이나 날인을 선택할 수 있도록 하여야 한다. ⑤ 서식에는 가능하면 행정기관의 로고 · 상징 · 마크 · 홍보 문구 등을 표시하여 행정기관의 이미지를 높일 수 있도록 하여야 한다. ⑥ 민원 서식에는 민원인의 편의를 도모하기 위하여 그 민원 업무의 처리 흐름도, 처리 기간, 전자적 처리가 가능한지 등을 표시하여야 하며, 음성정보나 영상정보 등을 수록하거나 연계한 바코드 등을 표기할 수 있다. ⑦ 서식에는 용지의 규격과 지질[2)]을 표시하여야 한다.

좀 더 구체적으로 「행정업무의 효율적 운영에 관한 규정 시행규칙」 [별표 4]에서 몇 가지 서식의 설계 기준을 정해 놓고 몇 가지 기본적인 서식을 제시하면 다음과 같다.

---

1) 공공기관의 기록물관리에 관한 법률시행규칙의 부칙 제5조의 규정에 의해 행정 업무의 효율적 운영에 관한 규정 시행규칙 제7조의 규정이 개정되었다.

2) 「행정업무의 효율적 운영에 관한 규정 시행규칙」 [별표 3]에서는 다음과 같이 용지의 용도별 지질 기준을 마련하고 있다.

(1) 기본 형식

기안문과 시행문은 별지 제1호 서식의 형식으로 작성한다. 그 밖의 각종 신청서, 증명서 등의 서식에는 접수(발급) 번호, 접수일, 발급일 등의 해당 사항과 전자적 처리가 가능한지를 표시한다.[3] 그리고 모든 서식에는 그 서식에 관한 기본 정보(근거 법령 등과 서식 호수)를 표시해야 한다.

(2) 표

쉽게 인지할 수 있고 행정정보 시스템 등에서 문답식 선택적 입력 방식을 쉽게 채택할 수 있도록 유사한 성격의 항목을 하나로 모아 표로 구분한다. 표와 표 사이에는 1㎜의 간격을 두되, 지면상 공간 확보가 어려운 경우에는 간격을 0.5㎜까지 조정할 수 있다.

(3) 선

선은 기본적으로 실선을 사용하되 절취선은 점선으로 표시한다. 선의 굵기는 0.12㎜를 기본으로 하되, 선의 색상은 회색을 기본으로 하되, 표의 상·하 테두리선은 검정색으로 한다. 다만 표의 좌·우측 테두리는 표시하지 않고, "○○○ 귀하" 또는 "신청인, 서명 또는 인" 다음의 마감선과 절취선은 0.7㎜로 한다.

(4) 칸

한 칸의 높이는 8.5㎜로 하는 것을 원칙으로 하되, 주소 등과 같이 정보량이 비교적 많은 항목의 경우에는 8.5㎜의 배수로 할 수 있다. 칸은 불규칙적 배열을 방

연번	용지의 용도	지질(중량)
1	비치카드 · 상장 · 통지서(엽서) · 임용장, 휴대 또는 게시하는 각종 증서 등	백상지(150g/㎡)
2	보존 기간이 20년 이상인 서식, 보존 기간이 10년 이상인 문서 · 간행물 등	백상지(120g/㎡) 또는 백상지(80g/㎡)
3	보존 기간이 20년 미만인 서식, 보존 기간이 10년 미만인 문서 · 간행물 등	백상지(80g/㎡)
4	각종 민원 신청서 및 신고서 · 통지서	백상지(80g/㎡) 또는 중질지(80g/㎡)

3) 전자적 처리 가능 여부 표시 문안 예시를 들면 다음과 같다. "민원24(www.minwon.go.kr)에서도 신청할 수 있습니다."

지하기 위해 설정한 가상의 세로 기준선에 따라 일정한 폭으로 구분하되, 성명란은 한글 15자 이상, 주민등록번호란은 한글 7자 이상 쓸 수 있는 공간을 확보한다. 바탕색은 기본적으로 흰색을 사용하고 공무원이 작성하는 칸과 작성 방법 등 알림 항목의 제목 칸은 회색으로 하되, 필요한 경우 부분적으로 적절한 명도와 채도의 색상을 사용할 수 있다.

(5) 글자

글자와 관련된 서식 규칙은 다음과 같다. 첫째, 글자는 줄 또는 칸의 왼쪽부터 쓰되, ① 서식 명칭은 가운데, ② 기입란을 구분하는 선이 없는 칸의 제목의 경우 왼쪽 상단, ③ 항목 제목을 적은 칸은 가운데, ④ 제출 연월일, 서명 또는 날인의 경우에는 오른쪽에 기입한다. 둘째, 서식 명칭의 글꼴은 견고딕으로 하고 그 외의 글자는 돋움체로 하되, 필요한 경우 다른 글꼴을 사용할 수 있다. 셋째, 글자의 굵기는 보통 굵기로 하되, 민원인 또는 담당 공무원이 인지해야 할 필요가 있는 주요 사항과 서식 명칭은 굵은 글꼴로 한다. 넷째, 글자 크기는 10pt를 기본으로 하고 “( )” 안의 글씨는 9pt로 한다. 다만, ① 서식 명칭은 16pt로, ② 시장·군수 등 행정기관 명칭은 13pt로, ③ 첫 번째 항목의 제목은 11pt (두 번째 항목부터는 1pt씩 작은 글씨로 한다.)로, ④ 접수번호 등 공무원 기재란의 제목과 “년 월 일”은 9pt로, ⑤ 유의 사항·작성 방법 등 알림 사항, 첨부 서류 및 수수료, 서식·용지 정보, “서명 또는 인”은 8pt로 한다. 다섯째, 글자 색상은 검정색을 기본으로 하고 필요한 경우 부분적으로 다른 색상을 사용하되, “서명 또는 인” 글자는 회색으로 한다.

(6) 한글과 병기하는 외국 글자

단어를 병기하는 경우 한글의 오른쪽에 괄호를 하고 그 안에 쓰되, 병기할 때 줄이 바뀌게 되는 경우와 병기할 외국 글자가 “년 월 일”, “서명 또는 인”, “신청인”에 관한 것인 경우에는 한글 아래에 쓸 수 있다. 문장을 병기하는 경우 한글 문장이 끝나는 줄의 다음 줄에 한글 문장의 첫 글자와 같은 위치에서부터 쓰되, 하나의 문장으로서 한 줄에 한글과 외국 글자를 모두 적을 수 있는 경우에는 한글 문장의 오른쪽에 쓸 수 있다. 한글과 병기하는 외국 글자의 크기는 한글보다 1pt 작게 하고, 글꼴 및 색상 등은 한글과 동일하게 한다.

11 문서의 쪽 번호 등 표시

「행정업무의 효율적 운영에 관한 규정」 제19조 및 「행정업무의 효율적 운영에 관한 규정에 관한 시행규칙」 제18조에서는 문서의 쪽 번호 표시를 다음과 같이 규정하고 있다. 2장 이상으로 이루어진 문서가 제1호 각 목의 어느 하나에 해당하는 경우에는 제2호 각 목의 구분에 따라 쪽 번호 또는 발급 번호를 표시하거나 간인(間印) 등을 하여야 한다. 대상 문서로는 ① 문서의 순서 또는 연결 관계를 명백히 할 필요가 있는 문서, ② 사실 관계나 법률 관계의 증명에 관계되는 문서, ③ 허가, 인가 및 등록 등에 관계되는 문서 등이다.

쪽 번호를 표시하는 방법은 전자문서의 경우 ① 각종 증명 발급에 관한 문서를 제외한 문서에는 문서의 중앙 하단에 쪽 번호를 표시하되, 문서의 순서 또는 연결 관계를 명백히 할 필요가 있는 중요한 문서에는 해당 문건의 전체 쪽수와 그 쪽의 일련번호를 붙임표(－)로 이어 표시한다. ② 각종 증명 발급에 관한 문서에는 해당 문서의 왼쪽 하단에 발급 번호를 표시하되, 다음 예시와 같이 표시한다: (예시) 단말 번호－출력 연월일/시·분·초－발급 일련 번호－쪽번호. 종이문서인 경우에는 관인 관리자가 관인을 이용하여 간인한다. 다만, 민원서류나 그 밖에 필요하다고 인정하는 종이문서에는 간인을 갈음하여 천공(穿孔) 방식으로 표시할 수 있다.

제 3 절 공문서의 작성

1 문서의 기안

기안이라 함은 행정기관의 의사를 결정하기 위해 문안을 작성하는 것을 말하고, 「행정업무의 효율적 운영에 관한 규정」 제8조는 문서의 기안을 다음과 같은 방식으로 하도록 규정하고 있다. 첫째, 문서의 기안은 전자문서로 하는 것을 원칙으로 한다. 다만, 업무의 성질상 전자문서로 기안하기 곤란하거나 그 밖의 특별한 사정이 있으면 그러하지 아니하다. 둘째, 문서의 기안은 행정자치부령으로 정하는 기안문으로 하여야 한다. 다만, 관계 서식이 따로 있는 경우에는 그 내용을 관계 서식에 기입하는 방법으로 할 수 있다. 셋째, 둘 이상의 행정기관의 장의 결재가 필요한 문서는 그 문서 처리를 주관하는 행정기관에서 기안하여야 한다. 넷째, 기안문에는 행정자치부령으로 정하는 바에 따라 발의자(기안하도록 지시하거나 스스로 기안한 사람을 말한다)와 보고자를 알 수 있도록 표시하여야 한다. 다만, ① 검토나 결정이 필요하지 아니한 문서, ② 각종 증명 발급, 회의록, 그 밖의 단순 사실을 기록한 문서, ③ 일상적·반복적인 업무로서 경미한 사항에 관한 문서 등에 대해서는 발의자와 보고자의 표시를 생략할 수 있다.

또한 「행정업무의 효율적 운영에 관한 규정 시행규칙」 제3조에서는 기안문을 '별지 제1호 서식'이나 '별지 제2호 서식'에 따라 작성하도록 규정하고 있다. 다만, 대통령 또는 국무총리의 결재를 받아야 하는 문서의 기안은 '별지 제3호 서식'이나 '별지 제4호 서식'에 따른 기안문으로 하되, 특별한 결재 절차에 사용하는 기안문은 따로 정하여 사용할 수 있다. '별지 제2호 서식'과 '별지 제4호 서식'은 보고서, 계획서, 검토서 등 발신할 필요가 없는 내부결재 문서에만 사용한다. 각 서식은 다음 쪽(112~115쪽)을 참조하기 바란다.

2 기안문의 구성

「행정업무의 효율적 운영에 관한 규정 시행규칙」 제4조는 기안문을 [별지 제1호 서식]으로 작성하는 경우 두문, 본문 및 결문으로 구성하도록 규정하고 있다. 각 구성 요소별 주요 기재 사항을 살펴보면, 첫째, 두문은 행정기관명과 수신란으로 구성하고, 두문의 여백에는 행정기관의 로고·상징·마크·홍보 문구 또는 바코드 등을 표시할 수 있다. ① 행정기관명에는 그 문서를 기안한 부서가 속하는 행정기관명을 표시하되, 다른 행정기관명과 동일한 경우에는 바로 위 상급기관명을 함께 표시할 수 있다. ② 수신란에는 수신자가 없는 내부결재문서인 경우 "내부결재"로 표시한다. 그리고 수신자가 있는 경우에는 수신자명을 표시하고, 그 다음에 이어서 괄호 안에 업무를 처리할 보조기관이나 보좌기관을 표시하되, 보조기관이나 보좌기관이 분명하지 아니한 경우에는 ○○업무 담당과장 등으로 쓸 수 있다. 다만, 수신자가 여럿인 경우에는 두문의 수신란에 "수신자 참조"라고 표시하고 결문의 발신 명의 다음 줄에 수신자란을 따로 설치하여 수신자명을 표시할 수 있다.

둘째, 본문(이하 "본문"이라 한다)은 제목, 내용 및 붙임(문서에 다른 서식 등이 첨부되는 경우에만 해당한다)으로 구성한다. 문서에 다른 서식 등이 첨부되는 경우에는 본문의 내용이 끝난 줄 다음에 "붙임" 표시를 하고 첨부물의 명칭과 수량을 적되, 첨부물이 두 가지 이상인 경우에는 제2조 제1항에 따라 항목을 구분하여 표시하여야 한다. 그리고 본문의 마지막에는 위에서 살펴본 바와 같이 "끝" 표시를 한다.

셋째, 결문은 ① 발신 명의, ② 기안자 · 검토자 · 협조자 · 결재권자의 직위나 직급(각급 행정기관이 6급 이하 공무원의 직급을 대신하여 대외적으로 사용할 수 있도록 정한 대외직명을 포함) 및 서명(전자이미지서명과 전자문자서명을 포함), ③ 「공공기록물 관리에 관한 법률 시행령」 제20조에 따른 생산등록번호 및 접수등록번호, 시행일 및 접수일, ④ 행정기관의 우편번호 · 주소 · 홈페이지 주소 · 전화번호 · 팩스 번호, 공무원의 전자우편 주소와 공개 구분으로 구성된다.

이상 살펴본 기안문의 구성을 간략히 정리하면 [그림 4-6]과 같다.

그림 4-6 기안문의 구성 체제

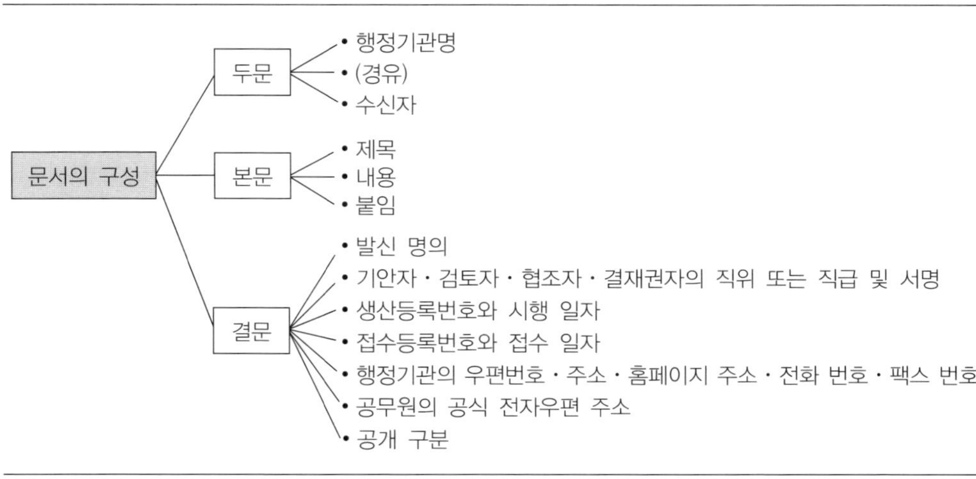

■ 행정업무의 효율적 운영에 관한 규정 시행규칙 [별지 제1호 서식]

행 정 기 관 명

수신
(경유)
제목

발 신 명 의 [직인]

기안자 직위(직급) 서명 검토자 직위(직급) 서명 결재권자 직위(직급) 서명

협조자

시행 처리과명-연도별 일련번호(시행일) 접수 처리과명-연도별 일련번호(접수일)

우 도로명주소 / 홈페이지 주소

전화번호( ) 팩스번호( ) / 공무원의 전자우편주소 / 공개 구분

210㎜×297㎜(백상지 80g/㎡)

비고(이 난은 서식에 포함하지 아니한다)

- 문서를 작성할 때 "행정기관명", "발신명", "기안자", "검토자", "결재권자", "직위(직급) 서명", "처리과명-연도별 일련번호(시행일)", "도로명 주소", "홈페이지 주소", "공무원의 전자우편 주소", "공개 구분"의 용어는 표시하지 아니하고 그 내용을 적는다.

■ 행정업무의 효율적 운영에 관한 규정 시행규칙 [별지 제2호 서식]

생산등록번호	
등 록 일	
결 재 일	
공 개 구 분	

협조자			

(제 목)

※ 필요한 경우 보고 근거 및 보고 내용을 요약하여 적을 수 있음

○○○○부(처 · 청 또는 위원회 등)
○○○○국

또는

○○○○부(처 · 청 또는 위원회 등)
○○○○과

210㎜×297㎜(백상지 80g/㎡)

비고(이 난은 서식에 포함하지 아니한다)
- 결재란의 크기 및 결재란 수는 필요에 따라 조정하여 사용할 수 있다.

■ 행정업무의 효율적 운영에 관한 규정 시행규칙 [별지 제3호 서식]

행정기관명

우	도로명주소	/전화번호( )	/팩스번호( )

<table>
<tr><td colspan="2">생산등록번호</td><td colspan="2"></td><td colspan="2"></td><td>대통령</td></tr>
<tr><td colspan="2">등 록 일</td><td colspan="2"></td><td></td><td>국무총리</td><td rowspan="3"></td></tr>
<tr><td colspan="2">결 재 일</td><td colspan="2"></td><td rowspan="2"></td><td rowspan="2"></td></tr>
<tr><td colspan="2">시 행 일</td><td colspan="2"></td></tr>
<tr><td colspan="3">관련 기관 협조 여부</td><td colspan="3"></td><td>공개 구분</td></tr>
<tr><td rowspan="2">검토</td><td colspan="2"></td><td></td><td></td><td></td><td rowspan="2"></td></tr>
<tr><td colspan="2"></td><td></td><td></td><td></td></tr>
<tr><td>수신</td><td colspan="3"></td><td>발신</td><td colspan="2">[인]</td></tr>
<tr><td>제목</td><td colspan="6"></td></tr>
<tr><td colspan="7"></td></tr>
</table>

210mm×297mm(백상지 80g/㎡)

비고(이 난은 서식에 포함하지 아니한다)

1. 결재란의 수와 크기는 필요에 따라 조정하여 사용하되, 국무총리의 결재를 받는 문서에는 그 결재 절차에 맞게 직위/직급을 변경하여 표시한다.
2. "수신"은 "받는 자"로, "발신"은 "보내는 자"로 변경하여 사용할 수 있다.

■ 행정업무의 효율적 운영에 관한 규정 시행규칙 [별지 제4호 서식]

○○비서관	대통령실장

○○장관	국무총리	대통령

생산등록번호	
등 록 일	
결 재 일	
공 개 구 분	

협조자		

(제 목)

※ 필요한 경우 보고 근거 및 보고 내용을 요약하여 적을 수 있음

○ ○ ○부 (처 · 청 · 위원회 등)

210mm×297mm(백상지 80g/㎡)

비고(이 난은 서식에 포함하지 아니한다)

1. 결재란의 수와 크기는 필요에 따라 조정하여 사용하되, 국무총리의 결재를 받는 문서에는 그 결재 절차에 맞게 직위/직급을 변경하여 표시한다.
2. "○○비서관" 및 "대통령실장"의 용어는 「대통령실과 그 소속기관 직제」에서 정하는 명칭을 사용하되, 국무총리의 결재를 받는 문서에는 해당란을 생략할 수 있다.

3 문서의 등록번호

「공공기록물 관리에 관한 법률 시행규칙」 제5조에서는 생산등록번호 또는 문서번호란이 설치되어 있는 기록물은 생산등록번호란 또는 문서번호란에 생산등록번호를 표기한하도록 규정하고 있다. 그리고 생산등록번호란 또는 문서번호란이 설치되어 있지 않은 문서·카드류·도면류 등의 기록물은 그 기록물의 좌측 상단의 여백에 <표 4-3>의 표시 방법을 활용해 생산등록번호를 표기하도록 규정하고 있다.

표 4-3 등록번호의 표시 방법

생산등록번호			접수등록번호		
등록번호		2.5cm	등록번호		2.5cm
등록일자			등록일자		
처 리 과			처 리 과		
← 5cm →			← 5cm →		

자료: 「공공기록물 관리에 관한 법률 시행규칙」, [별표 1] 등록번호의 표시 방법.

문서의 등록번호는 처리과별로 기록물등록대장(기본 등록 사항)에 등록된 순서에 따라 일련번호를 부여한다.

그림 4-7 문서의 등록번호 예시 I

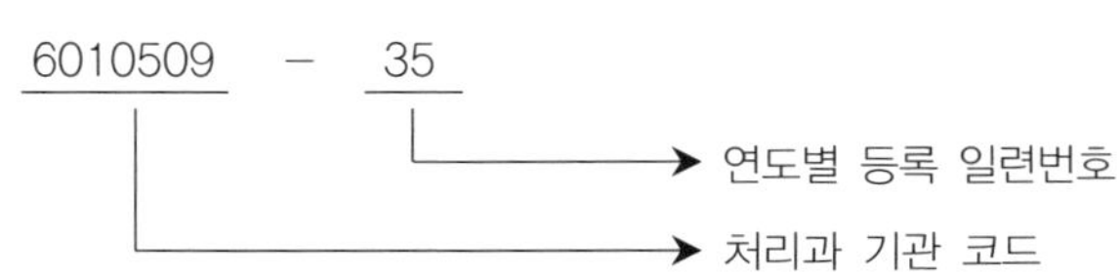

① 전자문서 시스템과 기록물등록대장상 등록번호는 처리과 기관 코드와 연도별 등록 일련번호로 구성한다.

② 문서(기안문과 시행문, 각종 법령 서식)상 등록번호는 처리과명과 연도별 등록 일련번호로 구성한다. 여기서 처리과명은 처리부서명(담당부서명)을 말하며, 처리과명이 없는 행정기관은 행정기관명을 표시하되, 10자가 넘는 경우에는 10자 이내의 행정기관명의 약칭을 표시한다.

그림 4-8 문서의 등록번호 예시 Ⅱ

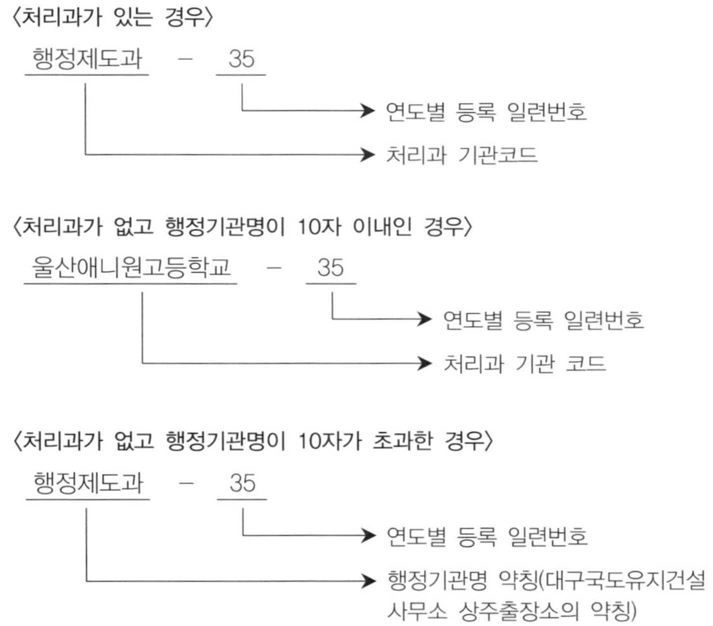

4 수신자의 표시

① 독임제 기관의 장 또는 합의제 기관의 장의 권한인 경우에는 수신자란에 당해 기관장의 직위(수신자명)를 쓰거나 수신자 기호를 먼저 쓰고, 이어서 ( ) 안에는 처리할 보조기관 또는 보좌기관의 직위가 분명한 경우에는 그 직위를 쓰되, 그 직

위가 분명하지 않는 경우에는 ○○업무 담당과장 등으로 표시한다.

(예시 1)	수신자 행정자치부 장관(○○과장), 문화체육관광부 장관(○○과장)
(예시 2)	수신자 중앙인사위원회위원장(○○과장), 행정자치부 장관(○○과장)
(예시 3)	수신자 정부혁신·지방분권위원회위원장(○○과장)
(예시 4)	수신자 가49(정보공개업무 담당과장), 가52(정보공개업무 담당과장), 나01(정보공개업무 담당과장), 다01(정보공개업무 담당과장)

② 합의제 기관의 권한인 경우에는 수신자란에 당해 기관의 명칭을 표시하거나 수신자 기호를 표시한다.

(예시 1)	수신자 행정자치부 장관(○○과장), 국가균형발전위원회(○○과장)
(예시 2)	수신자 정부혁신·지방분권위원회(○○과장)
(예시 3)	수신자 국가균형발전위원회(○○과장)
(예시 4)	수신자 가14(○○과장), 가15(○○과장)

③ 민원 회신문서에는 수신자란에 먼저 민원인의 성명을 쓰고(예: 홍길동 귀하), 이어서 ( ) 안에는 우편번호와 주소를 쓰되, 전자문서 시스템에서 우편번호는 검색이 용이하도록 하여야 한다.

(예시)	수신자 홍길동 귀하(우03034 서울시 종로구 옥인1길 36)

④ 수신자가 많아 본문의 내용을 기재할 란이 줄어들어 본문의 내용을 첫 장에서 파악하기 곤란한 경우에는 두문의 수신자란에 "수신자 참조"라고 쓰고, 결문의 발신명의 밑의 왼쪽 기본선에 맞추어 수신자란을 설치하여 수신자명 또는 수신자 기호를 표시한다.

(예시)	(두문)	수신자 수신자 참조(문서관리업무 담당과장)
	(결문)	수신자 가, 나, 다, 라, 마, 법원행정처장, 국회사무처,

⑤ 내부결재문서는 수신자란에 "내부결재"라고 표시한다.

(예시) 수신자 내부결재

5 제목의 표시

제목의 그 문서의 내용을 함축해서 나타내는 문구로서 문서의 내용을 쉽게 알 수 있도록 쉬운 말로 간단명료하게 표시한다.

6 발신 명의 표시

「행정업무의 효율적 운영에 관한 규정」 제13조를 참조하여 발신 명의의 표시를 설명하면 다음과 같다. 문서의 발신 명의는 행정기관의 장으로 한다(예시: ○○○장관, ○○○시장, ○○군수, ○○위원장 등). 다만, 합의제 기관의 권한에 속하는 문서의 발신 명의는 그 합의제 기관으로 한다(예시: ○○위원회). 그러나 행정기관 내의 보조기관 또는 보좌기관 상호간에 발신하는 문서는 해당 보조기관 또는 보좌기관의 명의로 한다(예시: ○○○과장, ○○○실장, ○○담당관 등). 한편 발신할 필요가 없는 내부결재 문서는 발신 명의를 표시하지 아니한다.

제 4 절 문서 기안의 일반적인 사항

1 기안문 작성 시 고려 사항

기안문을 작성할 때 고려해야 할 사항은 다음과 같다. ① 기안자는 안건에 관련된 문제를 파악하고 관계 규정 및 과거 행정 선례를 숙지하고 있어야 한다. ② 기안하는 목적과 필요성을 파악하고 자료를 수집·분석하며 필요한 경우에는 설문조사, 실태조사, 회의 등을 통하여 의견을 청취한다. ③ 복잡한 기안의 경우에는 초안을 작성하여 논리의 일관성을 해치는 내용이나 빠지는 사항이 없도록 검토한 다음 작성한다. ④ 기안자는 담당 업무에 대한 책임 의식을 가져야 하며 해당 기관과 수신자와의 관계 및 입장 등을 고려하여 기안하여야 한다.

2 기안문 작성 시 유의 사항

기안문 작성 시 유의 사항은 크게 정확성, 신속성, 용이성, 경제성, 성실성 등 다섯 가지 원칙을 따라야 한다. ① 정확성이란 바른 글을 써야 함을 의미하고, 기본적으로 기안문은 6하 원칙에 의해 작성하고, 모호한 표현이나 과장된 표현을 피해야 한다. ② 신속성이란 이해가 빠른 글을 의미하고, 이를 위해 문장은 짧게 끊어서 개조식(個)條式)으로 쓴다. 또한 가급적 먼저 결론을 쓰고 그 다음에 이유 또는 설명을 쓴다. ③ 용이성이란 쉬운 글을 작성해야 함을 의미한다. 즉, 읽기 쉽고 알기 쉬운 용어를 사용하고, 한자나 어려운 전문 용어는 피한다. 한자 또는 전문 용어를 쓸 필요가 있을 때에는 ( )를 하여 한자를 쓰거나 용어의 해설을 붙인다. 또한 받는 사람의 이해력과 독해력을 고려해서 쓰고, 다루기 쉽게 1건 1매주의(1매 BEST)로 한다. ④ 경제성이란 효율성이 있는 글을 의미한다. 이를 위해 일상 반복적인 업무는 표준 기안문을 활용하고, 용지의 규격·지질을 표준화하며, 서식을 통일한다. 또한 문자를 부호화해서 활용한다. ⑤ 성실성이란 호감이 가는 글을 작성해야 함을 의미하고, 이를 위해 적절한 경어를 사용해야 하며, 감정적·위압적인 과격한 표현이나 과장된 표현을 쓰지 않는다.

3 기안문에서의 발의자 및 보고자 표시

기안문에는 발의자와 보고자를 알 수 있도록 표시해야 한다. 여기서 발의자란 기안하도록 지시한 자 또는 지시자가 없는 경우 스스로 입안한 자를 말하며, 보고자란 결재권자에게 직접 보고하는 자를 말한다. 「행정업무의 효율적 운영에 관한 규정 시행규칙」 제6조에서는 이에 대한 사항을 다음과 같이 규정하고 있다. ① 기안문에는 발의자와 보고자의 직위나 직급의 앞 또는 위에 발의자는 ★표시를, 보고자는 ⊙표시를 한다. ② 기안문에 첨부되는 계산서 · 통계표 · 도표 등 작성상의 책임을 밝힐 필요가 있다고 인정되는 첨부물에는 작성자를 표시하여야 한다. ③ 기안자, 검토자 또는 협조자는 기안문의 해당란에 직위나 직급을 표시하고 서명하되, 검토자나 협조자가 다른 의견을 표시하는 경우에는 직위나 직급 다음에 "(의견 있음)"이라고 표시하여야 한다. ④ 총괄책임자는 총괄책임자가 총괄하는 단위 업무를 분담하는 사람이 기안한 경우 그 기안문을 검토하고 검토자란에 서명을 하되, 다른 의견이 있으면 직위나 직급 다음에 "(의견 있음)"이라고 표시하고 기안문 또는 별지에 그 의견을 표시할 수 있다. 다만, 총괄책임자가 출장 등의 사유로 검토할 수 없는 등 부득이한 경우에는 검토를 생략할 수 있으며, 서명란에 출장 등 검토할 수 없는 사유를 적어야 한다.

제 5 장 소프트웨어 활용편: 한글

제 1 절 워드프로세싱의 기능

워드프로세싱이란 컴퓨터를 활용해 문자를 입력하고 저장하고 조작하고 출력하는 작업을 의미한다. 워드프로세싱을 할 수 있는 프로그램을 워드프로세서라고 하는데, 워드프로세서는 ① 문서 작성, ② 블록 작업, ③ 찾기・바꾸기, ④ 파일 보관, ⑤ 프린트 및 파일 전송, ⑥ 부가적 기능 등을 가지고, 대부분의 워드프로세서는 문자와 그래픽 이미지의 통합을 가능하게 해준다. 한글용 워드프로세서의 경우 국내에서 나오는 '흔글'과 마이크로소프트사의 'MS-Word'가 있다.

제 2 절 한글과 MS 워드의 차이

아래아 "흔글(HWP)"은 순수한 한국 국내산 워드프로세서이고, MS 워드(Microsoft Word)는 미국의 마이크로소프트(Microsoft)사에서 개발되어 한글화된 워드프로세서이다. 흔글의 경우 초창기에는 "아래아 한글"이나 "HWP"로 지칭했지만,

현재는 그냥 "한글"이라고 부르는 경우가 많다. 한글로 된 문서 처리 작업을 효과적으로 수행할 수 있고, 한글 고어(古語)도 완벽하게 지원할 뿐만 아니라 맞춤법 검사도 상당히 정확하다. 따라서 관공서에서는 "한글"을 주로 사용하고 있다. 반면에 단점으로는 스프레드시트 소프트웨어인 "엑셀(Microsoft Excel)"과 연동이 매끄럽지 않아 사무용으로 사용하는 데 한계가 있고, 다른 나라에서는 이 프로그램을 활용하지 않기 때문에 외국인을 대상으로 하는 업무를 주로 하는 기업이나 관공서에서는 사용하기가 용이하지 않다.[1] 그뿐만 아니라 이 프로그램을 활용해 영문 문서를 작성하면, 글자체나 문단 모양이 조금 어색하게 보이는 문제가 있다. 즉, 한국어가 아닌, 영문/일본어/중국어 등의 외국어 문서를 편집하는 데에는 그리 효과적이지 않다.

MS 워드의 경우 영문 또는 외국어 문서를 작성하는 데 매우 용이하다. 특히 전 세계적으로 널리 사용되고 있는 엑셀(Microsoft Excel), 윈도우(Windows) 모두 MS 워드와 마찬가지로 마이크로소프트사의 제품이므로 다른 프로그램과의 호환성이라는 측면에서 흔글에 비해 월등하다. 또한 단순한 철자 교정이 아니라 실제로 영문법을 교정하는 영문법 교정 기능이 있어 영어 문서를 작성하는 데 매우 편리하다. 이 밖에도 VBA(Visual Basic for Application)를 활용해 프로그래밍을 함으로써 사무를 자동화할 수 있다는 점에서 장점이 존재한다. 반면 단점을 살펴보면 한국어의 특수성이 잘 반영되어 있지 않아 한국어 문서 작성에 어려움이 많다. 그뿐만 아니라 전체적으로 워드프로세서로서의 기능이 "한글"에 비해서 조금 빈약한 편인데, 이는 마이크로소프트사에서 가장 정성을 기울이는 소프트웨어가 엑셀이고, 워드는 엑셀의 부속품 정도로 여겨지기 때문이다.

결국 흔글과 워드의 장·단점을 잘 파악해서 한글과 워드를 선택할 때 흔글의 경우 관공서나 기타 개인용으로 사용하기 편하며, 워드는 기업체에서 사용을 많이 하므로 두 가지 모두 설치해 병행해서 활용하는 것도 효율적인 방법이라고 할 수 있다.

1) 그 결과 기업체에서는 워드를 주로 사용한다.

제 3 절 한글의 환경 설정

모든 프로그램은 각 개인 사용자의 편리성을 증진시키고자 각 개인이 직접 작업 환경을 설정할 수 있도록 되어 있다. 한글 2010에서도 환경 설정 메뉴를 통해 사용하기 편리하도록 환경을 바꿔 줄 수 있다. 작업 환경은 작업을 시작하기 전에 설정해 두어야 할 것도 있고 작업을 하면서 하나씩 설정을 변경할 필요가 있다. 이러한 환경 설정의 예로는 도구 상자의 정리, 자주 사용하는 편집 용지의 등록, 작업 파일 관리 계획 등이 있고, 작업 중에 편의에 따라 설정할 환경으로 매크로나 상용구 등록, 스타일 만들기 등이 있다. 환경 설정의 일반적인 사항들을 살펴보면 다음과 같다.

1 도구 상자 정리

한글 2010을 설치한 후 실행하면 [그림 5－1]과 같이 메뉴 아래 각종 도구 상자가 나타난다. 이 도구 상자는 초보자들에게 유용하게 사용되지만, 일부 사용자들은 한정되어 있는 바탕 화면의 영역 안에서 도구 상자가 차지하는 공간이 많아 작업 공간이 좁다고 느낄 수 있다. 한글 2010을 자주 사용하는 사용자라면 도구 상자를 사용하기보다는 마우스나 단축키를 많이 사용하는 것이 작업 능률을 올릴 수 있다. 즉, 단축키나 마우스로 사용할 수 있는 도구 상자는 굳이 보이지 않아도 되므로 감춰두어 작업 공간을 늘려주는 것이 효율적이다.

그림 5－1 도구 상자

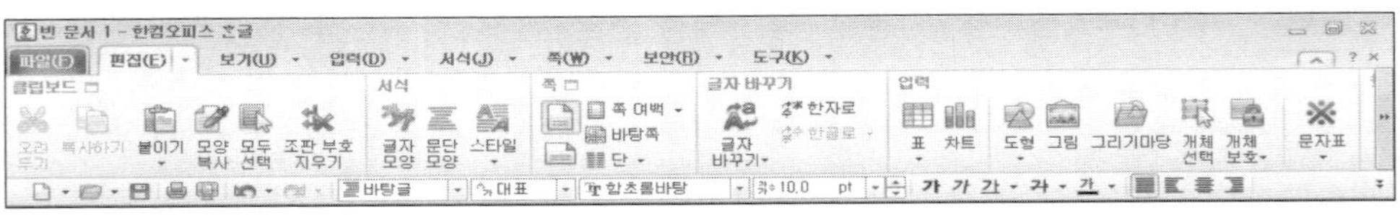

2 도구 상자 보이기/감추기

자주 사용하는 도구와 자주 사용하지 않는 도구를 구분해 도구 상자를 정리해 놓으면 작업 공간을 넓힐 수 있어 작업의 효과성을 높일 수 있다. 도구 상자를 보이지 않도록 하려면 다음 그림에서 보는 바와 같이 마우스 오른쪽 클릭을 한 뒤 기본을 클릭해서 √ 표시가 사라지도록 하면 된다. 도구 상자를 보이게 하려면 기본을 다시 클릭해서 √ 표시가 생성되도록 하면 된다. [그림 5-2]는 기본 도구 상자를 감춘 상태의 화면을 보여주고 있다.

그림 5-2 기본 도구 상자 감추기

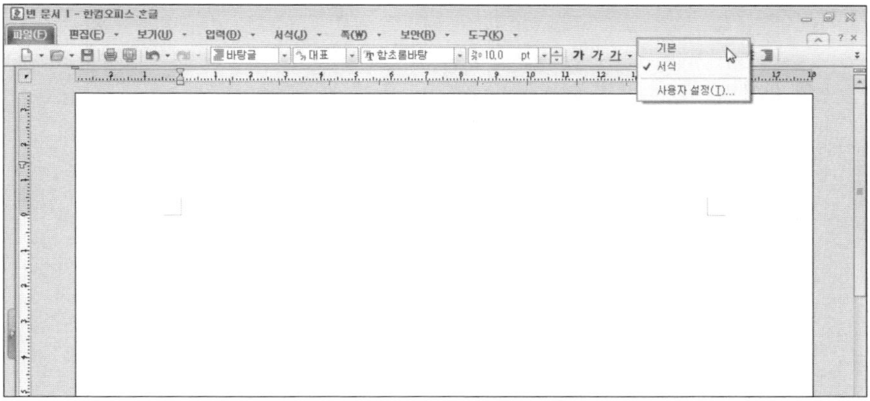

3 문서 저장과 백업

종이 작업과 달리 컴퓨터로 하는 작업은 다양한 장점을 제공하지만, 여러 가지 문제점을 지니고 있다. 그 중 하나가 작업 중이던 파일을 저장하지 않았는데, 갑자기 시스템이 다운되거나 파일이 손상되는 경우가 종종 발생하고, 이럴 경우 어쩔 수 없이 재작업을 해야 하는 문제점이 있다. 이런 결점을 보완하기 위해 한글 2010은 자동 저장 기능 및 백업 기능을 제공한다. 이 기능은 작업 도중 갑작스러운 정전으로 인해 컴퓨터가 꺼졌을 때에도 그 때까지 작업한 내용을 임시 파일로 저장해 두는 기능으로 매우 중요한 기능이라고 할 수 있다.

(1) 자동 저장

자동 저장 기능은 [그림 5-3]에서 보는 바와 같이, [도구]-[환경 설정]을 클릭하고, [편집] 탭에서 설정해 주면 된다. 여기에서 [무조건 자동 저장]은 작업 도중 일정한 시간 간격으로 자동 저장을 하는 것을 말하며, [쉴 때 자동 저장]은 키보드 동작이 멈춘 순간부터 정해진 시간 동안 키보드나 마우스를 통한 입력이 없을 경우에 자동 저장되는 것을 의미한다.

그림 5-3 자동 저장 메뉴

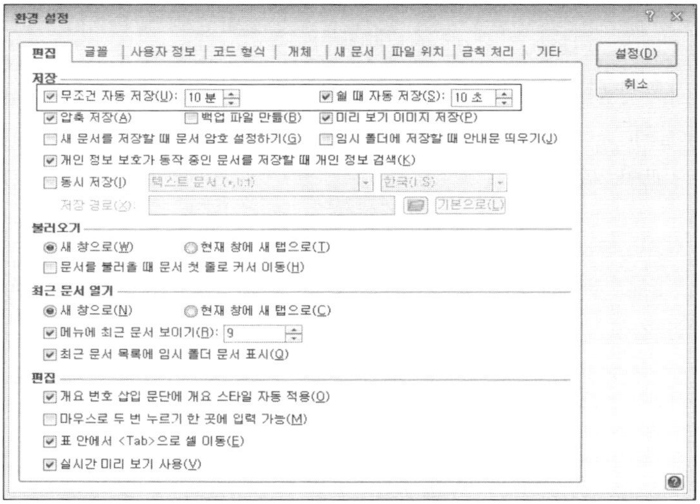

(2) 백업 파일 체크하기

작업하던 파일이 손상되었을 때 자동으로 저장된 백업 파일은 유일하게 작업했던 파일을 다시 찾을 수 있는 방법이다. 이 백업 파일은 문서를 저장했을 때 저장 직전에 작업한 파일을 *.bak 형식으로 따로 저장해 두는 기능이다. 중요한 작업을 하다가 실수로 잘못 작업한 직후 저장해 버렸을 때 백업 파일을 활용해서 원 파일을 회생시킬 수 있다.

그림 5-4 백업 파일 만들기

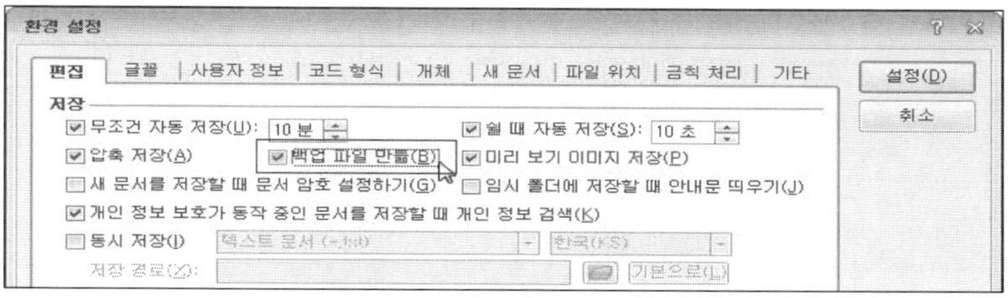

4 용지 형식 등록하기

한글 2010을 설치한 후 실행하면 기본적으로 등록되어 있는 용지 형식이 있다. 그러나 등록되어 있는 용지 외의 다른 크기의 용지를 자주 사용할 경우 등록해 놓고 사용하면 매번 용지 설정을 하지 않아도 되므로 편리하다.

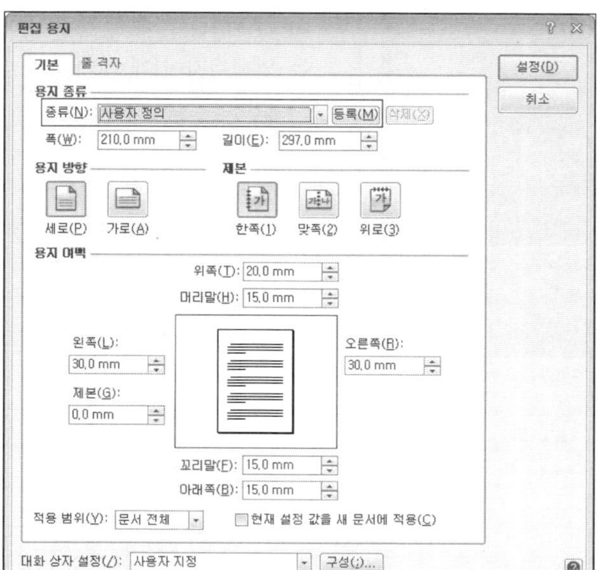

① [쪽] 메뉴의 [편집 용지]를 실행하거나 F7를 눌러 편집 용지를 대화 상자로 열어준다. 용지 종류 목록에서 사용자의 정의를 선택한다.

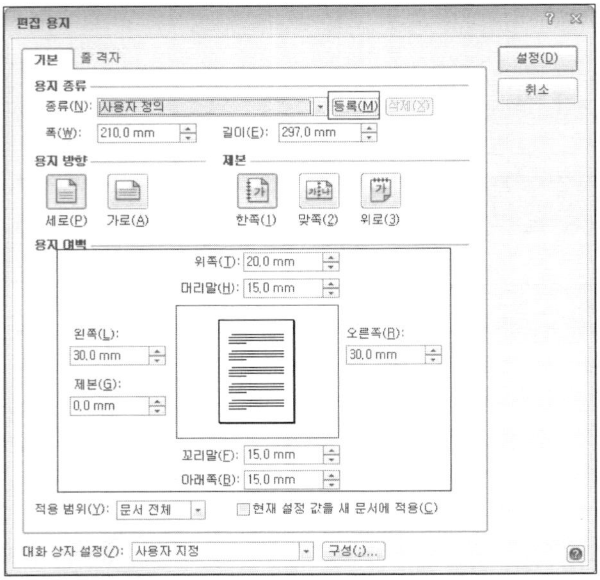

② 자주 사용할 종이의 크기와 용지 방향, 여백 등을 설정한 후 등록 버튼을 누른다.

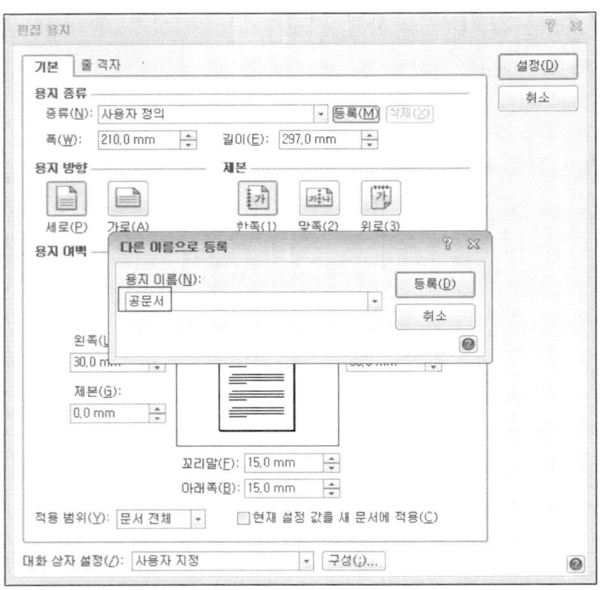

③ 용지의 이름을 입력한 후 등록 버튼을 누른다. 용지 종류에 조금 전에 설정한 용지 크기가 "공문서"라는 이름으로 등록되어 나타난다. 등록해 놓은 용지는 언제든지 쉽게 찾아 사용할 수 있다.

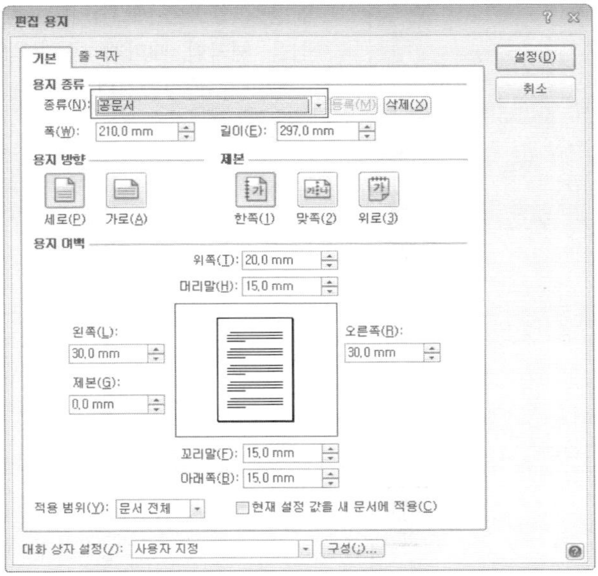

④ 사용자 정의에 의해 만들어진 공문서 양식이다.

5 쪽 윤곽/전체 화면 설정하기

한글을 실행했을 때 쪽 윤곽이 보이지 않는 상태이므로 출력을 했을 때 흰색으로 나오는 여백을 화면에서 확인하기 어렵다. 이런 쪽 윤곽을 보이도록 해서 출력을 했을 때 용지의 여백이나 위치 등을 한눈에 확인할 수 있도록 하면 편리하다. 쪽 윤곽을 설정해 두면 문서 작업 중인 여백을 포함한 전체 모습을 확인하며 작업을 할 수 있으므로 출력 후에 문제가 발생하지 않게 된다.

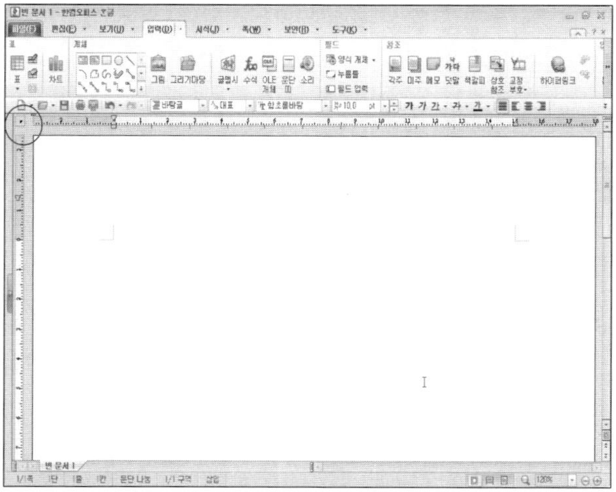

① 쪽 윤곽 설정은 [보기]-[쪽 윤곽]을 체크할 때마다 쪽 윤곽이 나타나고 사라진다.

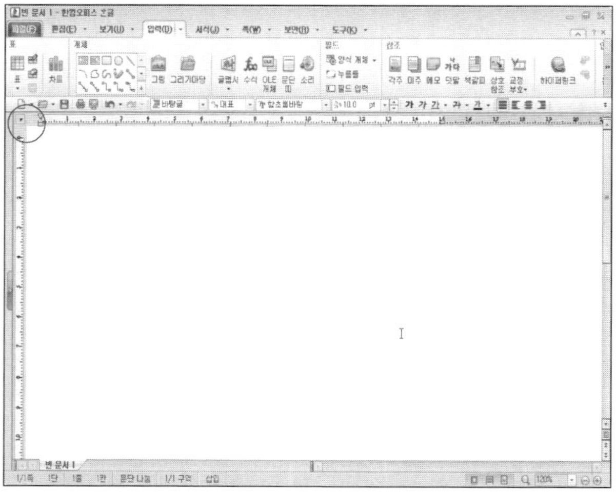

② 표시된 곳에 쪽 윤곽이 사라진 상태이다.

6 삽입 잠금

문서를 입력하거나 수정할 때 Ins 키를 누르면 삽입과 수정 상태가 번갈아 가면서 선택된다. 삽입 상태는 커서가 있는 부분의 뒷부분 내용을 뒤로 밀어내면서 새로운 내용이 추가되는 것이고, 수정 상태는 커서가 있는 뒷부분을 지워가면서 내용이 입력되는 것이다. 그러므로 키보드의 Ins 키를 실수로 눌러 수정 상태로 바뀌고 난 뒤, 이를 모르고 작업했을 경우에 뒤에 입력된 내용을 실수로 지워버릴 수 있게 된다. 이런 실수를 방지하기 위해서 활용할 수 있는 기능이 삽입 잠금 기능이다. [그림 5-5]에서 보는 바와 같이, [도구]-[환경 설정]에서 [기타] 탭을 클릭해 삽입 잠금에다 표시하면 Ins 키를 실수로 눌러도 수정 상태로 바뀌지 않게 된다.

그림 5-5 삽입 잠금 메뉴

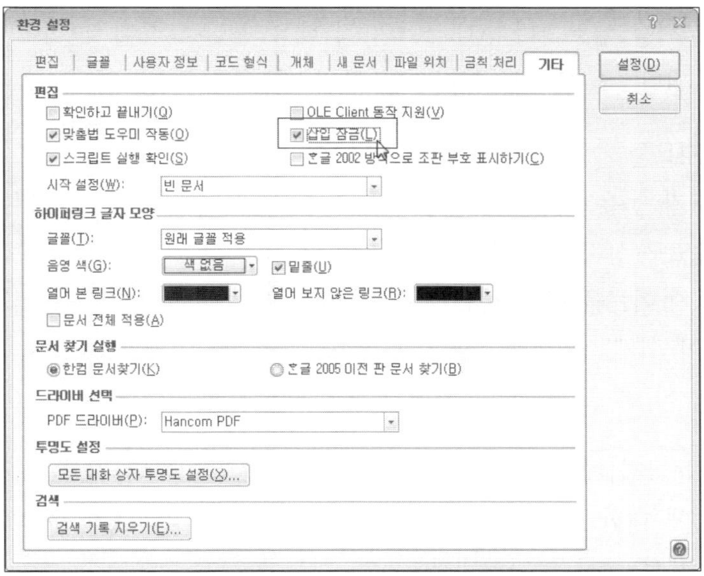

제 4 절 한글 2010의 시작과 끝내기

1 한글 2010 시작하기

한글을 시작하기 전에, 한글이 정상적으로 설치되었고 알맞게 환경 설정 작업을 마쳤다면 한글 2010은 다음과 같은 초기 화면을 나타낸다. 화면의 구성 요소들을 간략히 살펴보면 다음과 같다.

① 제목 표시줄

문서의 파일과 문서 경로가 표시되고, 창 조절 단추와 글자판 아이콘 및 조절 메뉴가 표시된다.

② 메뉴 표시줄

한글 2010 프로그램의 주 메뉴를 나타낸다. 메뉴를 불러오기 위해서는 메뉴 클릭 또는 F10 글쇠를 누르거나 Alt 글쇠와 각 메뉴의 단축어(예: 편집(E) → Alt+E)를 눌러주면 된다. 주 메뉴를 불러오면 하위 메뉴가 나타난다.

③ 도구 모음줄

사용 빈도가 높은 기능을 아이콘 형태로 만들어 놓음으로써 편리하게 사용한다. [보기]-[도구 상자]에서 설정 및 해제한다. 우측의 화살표를 통해 화면에 나타나 있지 않은 아이콘을 찾아 사용할 수 있으며, 메뉴를 바탕으로 유사 기능들이 그룹화되어 있어 쉽게 아이콘을 찾을 수 있다.

④ 눈금자

[보기]-[눈금자]에서 가로와 세로 눈금자 보이기를 하면 위쪽의 '가로 눈금자'는 문서의 폭에 대한 가로 눈금을 나타내며, 화면 왼쪽의 '세로 눈금자'는 용지의 길이에 대한 세로 눈금을 나타낸다.

⑤ 스크롤

이동 막대라고 하며, 현재 화면의 위치를 마우스로 끌기 한 만큼 움직인다.

⑥ 상황선

한글 문서 창의 맨 아랫줄에 있는 상황선은 커서가 있는 위치의 쪽 수, 단 수, 줄 수, 칸 수, 구역 수, 삽입 및 수정 등 사용자에게 필요한 정보들을 알려주는 영역이다. 이 상황선은 편집 화면에서 감추거나 보이게 할 수 있다.

그림 5-6 초기 화면

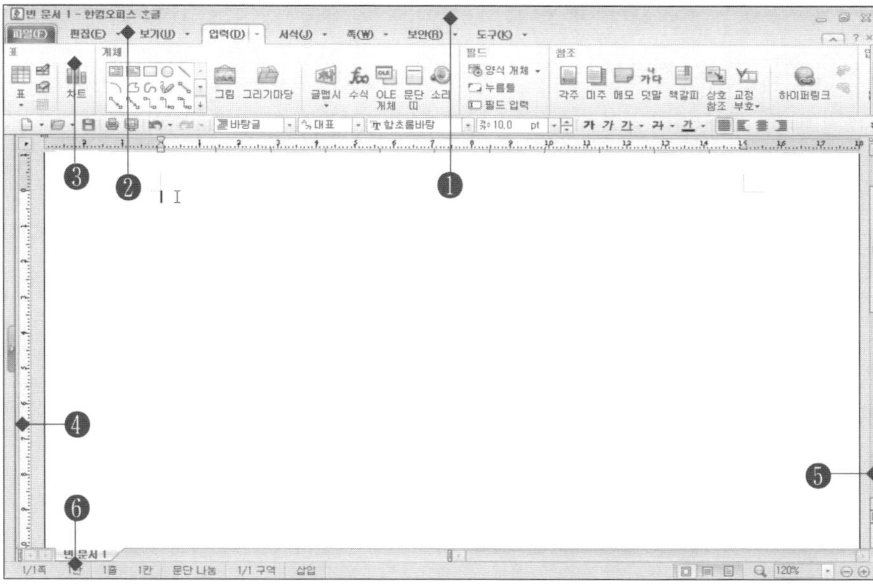

2 새문서/불러오기/저장하기

(1) 새문서

처음 한글 2010 프로그램을 실행하면 자동으로 [새문서]가 실행된다. 어떤 문서를 작업하다가 새로운 문서를 작성하기 위해서는 새문서를 불러와야 한다(메뉴 이용: [파일]–[새문서]).

(2) 불러오기

저장되어 있는 문서를 불러오는 기능이다. 이 기능은 [불러오기] 대화 상자에서 불러올 파일을 마우스로 더블 클릭하거나 파일을 선택한 다음 [열기] 단추를 클릭하면, 저장되어 있는 문서가 열린다(메뉴 이용: [파일]–[불러오기]).

(3) 저장하기

한글 2010을 종료하기 전에 완성된 문서를 저장하는 기능이다. 저장 방법은 현재 문서의 이름대로 저장하는 '저장하기'(메뉴 이용: [파일]-[저장하기]; 단축키: Alt+S)와 다른 이름을 활용해 저장하는 '다른 이름으로 저장하기'(메뉴 이용: [파일]-[다른 이름으로 저장하기]; 단축키: Alt+V)의 두 가지가 있다.

3 종료하기

한글 프로그램을 종료하기 위해서는 [파일]-[끝]을 누르거나, 단축키 Alt+X를 누르거나, 화면 우측 상단에 있는 'X'를 클릭하면 된다.

제 5 절 문서 입력

1 삽입/수정 모드의 확인

현재 활성화된 창의 하단에 있는 '상태 표시줄'에서 '삽입/수정' 모드 상태를 확인한다. 삽입 모드는 문자(글자)와 문자(글자) 사이에 새로운 문자(글자)를 입력한다. 반면에 수정 모드는 커서가 놓인 부분부터 글자를 입력하면 기존의 글자들은 지워지고 새로운 글자가 입력된다.

2 삽입/수정 모드 변경

Insert 글쇠를 한번 누르면 수정으로 변경되며, 다시 누르면 삽입으로 전환된다. 삽입 모드인 상태에서 Enter↵를 누르면 강제 강행된다. 반면에 수정 모드에서 Space Bar

글쇠를 누르면 문자(글자)가 지워진다. 수정된 내용을 다시 원상태로 되돌리려면 메뉴의 [편집]-[되살리기] 또는 단축키 Ctrl+Z를 누른다.

3 손쉬운 문자(글자)의 위치 확인

문단 부호(문단 구분-↲)와 조판 부호(띄어쓰기-∨와 문단 구분)를 설정하면 문자나 글자의 위치를 정확하게 눈으로 확인하기 쉽다. 문단 부호를 보이거나 숨기기 위해서는 메뉴에서 [보기]-[표시/숨기기]-[문단 부호]를 선택하거나, 단축키 Ctrl+G,T를 누르면 된다. 조판 부호의 경우에는 [보기]-[표시/숨기기]-[조판 부호]를 선택하거나, 단축키 Ctrl+G,C를 누르면 된다.

4 블록(구역) 설정

(1) 블록(구역) 지정

여러 문장이나 문단에 동일한 효과를 한 번에 주기 위해 블록(구역)을 지정한다. 문단이나 문장 중 일부분에 블록을 설정하는 것을 '구역 설정'이라 한다. 마우스로 드래그(끌기)해서 블록을 지정하거나 F3을 누른 후 '방향 글쇠'(→, ←, ↑, ↓)를 이용한다.

(2) 블록(구역) 편집

블록(구역)을 해제하려면 Esc글쇠를 누른다. 그 외 블록 지정 후 복사를 하려면 메뉴에서 [편집]-[복사하기] 또는 단축키 Ctrl+C를 누른다. 삭제를 하려면 메뉴에서 [편집]-[지우기]를 누르거나 Del 키 또는 단축키 Ctrl+E를 누른다. 오려두기는 메뉴에서 [편집]-[오려두기] 또는 단축키 Ctrl+X를 누른다.

제 6 절 문자표/글자 겹치기 활용

1 문자표 활용

특수문자를 입력하려면 입력하고자 하는 곳에 커서를 위치시키고, 메뉴에서 [입력]-[문자표]를 누르거나, 단축키 Ctrl+F10을 누르면, [그림 5-7]과 같은 화면이 출력된다.

그림 5-7 문자표 화면

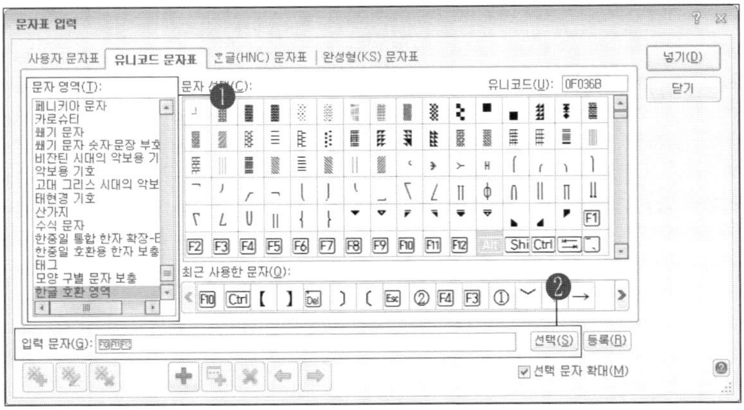

이 상태에서 그림에서 보는 바와 같이 ❶ 문자 영역에서 목록을 지정한다. 이어서 ❷ 한 번에 여러 개의 문자를 입력하려면 마우스로 원하는 문자를 선택하고 [선택] 단추를 누르면 순서대로 표시되며 선택이 완료되면 [넣기] 단추를 누른다.

2 글자 겹치기 활용

문자표에 없는 새로운 문자를 최대 3자까지 겹쳐서 새로운 형태의 문자를 만드는 기능이다. 글자를 겹쳐 쓰기 위해서는 메뉴에서 [입력]−[글자 겹침]을 선택해 [글자 겹치기] 대화 상자를 불러온다. 이후의 과정은 다음 그림을 참조하기 바란다.

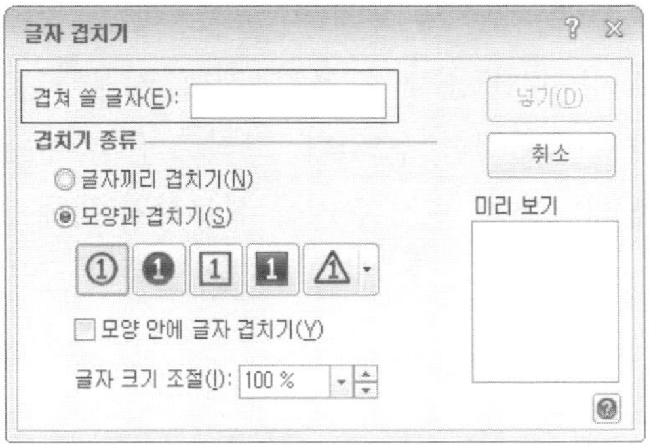

① 겹쳐 쓸 글자란에 Ctrl+F10을 누르거나 '문자표' 메뉴를 선택하면 문자표 대화 상자가 나타난다.

② 마우스로 해당 문자를 선택하고 [선택] 단추를 누르면 '입력 문자'란에 표시된 다음 [넣기] 단추를 누른다.

③ '겹쳐 쓸 글자'란에 입력된 문자가 타나고 [넣기] 단추를 누르면 작업 화면에 표시된다.

또한 [모양 안에 글자 겹치기] 옵션을 선택하면 글자를 서로 겹치게 할 수 있으며, 글자 크기를 [글자 크기 조절]을 통해 원하는 크기로 조절할 수 있다.

제 7 절 편집 용지 설정

편집 용지 설정은 문서를 작성하기 전에 문서(또는 용지)의 크기, 여백, 방향 등을 설정하는 기능이다. 용지의 종류는 A4용지, B5용지, A3용지, 레너, 사용자 정의 등 다양하고, 용지의 방향은 세로와 가로로 설정할 수 있다. 그리고 용지 여백은 실제로 글자나 문자가 입력되는 공간을 의미한다. 편집 용지를 설정하기 위해서는 메뉴에서 [쪽]-[쪽 설정] 또는 [파일]-[편집 용지]를 선택하거나 단축키 F7을 사용할 수 있다.

제 8 절 미리 보기 활용

미리보기 기능은 인쇄 전 문서 내 글자 및 표 등이 적절한 위치에 배치되어 있는지를 확인할 수 있는 기능으로 메뉴에서 [파일]-[미리 보기]를 선택하면 된다. [그림 5-8]은 문서의 미리 보기를 실행한 화면이다.

그림 5-8 미리 보기

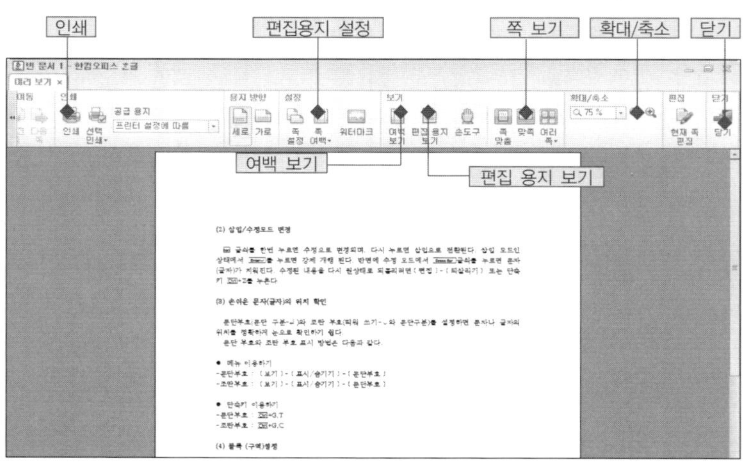

제 9 절 글자 모양 편집하기

글자의 모양 속성을 먼저 지정한 다음 글자를 입력하거나 글자를 먼저 입력하고 다음 블록을 설정해 글자 모양 속성을 지정한다. 글자 모양을 지정하기 위해서는 메뉴에서 [서식]-[글자]를 클릭하거나, 단축키 Alt+L을 누르면 된다. 그러면, [그림 5-9]와 같은 [글자 모양] 대화 상자가 화면에 출력되고, 적절히 설정하면 된다.

그림 5-1 글자 모양 대화 상자

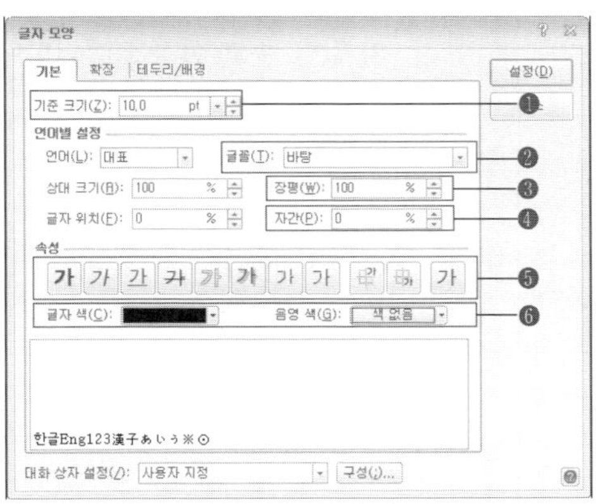

❶ 크기: 글자의 크기
❷ 글꼴: 글자체
❸ 장평: 글자의 가로, 세로의 비율 및 폭
❹ 자간: 글자와 글자 사이의 간격
❺ 속성: 진하게, 기울임, 밑줄, 외곽선, 그림자의 효과 설정
❻ 속성: 글자색, 음영색 설정

① 장평

장평은 글자 크기가 변하지 않고 가로 폭을 확대하거나 축소해서 모양을 바꿔주는 기능이다. 글자를 블록으로 지정한 다음 글자 모양 대화 상자에서 장평 값을 지정하고 [설정] 단추를 누른다. 다음은 장평을 기본값 100%에서 150%의 값을 준 것이다.

① 문장이나 글자를 블록 지정한 후 [모양]−[글자 모양]을 선택하거나 단축키 Alt+L을 눌러서 글자 모양 대화 상자를 연다.

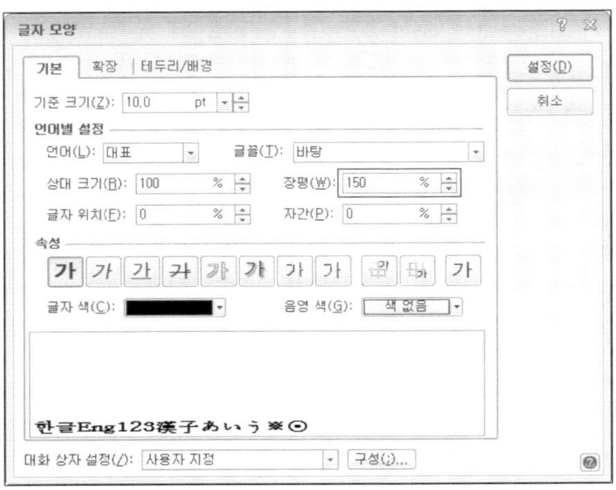

② 글자 모양 대화 상자에서 장평의 기본 값이 100%에서 150%의 값을 주고 설정을 클릭한다.

③ 블록 지정된 문단이나 글자의 크기가 주어진 값에 따라 변한다.

2 자간

자간은 글자와 글자 사이의 간격을 의미하는 것으로 기본 값은 0%로 되어 있다. 글자를 블록 지정한 다음 글자 모양 대화 상자에서 자간 값을 지정하고 [설정] 단추를 누른다. 자간이 작으면 많은 글자를 넣을 수 있지만 답답함을 느끼게 되며, 너무 넓으면 글자가 눈에 잘 들어오지 않아 글자 읽기가 어려워진다. 다음은 자간을 기본 값 0%에서 50%의 값을 준 것이다.

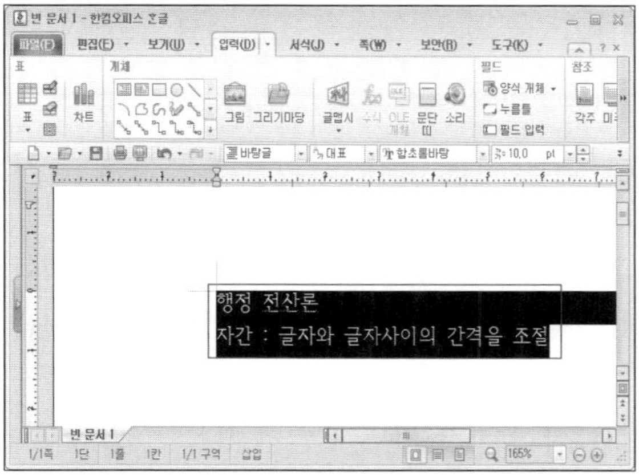

① 글자나 문단을 블록 지정한 다음 [모양]-[글자 모양]을 선택하거나 단축키 Alt+L을 눌러서 글자 모양 대화 상자를 연다.

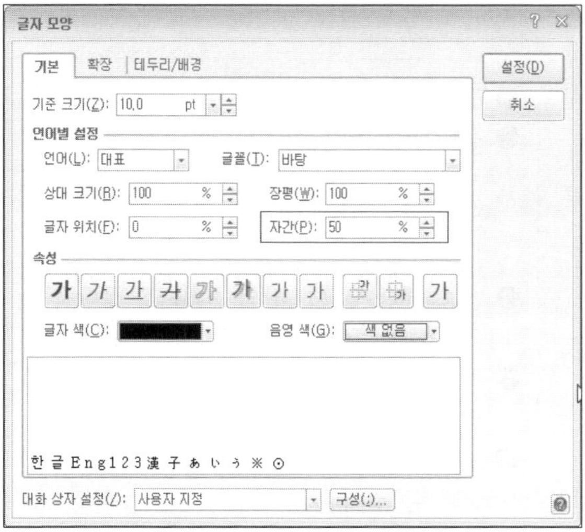

② 글자 모양 대화 상자에서 기본 값이 0%에서 50%의 값을 주고 설정을 클릭한다.

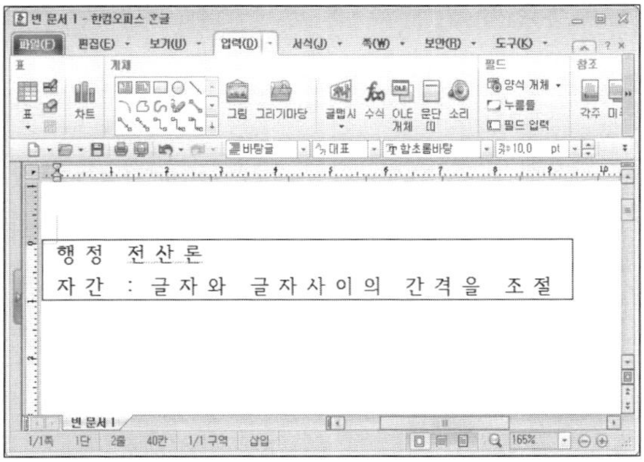

③ 블록 지정된 문단이나 글자의 크기가 주어진 값에 따라 변한다.

제10절 문단 모양 변환

문단의 모양 속성을 먼저 지정한 다음 문장을 입력하거나 문장을 먼저 입력한 다음 블록을 설정해서 문단 모양 속성을 지정한다. 문단 모양을 지정하기 위해서는 메뉴에서 [서식]–[문단 모양]을 클릭하거나 Alt+T 단축키를 누르면 된다. 그렇게 하면, [그림 5–10]과 같은 문단 모양 대화 상자가 화면에 출력된다.

그림 5–10 문단 모양 대화 상자

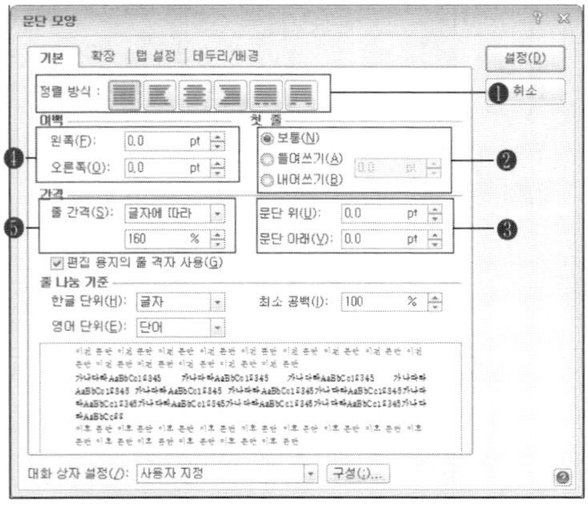

❶ 정렬: 양쪽, 가운데, 오른쪽 정렬

❷ 들여 쓰기/내어 쓰기: 들여 쓰기는 새로운 문단의 첫 글자를 들여넣어 표시/내어 쓰기는 새로운 문단의 첫 글자를 앞으로 내어 표시

❸ 간격: 문단과 문단 간의 간격으로 문단 위와의 간격과 문단 아래와의 간격으로 구분

❹ 여백: 편집 용지의 왼쪽, 오른쪽 여백에서부터 적용되는 기능

❺ 줄 간격: 0%에서 500% 사이에서 설정되며 줄과 줄 사이의 간격을 지정

1 정렬 방식

정렬하고자 하는 문단이나 글자를 블록 지정한 다음 문단 모양이나 서식 도구 모음 줄의 아이콘에서 정렬한다. 크게 다섯 가지로 정렬이 가능한데, ① 양쪽 정렬은 양쪽을 가지런히 맞추어 정렬이며 문서 작성 시 가장 널리 적용된다. ② 왼쪽 정렬은 왼쪽을 기준으로 문서 내의 모든 글자를 가지런히 맞추는 정렬이다. ③ 오른쪽 정렬은 오른쪽을 기준으로 해서 문서 내의 모든 글자를 가지런히 맞추는 정렬이다. ④ 가운데 정렬은 가운데를 기준으로 해서 문서 내의 모든 글자를 가지런히 맞추는 정렬이다. ⑤ 정렬 안 함은 문단 정렬을 설정하지 않고 해제하므로 문서의 모든 오른쪽 글자가 들쑥날쑥하게 튀어나오게 된다.

2 줄 간격

줄 간격은 문단과 문단 사이의 간격을 의미하는 것으로 현재 줄의 시작 부분과 바로 아래 줄의 첫 부분까지의 간격이다. 동일 문단 내에서는 줄 간격이 같다.

3 여백/들여 쓰기/내어 쓰기

여백은 문단 내의 왼쪽과 오른쪽 여백을 설정하는 기능이다. 여백을 주고자 하는 부분을 블록 지정한 다음 문단 모양 대화 상자의 여백에서 여백 값을 지정하고 [설정] 단추를 누른다. 들여 쓰기는 문단의 시작 부분을 안쪽으로 위치시키는 것을 의미하며, 내어 쓰기는 문단의 시작 부분을 밖으로 위치시키는 것을 의미한다. 들여 쓰기나 내어 쓰기 하려는 곳에 커서를 위치시킨 다음 문단 모양 대화 상자의 들여 쓰기 또는 내어 쓰기 값을 지정하고 [설정] 단추를 누른다. 덧붙여 기준으로 하고자 하는 문단에 커서를 위치시킨 다음 Shift 를 누르면 기준이 되는 문단에 맞춰 내어 쓰기가 된다.

4 문단 간격

문단 아래 간격을 조정하려면, 문단 전체를 블록 지정한 다음 문단 모양 대화 상자의 문단 아래 간격의 값을 지정하고 [설정] 단추를 누른다. 문단 위 간격을 조정하려면, 문단 전체를 블록 지정한 다음 문단 모양 대화 상자의 문단 위 간격의 값을 지정하고 [설정] 단추를 누른다. 문단 간격은 동일한 문단 내에서 줄 간격에는 아무 영향을 미치지 않는다.

제11절 머리말/꼬리말 만들기

1 머리말

머리말은 책의 제목, 책 내용 중 장의 제목 등과 같이 쪽마다 맨 위쪽에 동일한 내용이 반복되어 나타나는 내용이다. 현재 작업 화면에서는 보이지 않으나 [미리보기] 를 실행하면 미리 보기 화면에서는 눈으로 확인된다. 머리말을 만들기 위해서는 메뉴에서 [쪽]−[머리말/꼬리말]을 클릭하거나, 단축키 Ctrl+N, H를 누르면 된다. 그러면 다음 [그림 5−11]과 같은 머리말/꼬리말 대화 상자가 화면에 출력된다.

[머리말/꼬리말] 대화 상자에서 [머리말]을 선택한 뒤 [만들기] 단추를 누르면 [머리말] 입력 화면이 다음 [그림 5−12]와 같이 나타난다. 이후 [머리말] 화면에서 [머리말] 내용을 입력한다. [머리말] 내용을 입력한 다음 [서식]−[글자 모양]/[문단 모양]에서 편집한다. [머리말] 입력이 끝나면 [머리말/꼬리말] 도구 상자에서 닫기 단추를 눌러 빠져 나온다.

그림 5-11 머리말/꼬리말 대화 상자

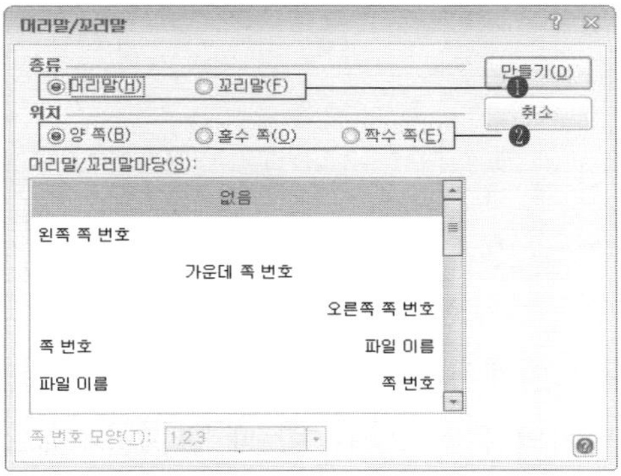

❶ 종류: 머리말 및 꼬리말을 선택한다.
❷ 위치: 머리말 및 꼬리말의 쪽 위치를 지정한다.

그림 5-12 머리말 입력 화면

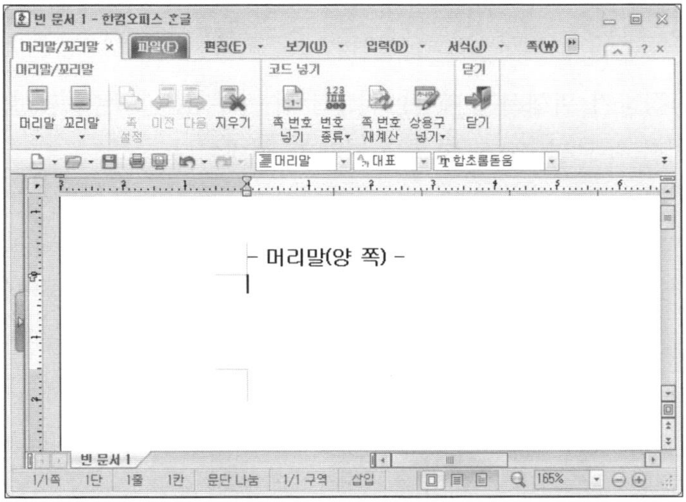

2 꼬리말 만들기

꼬리말은 쪽 번호와 같이 쪽마다 맨 아래쪽 동일한 내용이 반복되어 나타나는 내용이다. 현재 작업 화면에서는 보이지 않으나 [미리 보기]를 실행하면 미리 보기 화면에서는 눈으로 확인된다. 꼬리말 만드는 방법도 머리말 만드는 방법과 거의 동일하다.

제12절 주석 만들기

각주는 문서 내에 있는 본문 내용 중에서 인용된 내용의 출처 또는 부연 설명이 필요한 경우 적용하는 기능이다. 논문 형식의 문서를 작성할 때 반드시 필요한 기능이다.

1 각주 지정 방법

각주를 지정하기 위해서는 메뉴에서 [입력]-[주석]-[각주]를 선택하거나, Ctrl +N,N 단축키를 누르면 된다. 다음은 자세한 설명이다.

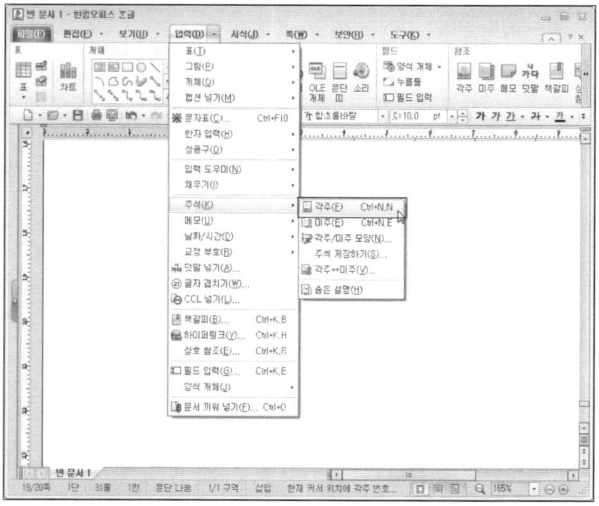

① 각주를 입력하고자 하는 단어나 낱말 뒤에서 커서를 위치시켜야 한다.

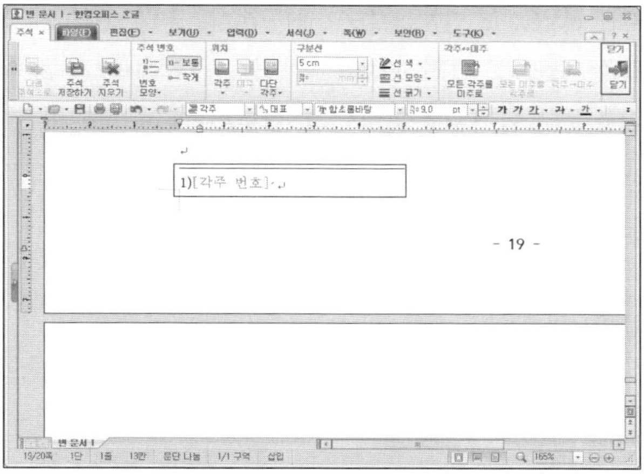

② 각주 내용을 입력한 다음 [숨은 창 닫기] 단추를 눌러 빠져나온다.

2 각주 수정하기

각주 내용을 고치기 위해서는 각주 번호 앞이나 뒤에 커서를 놓고 [편집]-[고치기] 또는 단축키 Ctrl+N,K를 누르면 된다. 또는 본문 내용에 있는 각주 번호를 마우스로 더블 클릭하면 각주 입력 화면으로 이동되고, 각주 입력 화면으로 이동되

그림 5-13 주석 모양 대화 상자

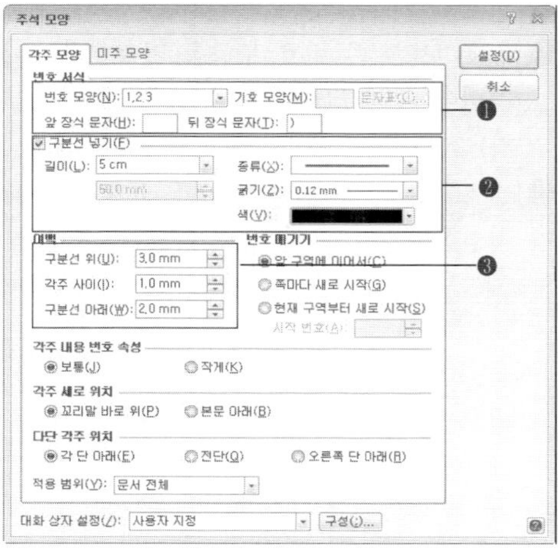

❶ 각주 모양: 각주의 모양을 지정한다.

❷ 구분선 넣기: 본문과 각주 내용 사이의 구분선 길이를 편집한다.

❸ 여백: 구분선 위 여백, 구분선 아래, 각주 사이의 값을 지정한다.

면 각주 내용을 고친다. 이 때, 각주 모양, 주 번호, 각주 구분선, 각주와 본문 내용과의 간격의 변경이 가능하다. 각주 모양을 변경하려면 [입력]−[주석]−[각주/미주 모양]을 실행한다. 그러면 앞의 [그림 5−13]과 같은 주석 모양 대화 상자가 화면에 출력된다. 그리고 각주 모양을 수정하면 동일한 문서 내에서 적용되는 각주 모양이 새로 변경된 것이 적용된다.

제13절 쪽 번호 매기기

현재 페이지 (커서가 놓여 있는 페이지)에 쪽 번호를 자동으로 넣어준다. 쪽 번호를 매기기 위해서는 메뉴에서 [쪽]−[쪽 번호 매기기]를 선택하거나 단축키 Ctrl+N,P를 누르면 되고, 시작하는 쪽 번호는 1쪽이 된다([그림 5−14] 참조). 처음 시작 페이지가 "1"이 아닌 경우 [쪽]−[새 번호로 시작]을 실행하면 시작할 페이지 번호를 지정할 수 있다([그림 5−15] 참조). 쪽 번호는 현재 작업 화면에는 나타나지 않으며 미리 보기 화면과 인쇄 시 출력된다.

그림 5−14 쪽 번호 매기기 대화 상자

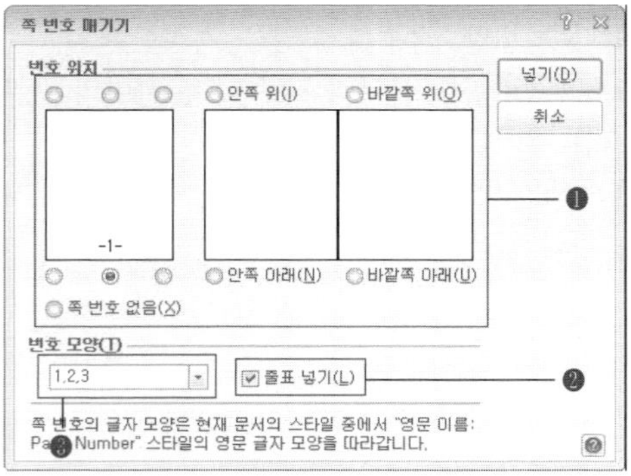

❶ 번호 위치: 쪽 번호의 위치를 지정한다.
❷ 번호 모양: 쪽 번호 모양을 지정한다. (아라비아 숫자/로마자 대문자/로마자 소문자)
❸ 줄 표넣기: 쪽 번호에 줄표 표시 여부를 지정한다.

그림 5-15 새 번호로 시작 대화 상자

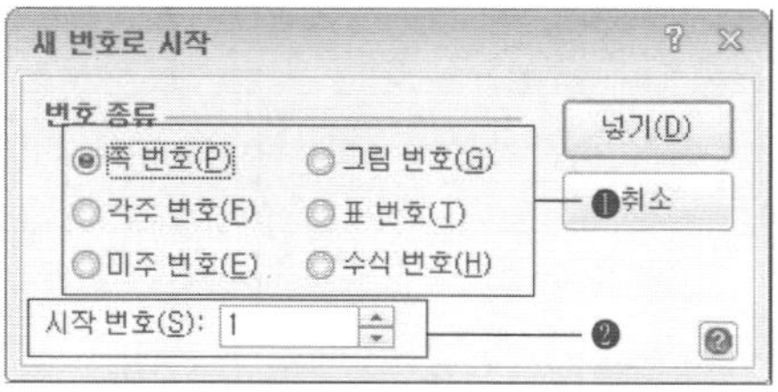

❶ 번호 종류: 새 번호를 시작할 영역을 지정한다.
❷ 시작 번호: 시작 번호를 지정한다.

제14절 덧말 넣기

(1) 덧말 넣기 방법

한자에 독음을 달고 싶을 때(예: 國家(국가)), 본말(한자)을 블록 지정한 다음 [입력]-[덧말]을 선택해서 [덧말 넣기] 대화 상자를 불러온다. [덧말 넣기] 대화 상자에서 본말은 블록 지정된 것으로 자동 표기되어 나타나며, [덧말]에 한자어의 독음을 한글로 입력한 다음 [넣기] 단추를 누른다. 덧말을 수정하려면 덧말 글자를 마우스로 더블 클릭해서 덧말 넣기 대화 상자를 불러온 다음 덧말을 수정한다.

제15절 수식 만들기

수식을 만들기 위해서는 메뉴에서 [입력]-[수식]을 선택하거나 단축키 Ctrl+N, M을 누르면 된다. 그러면 다음 [그림 5-16]과 같은 수식 편집기 대화 상자가 출력된다.

그림 5-16 수식 편집기 대화 상자

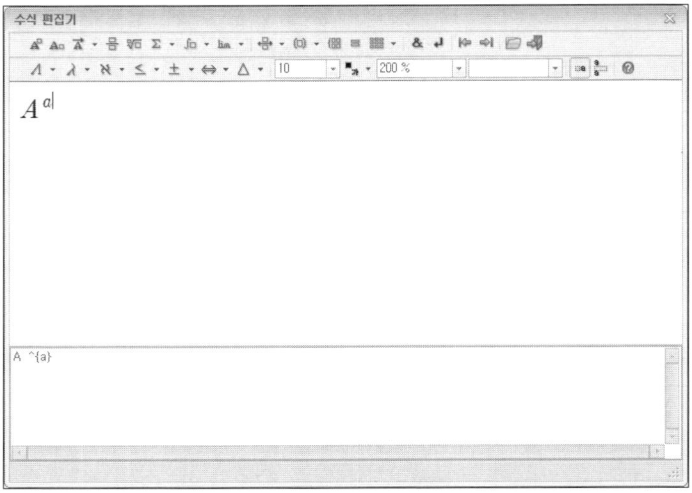

제16절 그리기 글상자 만들기

1 그리기 글상자 만들기

그리기 글상자는 기능면에서 더 효과적이므로 제목 도형의 문제에서 주로 사용하는데, 이를 실행하려면 메뉴에서 [입력]-[개체]-[가로 글상자] 또는 [입력]-[개체]-[세로 글상자]를 선택하거나 단축키 Ctrl+N, B를 누르면 된다. 그리기 글상자 도구를 클릭하면 마우스 포인터의 모양이 +모양으로 변경된다. 마우스 포인터를 드래그(끌기)하면 화면에서 사각 모양의 그리기 글상자 개체가 만들어진다. 그리기 글상자가 작성되면 마우스 포인터를 그리기 글상자 안에 클릭해서 글자를 입력할 준비를 한다. 다음은 그리기 글 상자를 만드는 방법을 제시하고 있다.

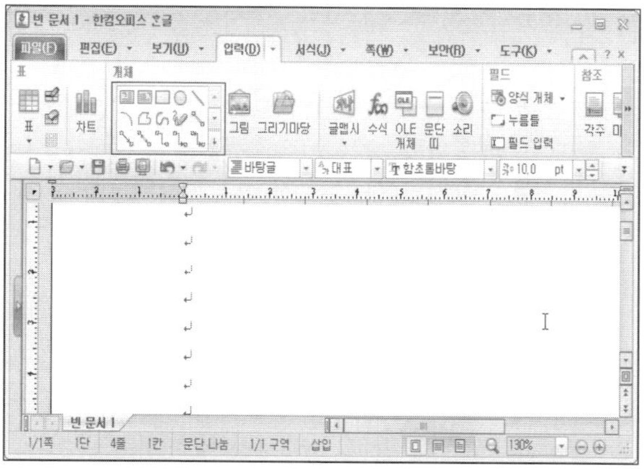

① 그리기 글상자에서 원하는 모양의 도형을 클릭한다.

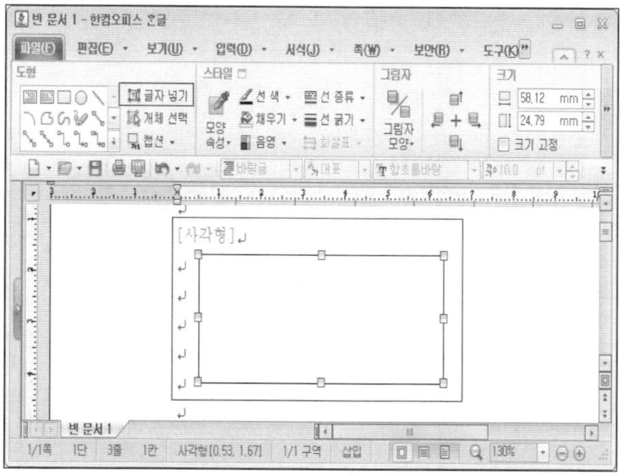

② 바탕 화면에 드래그를 하면 사각의 글상자가 나온다. 다음에 [글자 넣기]를 선택하면 도형 안에 글자를 입력할 수 있다.

2 그리기 글상자 편집

그리기 글상자 편집은 글상자를 클릭한 뒤, [개체 속성]을 선택하면 다음 [그림 5-17]과 같은 개체 속성 대화 상자가 출력되고, 적절히 편집을 하면 된다.

그림 5-17 개체 속성 대화 상자

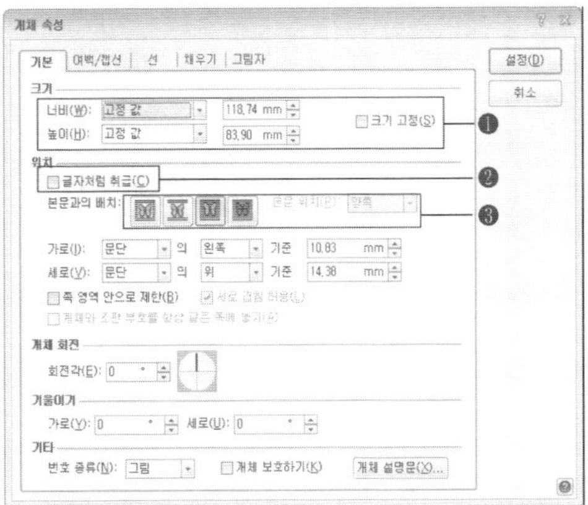

❶ 크기: 너비와 높이 값을 입력해서 크기를 결정한다.
❷ 글자처럼 취급: 글자처럼 취급되도록 설정한다.
❸ 본문과의 배치
- 어울림: 글자와 개체가 서로 어울리도록 배치
- 자리 차지: 글자와 개체가 서로 어울리지 못하고 따로 독립되어 배치
- 투명: 개체가 글자 뒤에 오도록 해서 글자와 투명하게 겹치도록 배치

제17절 표 만들기

표를 만들기 위해서는 메뉴에서 [입력]-[표]를 선택하거나, 단축키 Ctrl+N, T를 누르면 된다. 단축키를 사용하게 되면 다음 그림 단축키를 사용하면 표 만들기 대화 상자가 나타난다.

그림 5-18 표 만들기 대화 상자

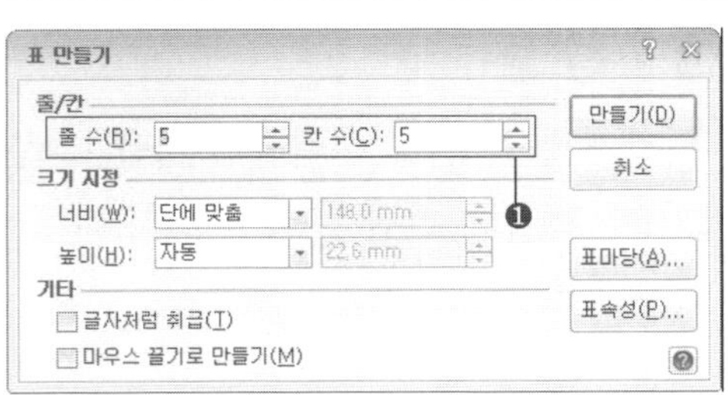

줄/칸: 원하는 값을 설정해서 표의 줄과 칸의 개수를 지정한다.

1 셀 합치기/나누기

셀을 합치거나 나누기 위해서는 셀을 블록 지정해야 하는데 이때 F5를 사용해서 셀을 지정한다. F5를 한 번 누르면 블록이 지정되고 한 칸씩 이동되고, 두 번 누르면 처음 지정한 곳에서 원하는 부분까지 지정된다. 전체를 지정하려면 세 번을 누르면 된다. 블록이 지정되어 크기를 조절하려면 Ctrl 키나 Shift 키를 누른 상태에서 방향키를 눌러 크기를 조절한다. Ctrl 키는 표 전체가 움직이며, Shift 는 표 안에서 셀이 부분적으로 움직인다. 셀을 합치거나 나누려면 블록을 지정하고 합치려면 빠른 메뉴를 이용해 셀 합치기 또는 셀 나누기를 선택하면 된다. 단축키를 사용할 때 셀 합치기는 "M", 셀 나누기는 "S"를 누르면 된다.

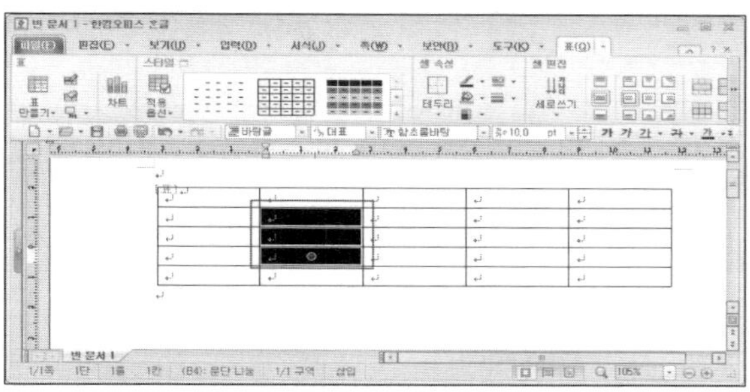

① 셀 합치기를 할 부분을 블록 설정한 다음 단축키 M을 누르면 자동으로 셀이 합치기가 된다.

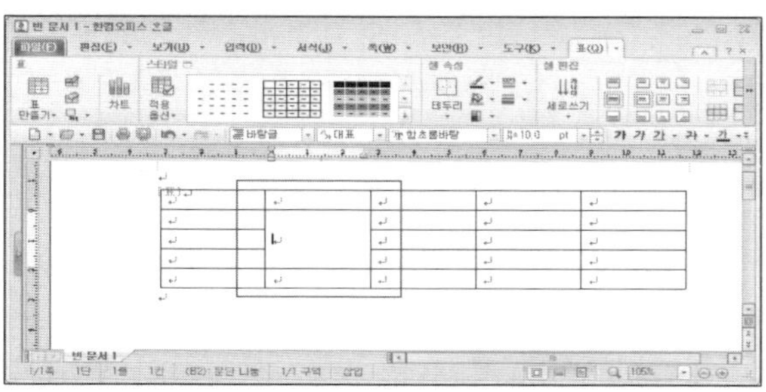

② 지정된 블록이 셀이 합쳐진 것을 볼 수 있다.

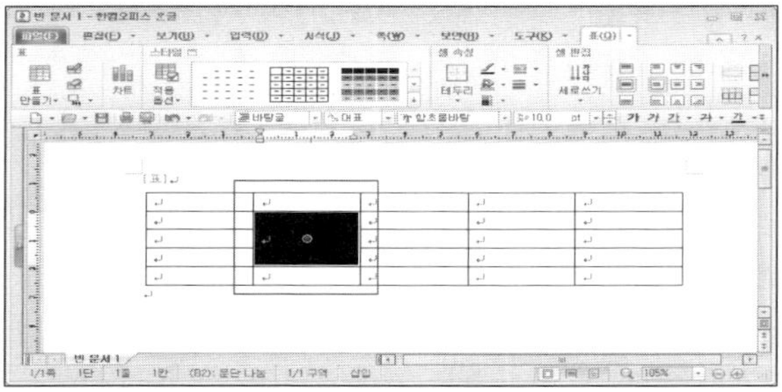

③ 표에서 셀을 나눌 부분을 선택한 다음 단축키 Ⓢ를 누른다.

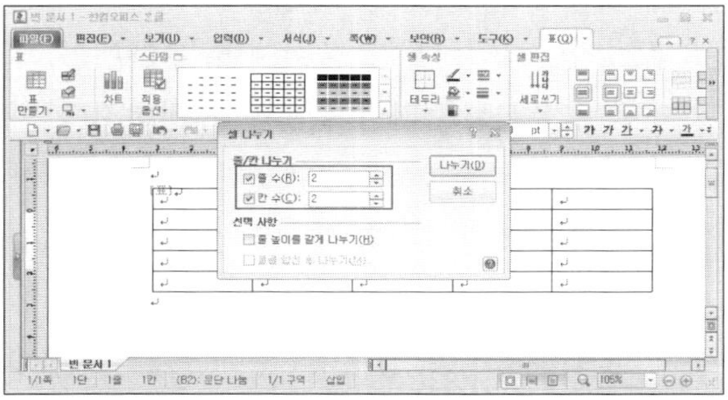

④ 셀 나누기 대화 상자가 나타나면 줄 수와 칸 수에 값을 지정하고 나누기를 클릭한다.

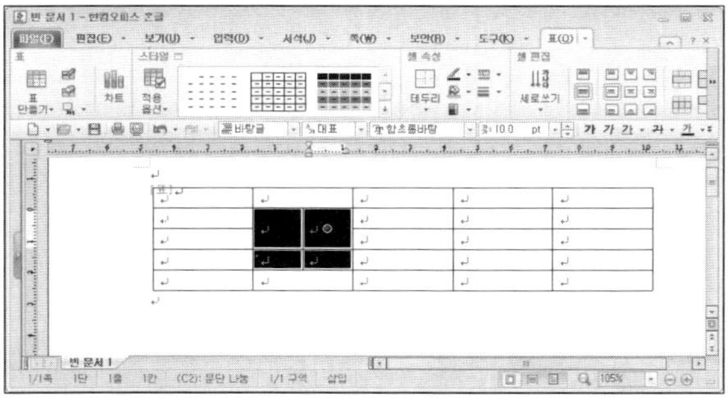

⑤ 이전에 합쳐진 셀이 지정된 값에 따라 나뉘었다.

2 셀 편집

셀의 배경, 셀 테두리 및 선 모양, 대각선 넣기, 셀 음영 등을 설정하기 위해서는 설정하려는 셀을 선택한 뒤, 마우스 오른쪽 클릭을 하고 [셀 테두리/배경]을 선택한 다음, 각 셀마다 적용할 것인지 또는 하나의 셀처럼 적용할 것인지를 선택한다. 선택을 하게 되면 다음 [그림 5-19]와 같은 대화 상자가 출력되고, 테두리, 배경, 대각선을 설정할 수 있다.

그림 5-19 셀 테두리/배경 대화 상자 – 테두리

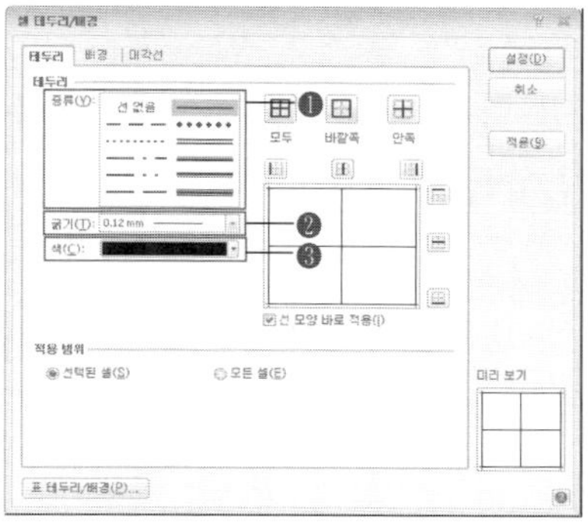

❶ 종류: 다양한 종류의 선에서 알맞은 선 모양을 선택함.
❷ 굵기: 선의 굵기를 지정함.
❸ 색: 선의 색깔을 지정함.

그림 5-20 셀 테두리/배경 대화 상자 – 배경

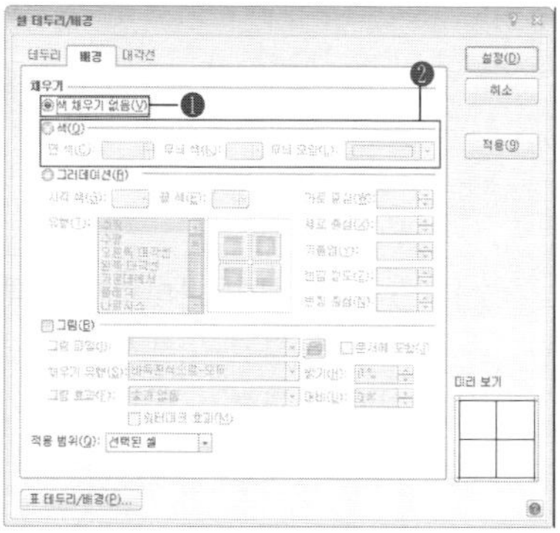

❶ 색 채우기 없음: 셀의 배경에 색을 채우지 않음.
❷ 색: 셀에 색을 채워 넣을 경우 어떤 색을 채울지 선택함.

그림 5-21 셀 테두리/배경 대화 상자 – 대각선

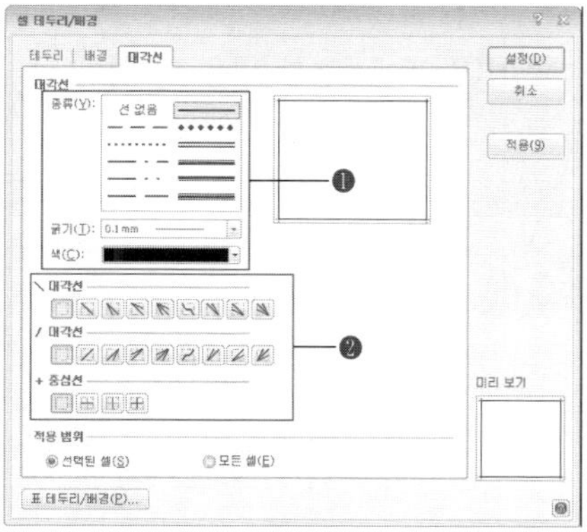

❶ 대각선: 대각선에 사용되는 선의 종류 및 굵기, 색을 지정함.
❷ 대각선: 다양한 대각선의 형태와 중심선을 지정함.

3 표에 캡션 넣기

표에 캡션을 넣기 위해서는, 우선 표를 선택하고 마우스 오른쪽 클릭을 한 뒤 [캡션 넣기]를 선택하면 된다. 또는 단축키 Ctrl+N, C를 누르면 된다.

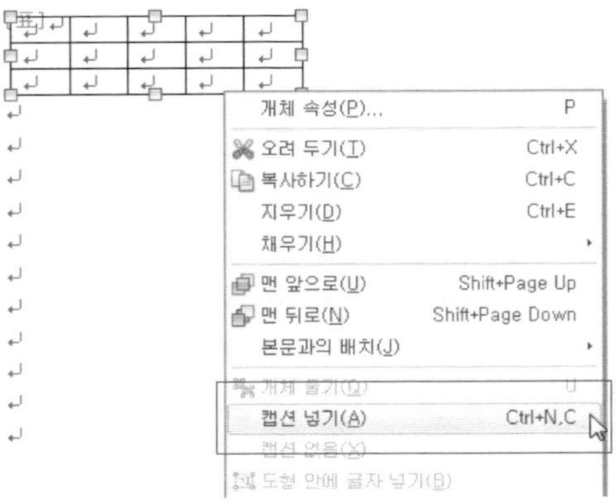

① 표를 선택한 후 마우스 오른쪽을 클릭해 바로 가기 메뉴에서 캡션 달기를 클릭한다.

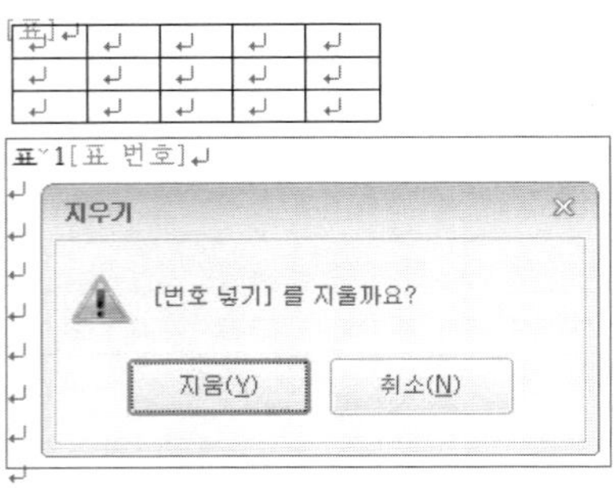

② [표 1]의 캡션이 나타나면 원하는 번호를 넣기 위해서는 캡션을 지우면 지우기 대화 상자가 나타나는데 [지움]을 클릭한다.

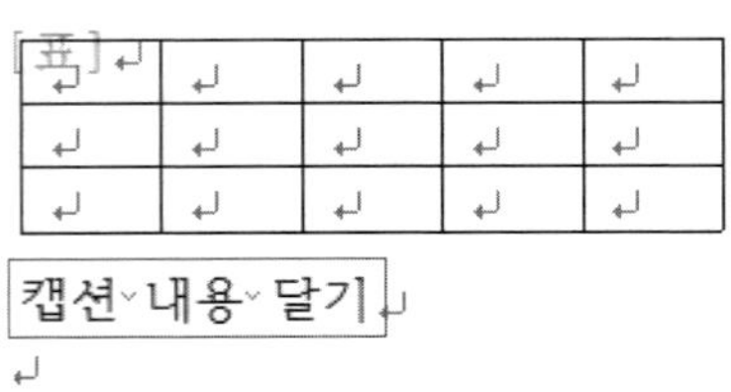

③ 표에 [캡션 내용 달기]가 나타나면 원하는 캡션을 쓰고, 글자 모양을 편집하면 캡션 넣기는 끝이 난다.

4 캡션 위치 지정하기

캡션을 편집하려면 표를 선택해서 바로가기 메뉴에서 개체 속성을 클릭하면, [그림 5-22]와 같이, 표/셀 속성 대화 상자가 나타나는데 [여백/캡션] 탭을 선택한 후 캡션의 위치를 지정하면 된다.

그림 5-22 표/셀 속성 대화 상자 - 여백/캡션

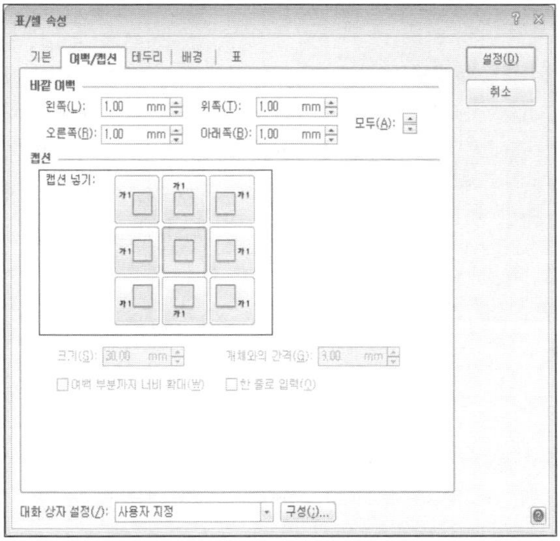

제18절 모양 복사

모양 복사는 커서 위치의 글자 모양이나 문단 모양, 스타일 등을 다른 곳으로 간편하게 복사하는 기능이다. 특정한 모양을 반복적으로 자주 지정해야 하는 경우에 매우 편하게 쓸 수 있다. 모양 복사를 하기 위해서는 메뉴에서 [편집]-[모양 복사]를 선택하거나 단축키 Alt+C를 누르면 된다.

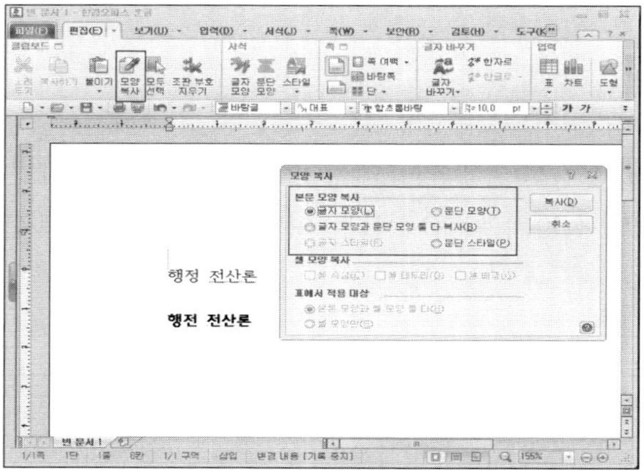

① 복사할 글자 모양을 가진 글자 바로 뒤에 커서를 놓고 [모양 복사] 아이콘을 누르거나 ALT+C 단축키를 실행한다. 그 뒤에 대화 상자가 나타나면 복사하고자 하는 단추를 누른다.

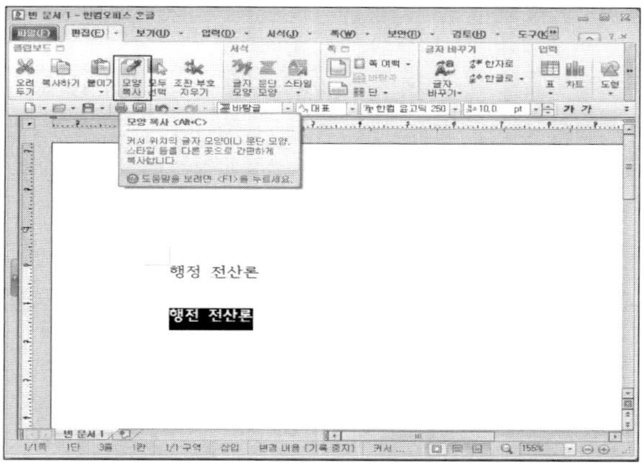

② 모양을 바꿀 부분을 블록을 설정한 뒤에 다시 [모양 복사] 아이콘을 누르거나 ALT+C 단축키를 실행한다.

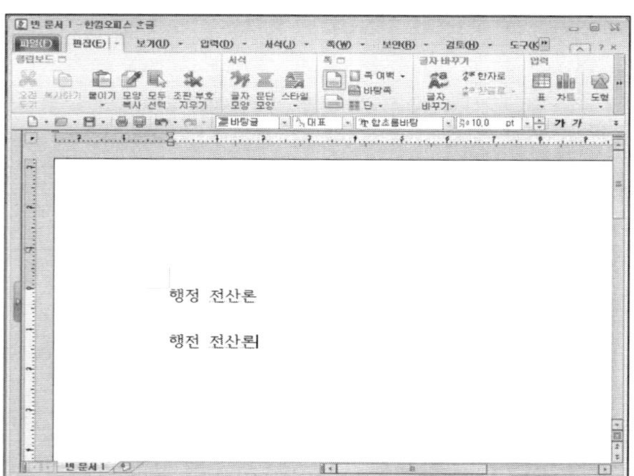

③ 블록으로 설정한 부분의 글자 모양이 복사해 두었던 글자 모양으로 바뀌게 된다.

제19절 인쇄

인쇄를 하기 위해서는 메뉴에서 [파일]-[인쇄]를 선택하거나, 단축키 사용 Alt+P (또는 Ctrl+P)를 누르면 [그림 5-23]과 같은 화면이 출력된다.

그림 5-23 인쇄 대화 상자

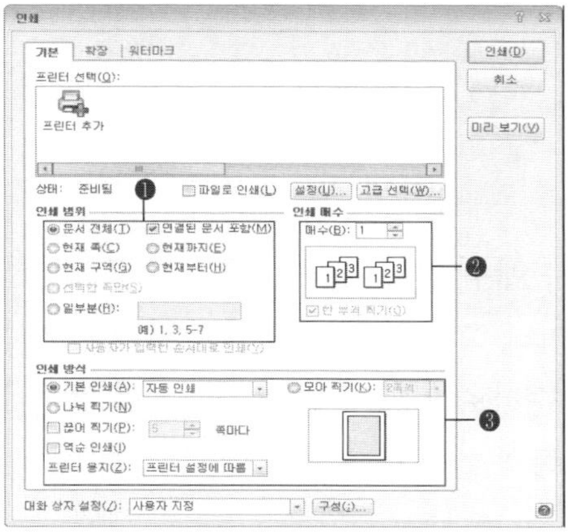

❶ 인쇄 범위: 인쇄하고자 하는 범위를 지정
❷ 인쇄 매수: 인쇄 매수를 지정함.
❸ 인쇄 방식: 인쇄 방식을 지정함.

1 인쇄 범위

인쇄 범위는 문서 전체, 쪽 번호가 연속적인 문서 일부분 인쇄, 쪽 번호가 연속적이지 않은 문서 일부분 인쇄로 구분할 수 있다.

표 5-1 인쇄 범위 설정

구분	옵션	설명
문서 전체 범위	문서 전체	현재 파일의 처음부터 끝까지 모든 쪽을 빠짐없이 인쇄
쪽 번호가 연속적인 문서 일부분	현재까지	현재 파일의 처음부터 커서가 놓여 있는 현재 쪽까지 인쇄
	현재부터	커서가 놓여 있는 현재 쪽부터 끝 쪽까지 인쇄
	선택한 쪽만	문서에서 블록으로 설정된 부분이 속해 있는 쪽만 인쇄

<table>
<tr><td rowspan="3">쪽 번호가 비연속적인 문서 일부분</td><td>현재 쪽</td><td>현재 커서가 놓여 있거나 블록 지정되어 있는 쪽만 인쇄</td></tr>
<tr><td>현재 구역</td><td>문서가 여러 개의 구역으로 구성되어 있을 때, 커서가 놓여 있는 위치의 구역만 인쇄</td></tr>
<tr><td>일부분</td><td>인쇄할 쪽 번호나 범위를 직접 입력해서 지정된 쪽 범위만을 인쇄한다. 각 범위 사이의 구분은 쉼표(,)
예를 들어 “1,3,5-7”과 같이 입력하면, 1쪽을 인쇄한 후 3쪽이 인쇄. 그러고 나서 5쪽, 6쪽, 7쪽을 차례로 인쇄
문서 내의 같은 쪽 번호가 여러 개 있는 경우 같은 쪽 번호를 가진 문서가 모두 출력되기 때문에 무심코 일부분을 이용해서는 안 됨.</td></tr>
</table>

2 인쇄 매수

같은 내용의 문서가 여러 매 필요한 경우, 매수 칸에 원하는 숫자를 입력한 뒤 인쇄를 하면 원하는 매수만큼 인쇄가 된다. 여러 쪽을 인쇄할 때, [한 부씩 찍기]를 선택해 주면 1－2－3, 1－2－3, 1－2－3쪽의 순서로 인쇄가 된다. [한 부씩 찍기]를 선택하지 않으면 1－1－1, 2－2－2, 3－3－3쪽의 순서로 인쇄가 된다.

3 인쇄 방식

인쇄 방식 옵션 선택을 통해 여러 쪽의 내용을 한 장의 종이에 모아서 인쇄하거나, 큰 용지에 맞추어 편집된 문서를 여러 장의 작은 종이로 나누어 인쇄하는 등 다양한 인쇄 방식을 선택할 수 있다. 모아찍기와 나눠찍기는 인쇄 전 미리 보기를 통해 인쇄물을 미리 확인할 수 있다.

[기본 인쇄]에서 [자동 인쇄]를 선택할 경우 문서에서 사용된 편집 용지에 따라 인쇄 용지를 프린터가 자동으로 맞추어 인쇄하게 되고, [공급 용지에 맞추어]를 선택할 경우에는 편집 용지와 공급 용지의 크기가 서로 다를 때, 편집된 문서를 공급 용지의 크기에 맞추어 자동으로 확대하거나 축소해 인쇄하게 된다.

[모아찍기]에서 [자동으로 모아찍기]를 선택하게 되면, 공급 용지에 들어갈 수

있는 최대 쪽수만큼 한 장에 모아서 인쇄하게 되고, 2, 3, 4, 6, 8, 9, 16쪽씩 모아찍기를 선택하면 공급 용지 한 장에 편집된 문서 내용이 정해진 쪽수만큼 들어갈 수 있도록 축소 비율을 자동으로 조절해 인쇄하게 된다.

[나눠찍기]는 편집 용지의 종류가 B4나 A3일 때와 같이, 일반적인 사용자들이 흔히 쓰는 프린터에서 인쇄할 수 없는 크기일 때 주로 사용되는 메뉴이다. 나눠찍기를 지정하면 A4 여러 장에 편집된 문서 한쪽을 나누어 인쇄할 수 있고, 출력된 몇 장의 인쇄물을 모아 붙여 원하는 크기의 결과물을 얻을 수 있다.

[끊어찍기]를 선택할 경우 일정한 쪽수만큼 인쇄한 다음, 수시로 출력물을 확인하고 다음 인쇄를 진행할 수 있다.

제 6 장 엑셀

제 1 절 엑셀의 기능

스프레드시트의 일종인 엑셀은 계산 프로그램으로 경리 회계 업무 및 데이터베이스 기능, 그래픽 기능, 통신 기능까지 갖추고 있다. 엑셀(Excel)은 대중적인 스프레드시트의 프로그램 중 대중적인 프로그램으로 다음과 같은 작업이 가능하다.

① 표 문서를 쉽게 작성하고 스프레드시트 및 함수 기능을 포함한다.

② 데이터베이스화된 데이터를 쉽게 볼 수 있게 차트 기능을 가진다.

③ 데이터베이스화된 데이터에서 원하는 데이터를 뽑아서 정리 · 분석 · 요약이 가능하다.

④ 매크로를 통해 자동화된 기능을 제공하고 있다.

제 2 절 엑셀의 화면 구성

1 기본 화면

기본 화면은 [그림 6-1]과 같다. 이전 엑셀 버전과는 달리 2007에서 달라진 점은 기존의 도구 메뉴에 있는 도구 상자를 아이콘 형식으로 구성한 "리본 메뉴"라고 부르는 구성이다. 리본 메뉴 아래 워크시트는 실질적인 작업을 위한 것이다. 맨 아래는 현재의 작업 상태를 표시하는 상태 표시줄이다.

그림 6-1 Excel 기본 화면

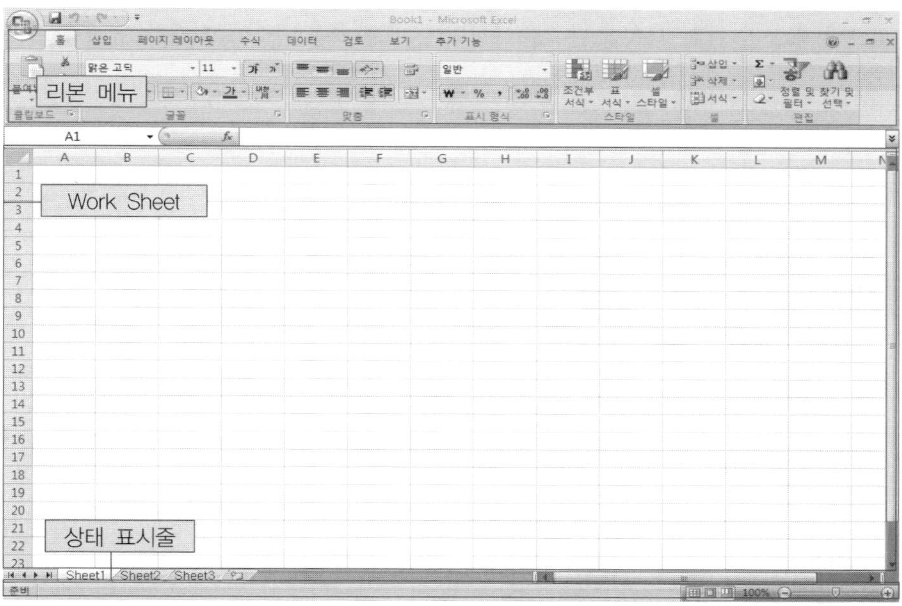

리본 메뉴는 홈, 삽입, 페이지 레이아웃, 수식, 데이터, 검토, 보기 등으로 구성되어 있고, 작업장은 행과 열로 구분해서 20,000여개의 데이터를 정리할 수 있게 만들어 놨다. 리본 메뉴의 구성 요소를 살펴보면 다음 [그림 6-2]와 같다.

그림 6-2 리본 메뉴의 구성 요소

❶ 오피스 단추: 새로 만들기, 열기, 저장, 다른 이름으로 저장, 인쇄, 준비, 게시, 닫기 등의 메뉴와 최근에 사용한 문서가 나타난다.

❷ 빠른 실행 도구 모음: 빠른 실행 도구 모음 사용자 지정으로 사용자가 직접 지정할 수 있다.

❸ 제목 표시줄: 현재 작업 중인 파일의 이름이 표시되며, 작업 상태에 따라 "읽기 전용", "호환 모드", "공유", "그룹"이 표시된다.

❹ 리본 메뉴: 텍스트 형태의 메뉴와 아이콘 형태가 통합된 메뉴이다.

❺ 탭: 리본 메뉴에서 텍스트 형태의 메뉴 부분이다.

❻ 그룹: 리본 메뉴에서 아이콘 형태의 명령 단추 그룹 이름이다.

❼ 문서창 조절 단추: 문서창을 최소화, 최대화, 닫기 할 수 있는 단추이다.

❽ 프로그램 창 조절 단추: 도움말 단추도 포함되고, 엑셀 창을 최소화, 최대화, 닫기 할 수 있는 단추이다.

워크시트의 구성 요소는 [그림 6-3]과 같다.

그림 6-3 워크시트의 구성 요소

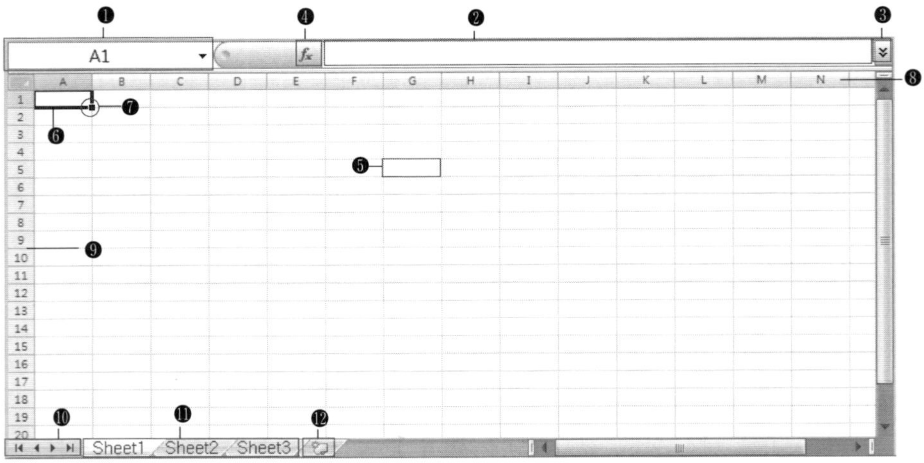

❶ 이름 상자: 현재 선택된 셀의 주소가 표시되는 것이다. 차트나 그리기 개체를 선택하면 개체 이름이 표시되고, 수식이나 함수를 입력하면 함수 목록이 표시된다.
❷ 수식 입력줄: 선택한 셀에 입력되어 데이터나 수식의 원본을 표시한다. 데이터나 수식의 원본을 수정할 수 있다.
❸ 수식 입력줄 확장/축소: 수식 입력줄을 확장/축소가 가능하다.
❹ 함수 삽입: 함수 마법사가 실행된다.
❺ 셀: 행과 열이 교차하면서 만들어진 사각형 영역이며 셀이 모여서 작업 공간을 형성한다.
❻ 셀 포인터: 현재 작업의 중심이 되는 활성 셀을 표시한다.
❼ 채우기 핸들: 드래그하면 셀 내용을 연속 복사한다.
❽ 열 머리글: 열 이름이 표시되는 부분이며 XFD열까지 16,384개의 열이 있다.
❾ 행 머리글: 행 번호가 표시되는 부분으로 1,048,576행까지 있다.
❿ 시트 탭 이동 단추: 시트 개수가 많아지면서 감추어진 시트를 볼 수 있게 한다.
⓫ 시트탭: 시트의 이름이 표시되는 곳으로 작업할 시트를 선택하는 곳이다. 선택된 시트는 흰색으로 표시된다.
⓬ 워크시트 삽입 단추: 새 워크시트를 삽입한다.

상태표시줄의 구성 요소는 [그림 6-4]와 같다.

그림 6-4 상태표시줄의 구성 요소

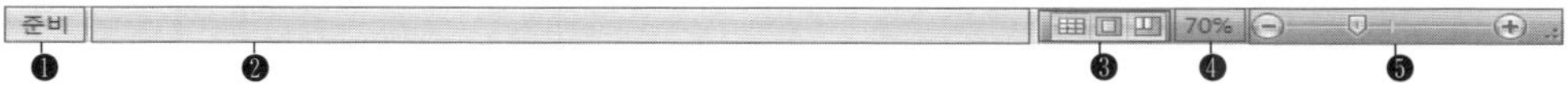

❶ 셀 모드: 준비, 입력, 편집 등의 셀 작업 상태를 표시한다.
❷ 표시 영역: 각종 기능 키의 선택 상태를 표시하며, 숫자가 입력된 셀 범위를 지정하면서 자동 계산 결과를 표시한다.
❸ 보기 바로 가기: 기본, 페이지 레이아웃, 페이지 나누기, 미리 보기 등 워크시트 보기 상태를 선택한다.
❹ 확대/축소 비율: 확대/축소 대화 상자를 연다.
❺ 확대/축소 슬라이더: 확대/축소 단추를 눌러서 10% 단위로 확대/축소하거나, 가운데 슬라이드 단추를 드래그해서 확대/축소할 수 있다.

2 엑셀의 기본적인 메뉴의 이해

(1) 파일 관련 메뉴의 이용

가. 새로 만들기

왼쪽 위 오피스 단추의 [새로 만들기]를 선택하거나, 단축키 Ctrl+N을 누르면, [그림 6-5]와 같은 새 통합 문서를 만들 수 있다. 새 통합 문서의 메뉴를 보면 새 문서 및 최근 문서 아래 설치된 서식 파일, 내 서식 파일, 기존 파일에 새로 만들기가 있으며, MS Office Online을 통해 제공되는 다양한 서식이 있다.

그림 6-5 새 통합 문서 대화 상자

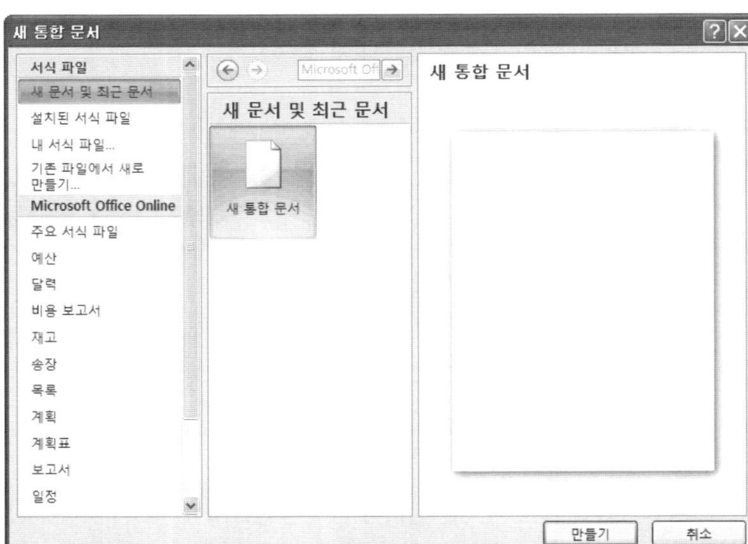

나. 열기

[오피스 단추]-[열기]를 선택하거나 단축키 Ctrl+O를 누르면 저장된 엑셀 파일을 불러온다([그림 6-6] 참조).

그림 6-6 열기 대화 상자

다. 저장

저장 방식은 두 가지로 분류된다. 일반적으로 저장하는 방식과 다른 이름으로 저장하는 방식이다. 일반적으로 메뉴에서 [오피스 단추]-[저장()]을 선택하거나 다른 이름으로 저장하기를 원할 때에는 메뉴에서 [오피스 단추]-[다른 이름으로 저장하기()]를 하거나 단축키 Ctrl+S를 이용해서 저장하기를 실행한다.

그림 6-7 저장 대화 상자

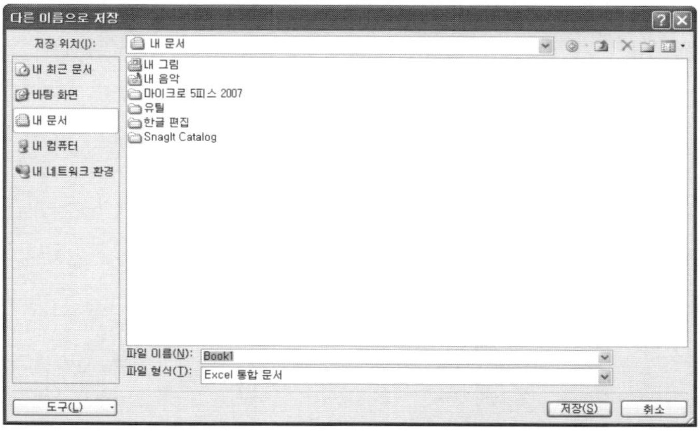

라. 닫기

[오피스 단추]-[닫기( )]를 선택하거나 단축키 Ctrl+F4를 이용하거나, 제목 표시줄의 [×]를 이용해서 창을 닫는다.

(2) 편집 관련 메뉴의 이용

가. 이동하기(잘라내기와 붙여 넣기)

잘라낼 범위를 지정한 후 리본 메뉴에서 [홈]-[(잘라내기)]를 선택하거나, 단축키 Ctrl+X를 누르면 된다. 잘라낸 부분을 붙여넣고 싶을 때는 워크시트상의 원하는 위치에 [홈]-[(붙여 넣기)]를 선택하거나, 단축키 Ctrl+V를 눌러서 붙여 넣기를 하면 된다.

나. 복사(복사하기와 붙여 넣기)

복사할 부분의 범위를 지정하거나 문서상의 개체를 선택한 후 리본 메뉴에서 [홈]-[(복사하기)]를 선택하거나 단축키 Ctrl+C를 누르면 된다. 붙여넣기는 위와 동일한 방식으로 하면 된다.

다. 채우기

[그림 6-8]과 같이 셀에 숫자 또는 문자를 입력한 후 채우고자 하는 부분의 범위를 지정한 후 범위의 테두리 선 우측 끝에 마우스를 되고 원하는 방향으로 끌면 된다.

그림 6-8 채우기

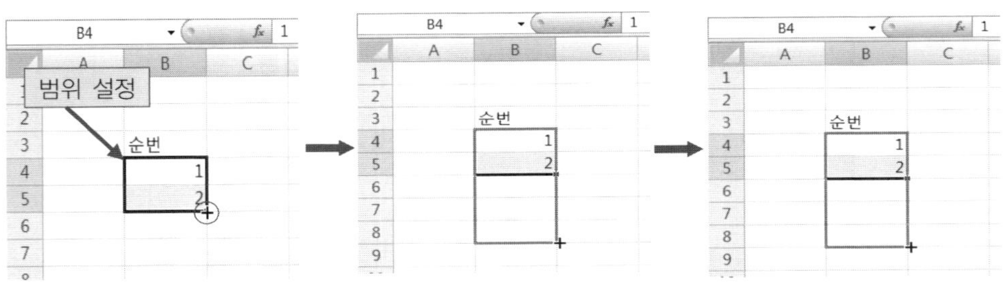

제 3 절 엑셀의 기본 조작

1 셀 포인트의 이동

엑셀에서의 모든 작업은 셀 단위로 이루어지므로 셀 포인트를 빠르게 이동할 수 있으면 문서의 작성을 더욱 효율적으로 수행할 수 있다. 키보드 및 마우스를 통한 셀 포인터의 이동 방법은 <표 6-1>과 같다.

표 6-1 셀 포인터의 이동 방법

구분	키	이동 방법
키보드	←→↑↓	셀 포인터를 상/하/좌/우 방향으로 한 칸씩 이동
	Page Up, Page Down	셀 포인터를 위/아래 방향으로 한 칸씩 이동
	Alt+Page Down/Page Up	셀 포인터를 왼쪽/오른쪽 방향으로 한 화면씩 이동
	Home	셀 포인터가 위치한 행의 처음 열, 즉 A열로 이동
	Alt+Home	어느 위치에서나 셀 포인터가 항상 A1셀로 이동
	End, Home	문성의 작성된 마지막 행 마지막 열로 이동
	Ctrl+↑ End, ↑	빈 공간의 셀을 기준으로 해서 위쪽으로 문서의 마지막 셀과 처음 셀로 반복 이동하며, 마지막으로는 가장 위쪽 행의 1행으로 이동
	Ctrl+↓ End, ↓	빈 공간의 셀을 기준으로 해서 왼쪽으로 문서의 마지막 셀과 처음 셀로 반복 이동하며, 마지막으로는 가장 왼쪽 열의 A열로 이동
	Ctrl+→ End, →	빈 공간의 셀을 기준으로 해서 오른쪽으로 문서의 처음 셀과 마지막 셀로 반복 이동하며, 문서가 없을 경우 가장 오른쪽 열 IV열로 이동
마우스		마우스 커서를 원하는 셀로 위치한 다음 클릭
		화면 오른쪽과 하단의 스크롤 바를 이용해서 이동

2 셀의 조정

(1) 열 너비와 행 높이의 조정

열 너비와 행 높이의 조정은 크게 세 가지 방식이 가능하다. ① 열 너비의 조정은 열 번호의 경계선에 마우스 커서를 가져가서 커서의 모양이 바뀌면 좌측, 또는 우측으로 끌기를 해서 열의 너비를 조정한다. 같은 방법으로 행 높이의 조정은 행 번호의 경계선에 마우스 커서를 가져가서 커서의 모양이 바뀌면 위/아래로 끌기를 해서 행의 높이를 조정한다([그림 6-9] 참조). ② 열과 열 및 행과 행 사이에 마우스 포인터를 가져가서 마우스 오른쪽을 클릭하면 바로 가기 메뉴에서 열 너비 및 행 너비를 조정할 수 있다([그림 6-10] 참조). ③ 또한 셀 안에 입력된 내용이 길 경우에 내용에 맞게 자동으로 열 너비나 행 높이를 조정할 수 있다. 열이나 행 번호의 경계를 더블 클릭하면 된다([그림 6-11] 참조). 입력된 데이터에 비해 열이 너무 좁을 때 ['#####']와 같은 표시가 나타날 때가 있는데 셀의 너비를 넓히면 제대로 보이게 된다.

그림 6-9 드래그를 이용한 열 너비 및 행 높이 조정

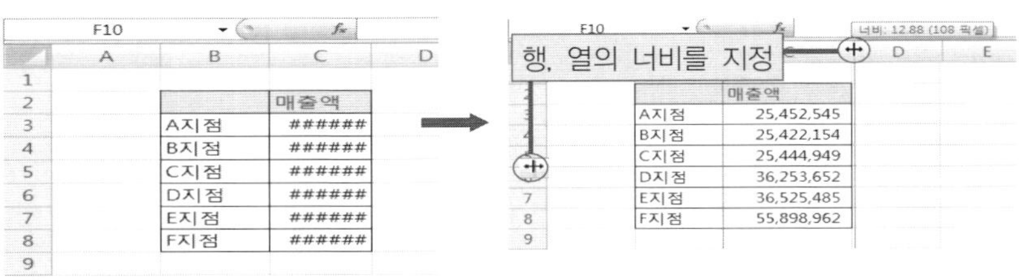

그림 6-10 바로가기 메뉴를 이용한 열 너비 및 행 높이 조정

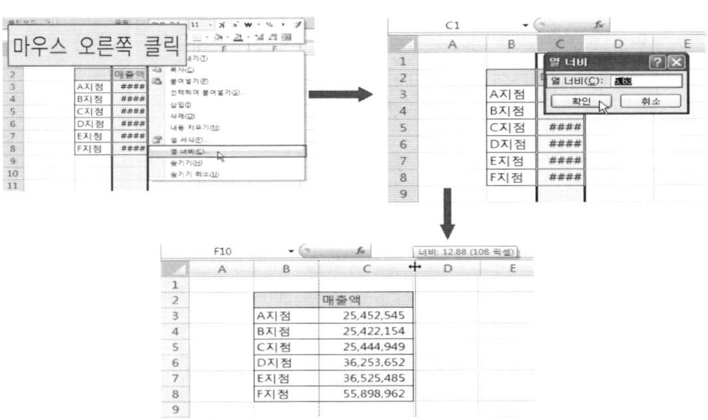

그림 6-11 더블 클릭을 이용한 열 너비 및 행 높이 조정

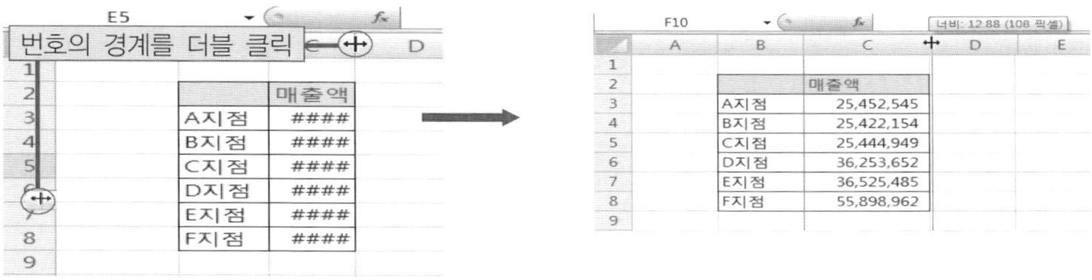

(2) 열과 행의 삽입

열과 행의 삽입은 열과 열 사이 및 행과 행 사이에 마우스 오른쪽 클릭해서 바로가기 메뉴에서 [삽입]을 선택하면 행과 열이 삽입된다.

(3) 셀 범위의 지정

원하는 셀만큼 마우스를 클릭한 상태에서 드래그하거나, <Shift>+↓↑→←(방향키)를 누른다. 떨어져 있는 셀을 각각 따로 지정하고자 하는 경우에는 Ctrl키를 누른 상태에서 지정할 셀들을 클릭하면 된다.

(4) 채우기 핸들을 이용한 연속 데이터의 자동 채우기

채우기 핸들이란 셀 지정 후 마우스 포인트를 셀의 오른쪽 아래 경계선의 작은 사각형을 지칭한다. 마우스 포인터를 이곳에 위치시키면 십자가 모양(+)으로 바뀌며 마우스로 클릭한 채 드래그하면 드래그한 열이나 행까지 데이터가 자동으로 채워진다([그림 6-12] 참조).

채우기 핸들을 이용하면 비어 있는 셀에 같은 데이터를 연속해서 입력하거나 순차적으로 증가하는 연속 데이터를 쉽게 입력할 수 있다. 연속 데이터란 일정한 범위로 증가하거나 감소되는 값을 말하고, 숫자(1, 2, 3, 4, …), 요일(월요일, 화요일, 수요일, …), 날짜(1일, 2일, 3일, …), 월(1월, 2월, 3월, …) 등을 의미한다. 연속 데이터 중 숫자의 증가 및 감소 정도는 [홈]-[ ]-[계열]을 선택한 후 연속 데이터 대화 상자를 통해 데이터의 방향 종류 및 증감의 단계 값을 조정할 수 있다.

예를 들어 0.5씩 늘리고자 하는 경우 단계 값을 0.5로 바꾼 후 [확인] 단추를 누르면 된다. 연속 데이터 대화 상자의 항목 기능과 예시는 다음 [그림 6-13]을 참조하기 바란다.

그림 6-12 채우기 핸들을 이용한 연속 데이터 자동 채우기

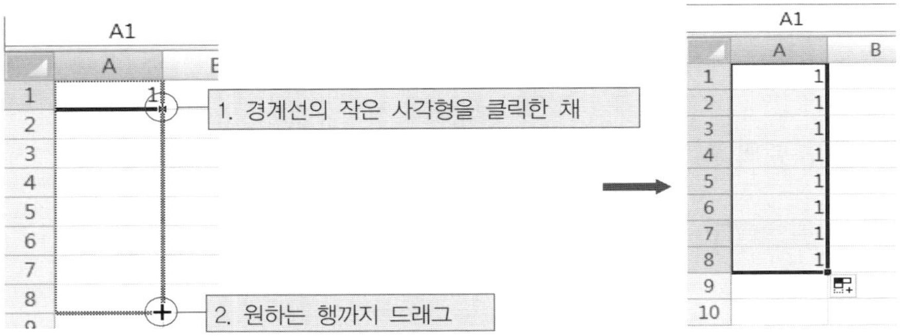

그림 6-13 연속 데이터 대화 상자의 항목 기능 및 예시

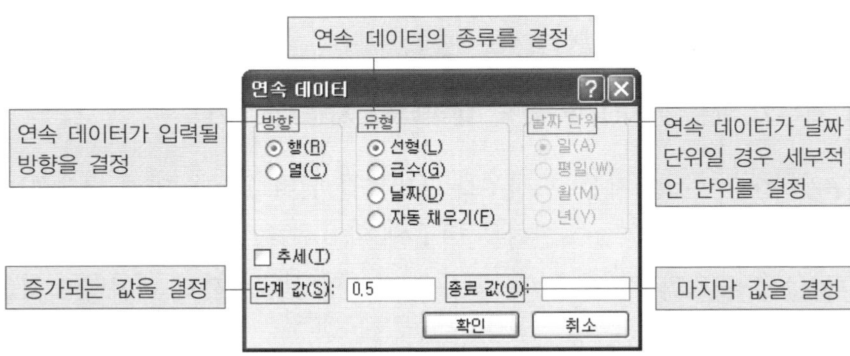

(5) 데이터의 입력, 수정 및 삭제

데이터의 입력과 수정은 셀 선택 후 [수식 입력줄]을 클릭하거나, 해당 셀을 더블 클릭하거나, 또는 셀 선택 후 F2키를 누르면 된다. 데이터의 내용을 지우기 위해서는 메뉴의 [홈]-[ ]-[내용 지우기]를 선택하거나 Delete키를 눌러 실행한다.

실행 후에는 셀의 내용만 지우고 셀의 위치나 셀 서식은 그대로 남아 있다. 내용뿐만 아니라 서식도 지우기 위해서는 [홈]-[ ]-[모두 지우기]를 선택한다.

엑셀은 셀에 데이터를 입력하고 Enter↵를 누르면 바로 아래 셀로 이동하는 것이 기본이다. 그러나 데이터의 입력 작업을 수행할 때 옆 셀(오른쪽 셀)로 이동하도록 하는 것이 더 편리할 수 있다. 이러한 설정을 바꾸기 위해서는 [그림 6-14]와 같이 [빠른 실행 도구 모음 사용자 지정]-[기타 명령]-[고급]을 누르면 <Enter>키를 누른 후 다음 셀로 이동하기를 선택하면 된다.

그림 6-14 셀 이동 방식의 변경

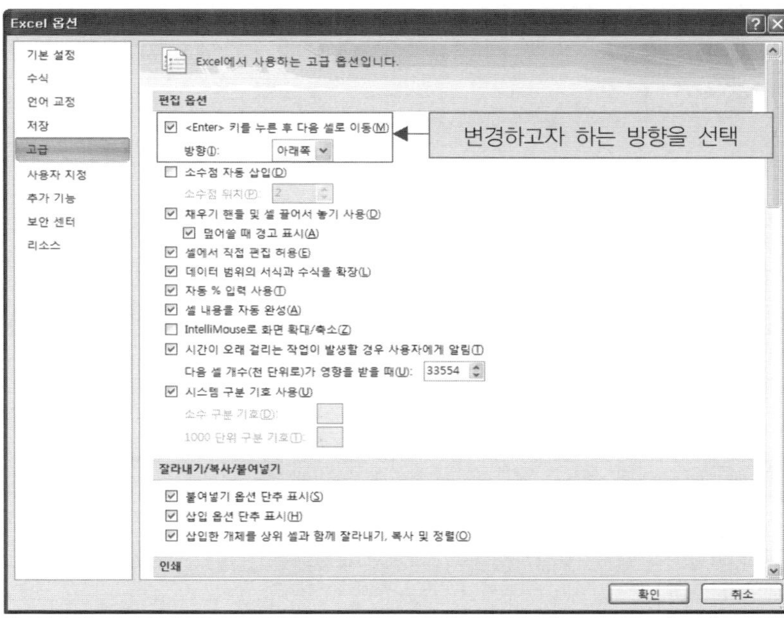

(6) 셀 서식의 조정

[홈]에서 표시 형식 메뉴의 아이콘이나 마우스 오른쪽 버튼을 클릭하면 「셀 서식」 대화 상자가 나타난다. 여기에서 데이터의 종류에 따른 표시 형식(숫자, 통화, 날짜, 백분율 등)을 바꿀 수 있다.

그림 6-15 셀 서식 대화 상자

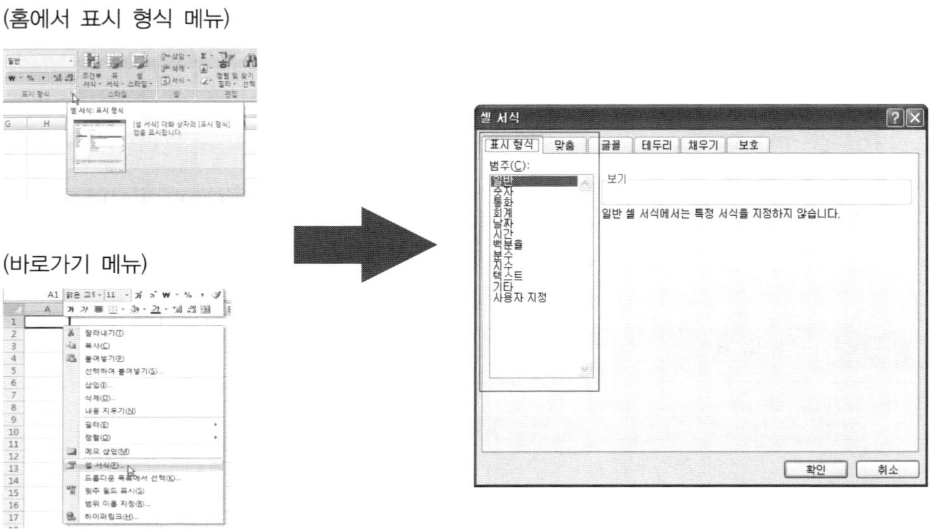

자주 쓰이는 셀 서식 중 숫자의 소수점 자리 조정 또는 숫자 데이터의 1,000단위마다 콤마를 찍는 것 등은 셀 서식 대화 상자를 이용해도 되겠지만, [그림 6-16]과 같이, 도구 모음의 아이콘을 이용해서 간편하게 바꿀 수 있다. 숫자에 서식을 적용하는 데 사용하는 도구 모음의 아이콘은 [그림 6-16]과 같다.

그림 6-16 셀 표시 형식 도구

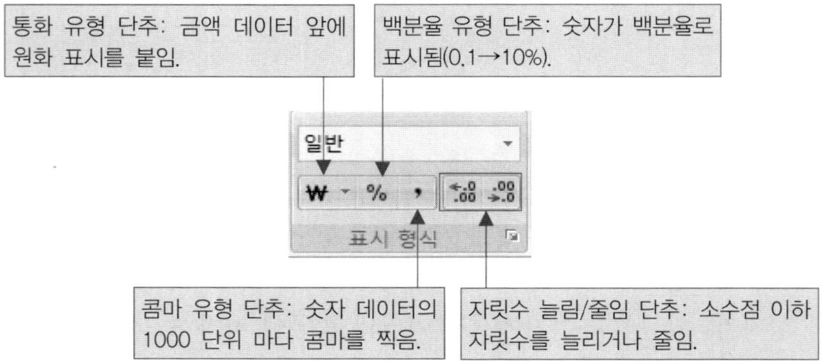

제 4 절 기본적인 데이터의 계산

엑셀에서의 가장 중요한 기능은 바로 수치 데이터의 처리라고 할 수 있다. 엑셀에서는 단순한 사칙 연산은 물론 복잡한 통계학적 데이터도 처리할 수 있다. 수식 및 함수의 입력은 [그림 6−17]에서 보는 바와 같이 [수식 입력줄]을 통해 이루어진다. 수식 입력줄의 왼쪽에 있는 "이름 상자"는 현재 지정된 셀(활성화된 셀)의 위치를 나타낸다.

그림 6-17 수식 입력줄

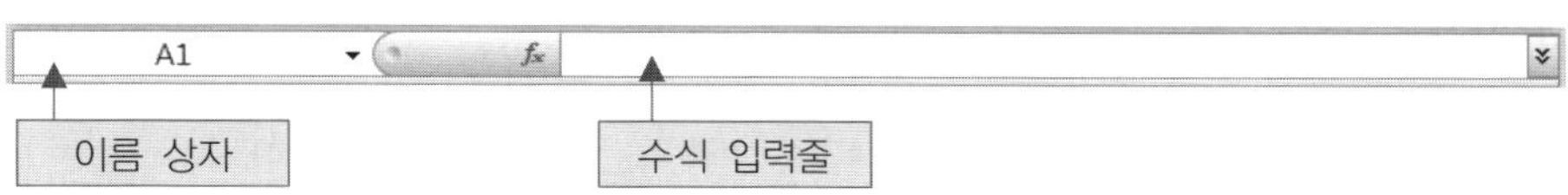

엑셀에서 수치 데이터를 계산하기 위해서는 연산자를 사용한다. 연산자를 이용한 계산식에서는 반드시 맨 앞에 '등호(=)'를 붙여서 사용한다. 연산자의 종류 및 기능은 <표 6−2>와 같다.

표 6-2 연산자의 종류 및 기능

종류	연산자	기능	사용 예
산술 연산자	+	더하기	=A1+A2
	−	빼기	=A1−A2
	*	곱하기	=A1*A2
	/	나누기	=A1/A2
	^	지수	=A1^2
	%	백분율	=A1%
비교 연산자	=	같다	=A1=A2
	〈	~보다 작다	=A1〈A2
	〉	~보다 크다	=A1〉A2
	〈=	~보다 작거나 같다	=A1〈=A2
	〉=	~보다 크거나 같다	=A1〉=A2
	〈〉	같지 않다	=A1〈〉A2

문자열 연산자	&	문자열의 결합	=B2&C2
참조 연산자	:	셀 범위 지정	A1:A10
	,	복수의 셀 범위 지정	SUM(B2:B5, C2:C5

① 산술 연산자

산술 연산자를 통한 계산 및 결과는 [그림 6-18]과 같이 나타난다.

그림 6-18 산술 연산자를 통한 계산

(사칙 연산)

	A	B	C	D	E	F
1			더하기	빼기	나누기	곱하기
2	6	2	=A2+B2	=A2-B2	=A2/B2	=A2*B2
3	4	7	=A3+B3	=A3-B3	=A3/B3	=A3*B3
4	-5	2	=A4+B4	=A4-B4	=A4/B4	=A4*B4
5	-3	-7	=A5+B5	=A5-B5	=A5/B5	=A5*B5

↓

	A	B	C	D	E	F
1			더하기	빼기	나누기	곱하기
2	6	2	8	4	3	12
3	4	7	11	-3	0.571429	28
4	-5	2	-3	-7	-2.5	-10
5	-3	-7	-10	4	0.428571	21

(지수/백분율)

	A	B	C
1			백분율
2	100	200	=A2/B2%
3	25	100	=A3/B3%
4	200	80	=A4/B4%
5			지수
6	2	2	=A6^B6
7	3	3	=A7^B7
8	8	2	=A8^B8

→

	A	B	C
1			백분율
2	100	200	50
3	25	100	25
4	200	80	250
5			지수
6	2	2	4
7	3	3	8
8	8	2	4

눈으로 보면서 계산식을 직접 입력하면 간혹 잘못된 셀 번호를 입력하게 되는 경우가 있다. 따라서 [그림 6-19]에서 보는 바와 같이 마우스로 셀 커서를 이동하면서 입력하면 도움이 된다.

그림 6-19 마우스를 활용한 셀 번호 입력

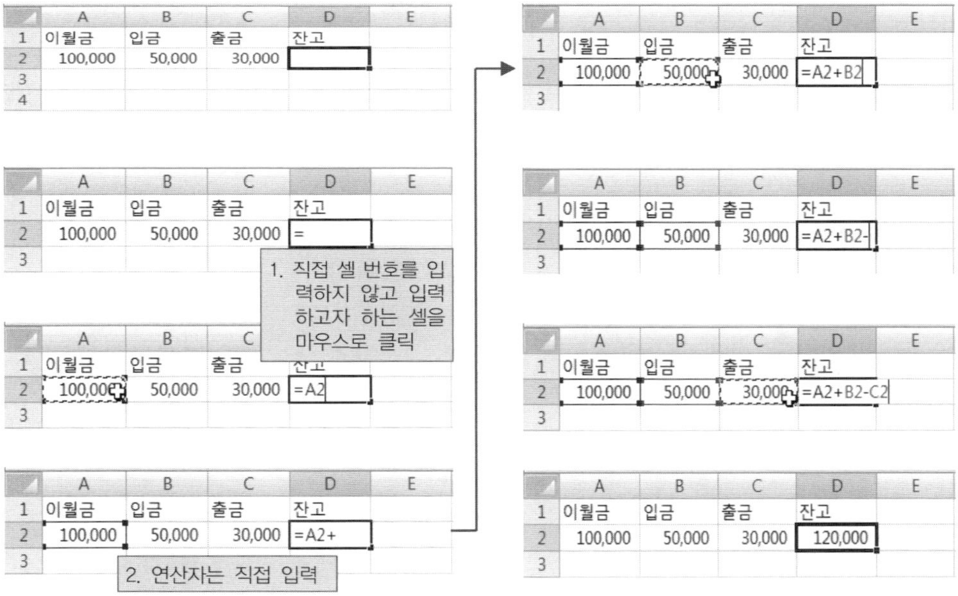

2 비교 연산자와 문자열 연산자

'비교 연산자'의 결과 값은 다음 [그림 6-20]과 같이, 참(True) 또는 거짓(False)으로 나타난다.

그림 6-20 비교 연산자의 출력 결과

	A	B	C	D
1	값		비교 연산자	
2	1		=	=A2=A3
3	2		<	=A2<A3
4			>	=A2>A3
5			<=	=A2<=A3
6			>=	=A2>=A3
7			<>	=A2<>A3

→

	A	B	C	D
1	값		비교 연산자	
2	1		=	FALSE
3	2		<	TRUE
4			>	FALSE
5			<=	TRUE
6			>=	FALSE
7			<>	TRUE

문자열 연산자는 계산식의 입력 시 &를 이용하는 것 이외에도 " "를 이용해서 직접 입력할 수 있다.

그림 6-21 문자열 연산자의 출력 결과

	A	B	C
1			
2	순천향대학교		=A2&A4
3	법정학부		=A2&A3&A4
4	행정학 전공		=A2&"법정학부"&A4

→

	A	B	C	D
1				
2	순천향대학교		순천향대학교행정학 전공	
3	법정학부		순천향대학교법정학부행정학 전공	
4	행정학 전공		순천향대학교법정학부행정학 전공	

3 참조 연산자

참조 연산자의 콜론(:)은 범위를 지정하는 것이고, 콤마(,)는 복수의 셀 범위를 지정해서 합집합을 나타낸다. 예를 들어 'SUM(A1:A10, B1:B5)'라는 함수식은 A1부터 A10까지뿐만 아니라 B1부터 B5까지 15개의 셀의 합을 구하는 식이다. 또한 공백은 교집합을 나타내며 'SUM(A1:A10 A8:A15)'라는 함수식은 A1부터 A10, A8부터 A15의 두 범위의 공통 부문을 구하는 식으로 결과적으로 A8, A9, A10의 합을 나타낸다.

4 계산식의 복사

동일한 과정의 계산을 반복해야 하는 경우 앞서 언급한 '채우기 핸들'을 통한 자동 채우기 기능을 이용해서 효율적으로 작업을 진행할 수 있다. [그림 6-22]는 개인별 총점을 구하는 예로 자동 채우기를 실행한 것이다.

그림 6-22 계산식의 복사

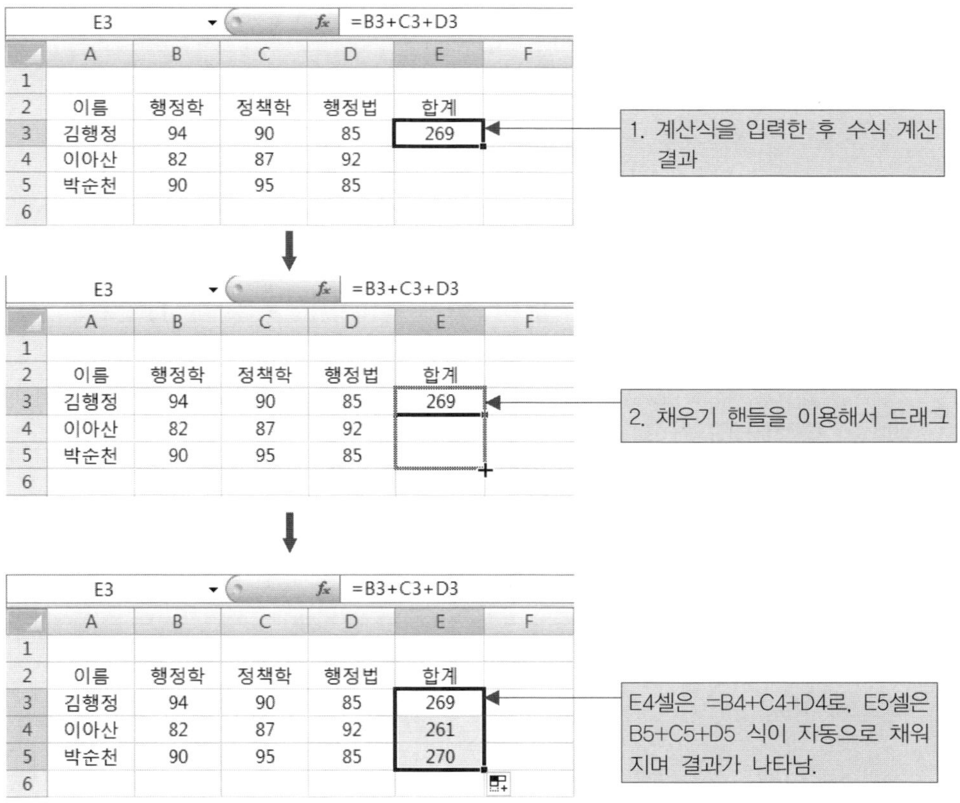

경우에 따라 계산식 내의 셀 번호가 변하지 않아야 될 상황이 발생한다. 다음 [그림 6-23]은 개인별 평균을 구하는 예로 채우기 핸들을 통해 위 방식으로 복사

된 계산식은 각각 E3/C6, E4/C7, E5/C8로 셀 번호 또한 증가해서 잘못된 계산식이 채워지는 것을 볼 수 있다. C6은 과목 수를 나타내는 것으로 평균을 구하기 위해 셀 번호를 고정시켜야 할 필요가 있는데 이 경우 '$'를 사용해서 셀 번호를 고정시킬 수 있다. 셀 번호를 고정시킨 후 자동 채우기를 하면 계산식이 각각 E3/$C$6, E4/$C$6, E5/$C$6으로 채워짐을 확인할 수 있다. 그림의 예에서 고정된 셀 번호의 표기인 '$C$6'은 C열과 6행을 모두 고정시키는 것을 의미한다. 이와 같이 셀의 행과 열을 모두 고정시키는 것을 '절대 참조'라 하는 반면, 셀 번호를 고정시키지 않는 것을 '상대 참조'라 한다.

그림 6-23 절대 참조를 활용한 계산식의 복사

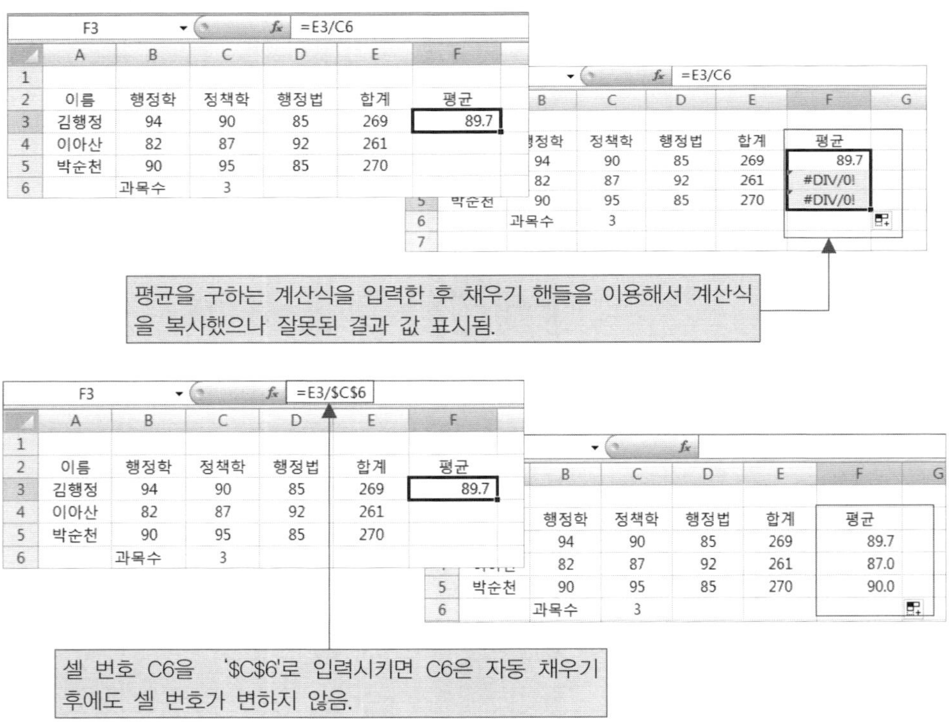

필요에 따라 열만 절대 참조하는 경우 '$C6'처럼 열 번호의 앞에, 행만 절대 참조하는 경우 'C$6'처럼 행 번호의 앞에 $를 붙여, 열이나 행에서 한쪽만 절대 참조

를 하고 나머지는 상대 참조를 하는 경우를 '혼합 참조'라 한다.

5 자동 합계

데이터의 합계를 구하고자 할 때에는 연산자를 이용한 계산식을 직접 입력해도 무방하겠지만, 셀 번호가 많은 경우 식이 길어져 실수를 범할 수도 있다. 이 때 [자동 합계] 단추(Σ ▾)를 이용하면, [그림 6-24]와 같이 간편하게 데이터의 합을 구할 수 있다.

그림 6-24 자동 합계 단추를 활용한 데이터의 합계 계산

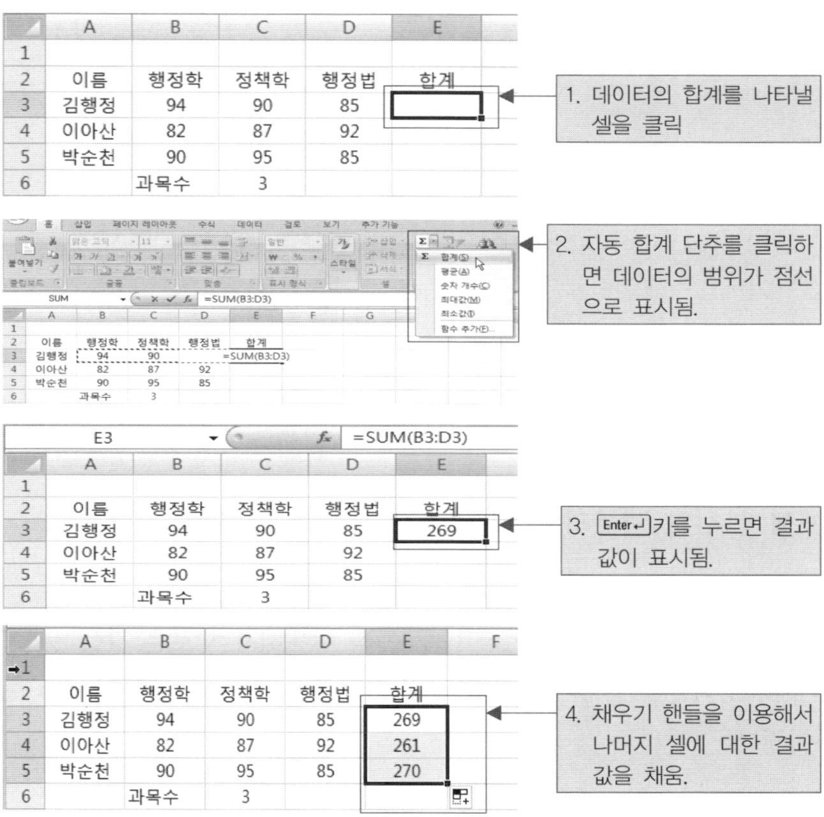

위 그림에서 'SUM(B3:D3)' 함수식을 이용한 계산으로 'SUM'은 인수의 합을 나타내는 함수이며, 'B3 : D3'는 범위를 나타내는 것이다.

제 5 절 함수를 이용한 데이터의 계산

엑셀에는 320여 가지의 다양한 함수를 제공한다. [그림 6-25]와 같이, 리본 메뉴에서 [수식]에 있는 함수 마법사 단추(fx)를 클릭하면 엑셀에서 제공하는 함수의 종류들을 확인할 수 있다.

그림 6-25 함수식의 종류

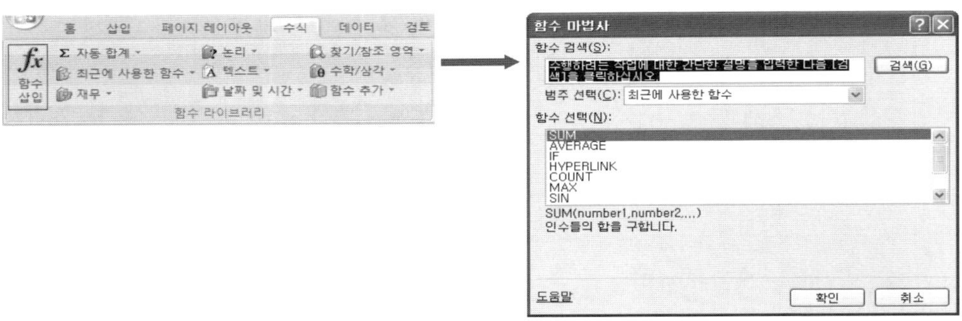

1 엑셀 함수의 기능과 형식

엑셀 함수의 기능은 값, 셀 참조, 함수 등을 이용해서 새로운 값을 생성하는 것이다. 함수의 형식은 보통 '=SUM(A1 : A3)'과 같이 '=함수명(인수, 인수, …, 인수)'로 이루어진다.

2 엑셀 함수의 사용 규칙

함수는 다음과 같은 규칙을 통해 사용된다. 첫째, 수식은 등호(=)로 시작한다. 예를 들어 '=SUM(A1:A3)'은 A1부터 A3셀까지의 값의 합을 구하는 것이다. 둘째, 인수를 묶는 양쪽의 괄호(( ))가 반드시 필요하다. 셋째, 함수의 인수는 '=SUM(5+2,AVERAGE(5,7),10)'과 같이 숫자, 셀 범위, 논리값, 문자값, 다른 함수 등이 가능하다. 넷째, 인수가 여러 개 사용되는 함수는 콤마(,)를 사용해서 분리한다.

3 함수 실습

다음의 예를 통해서 몇 가지 함수를 활용해 보자. 우선 Excel을 실행하고 <표 6-3>과 같은 데이터를 엑셀 시트(Excel Sheet)에 입력하자.

표 6-3 함수 실습 데이터

	A	B	C	D	E	F	G	H
1	이름	부서	직급	결혼 여부	호봉	연봉	구분	연봉 순위
2	김진주	총무부	사원	기혼	3	22,000,000	(1)	(2)
3	곽영일	경리부	부장	기혼	10	54,000,000	(1)	(2)
4	전수진	영업부	차장	미혼	8	27,800,000	(1)	(2)
5	조상희	영업부	대리	미혼	4	45,000,000	(1)	(2)
6	장원중		전무	기혼	8	98,000,000	(1)	(2)
7	박현일	인사부	상무	기혼	8		(1)	(2)
8	유형용	기획부	사원	기혼	3	18,000,000	(1)	(2)
9	권지혜	총무부	대리	미혼	4	42,000,000	(1)	(2)
10	주일영		과장	기혼	5	52,000,000	(1)	(2)
11	박나미	영업부	주임	기혼	6		(1)	(2)
12	김영수	인사부	사원	미혼	2	16,500,000	(1)	(2)
13	박철수		이사	미혼	5	75,000,000	(1)	(2)

14	김영희	기획부	이사	기혼	8	69,000,000	(1)	(2)
15	최상희	총무부	과장	미혼	8	50,000,000	(1)	(2)
16	김종철	총무부	사원	미혼	2	21,000,000	(1)	(2)
17	SUM(합계)				(3)	(3)		
18	MAX(최댓값)				(4)	(4)		
19	MIN(최솟값)				(5)	(5)		
20	AVERAGE(평균)				(6)	(6)		
21	MEDIAN(중위수)				(7)	(7)		
22	MODE(최빈값)				(8)	(8)		
23	STDEV(표준편차)				(9)	(9)		
24	KURT(첨도)				(10)	(10)		
25	SKEW(왜도)				(11)	(11)		
26	부서가 '총무부'인 직원의 연봉 합계					(12)		
27	'연봉'열이 공란이 아닌 직원의 수					(13)		
28	'연봉'열이 공란인 직원의 수					(14)		
29	연봉이 40,000,000 이상인 직원의 수					(15)		

(1) G열(구분)에 연봉이 "50,000,000" 이상이면 "고액 연봉자", 그렇지 않으면 "공백"으로 표시하라(IF 함수 활용).

> **IF 함수**
>
> IF 함수는 조건에 대한 결과를 출력하는 함수로서, '=IF(Logical_test, Value_if_trust, Value_if_false)' 형식으로 사용한다.
> ① Logical_test: 조건식 입력
> ② Value_if_trust: 앞의 조건식이 참일 때 출력하는 값
> ③ Value_if_false: 앞의 조건식이 거짓일 때 출력하는 값

① G2열에 "="를 클릭하고 [함수 마법사]-[IF]를 선택한다([그림 6-26] 참조).

② [Logical_test]에 조건식을 입력하고, [Value_if_trust]에 "고액 연봉자"라고 입

그림 6-26 IF 함수의 활용

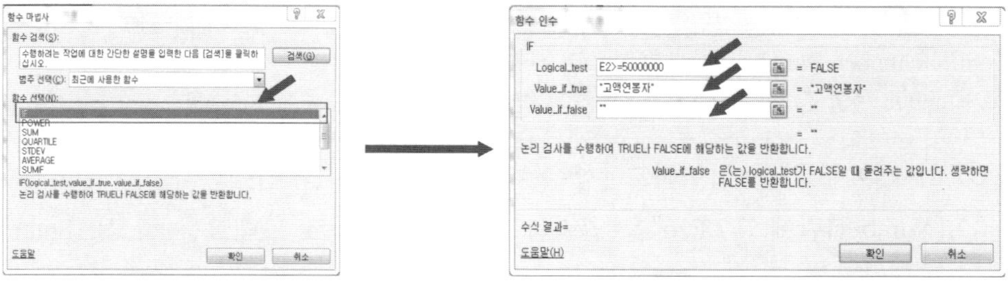

력한 뒤, [Value_if_false]에 “”을 입력한다.

③ 나머지 행에 복사해서 붙인다.

(2) H열(연봉 순위)에 연봉의 내림차순으로 순위를 표시하라(RANK 함수 활용).

> **RANK 함수**
>
> RANK 함수는 지정된 범위에서 순위를 표시하는 함수로서, ‘=RANK(Number, Ref, Order)’ 형식으로 사용한다.
>
> ① Number: 지정된 범위에서 순위를 구하고자 하는 셀 선택
> ② Ref: 순위를 구하고자 하는 지정 범위
> ③ Order: 정렬(비워두면 큰 값이 1등, False를 입력하면 작은 값이 1등)

① H2셀에 “=”를 클릭하고 [함수 마법사]-[RANK]를 선택한다.

② [Number]란에 순위를 구하려고 하는 셀인 “F2”를 입력하고, [Ref]란에 참조하고자 하는 범위인 “F2:F16”을 입력한 뒤(또는 범위를 마우스로 드래그한 뒤), F4를 눌러서 참조 범위가 변하지 않도록 한다(절대 참조). 그리고 [Order]란은 비워둔다.

③ 나머지 행에 복사해서 붙인다.

(3) E17셀에는 호봉의 합계를 F17셀에는 연봉의 합계를 출력하라.

> **SUM 함수**
>
> SUM 함수는 인수로 지정된 숫자나 셀 범위의 데이터들의 합계를 구해주는 함수로서, '=SUM(Number, Number, …)' 형식으로 사용한다.
> ① Number: 범위를 선택하거나 숫자를 입력

① E17셀에 "="를 입력하고 [함수 마법사]–[SUM]을 선택한다.
② [Number]란에 "E2:E16"을 입력하고(또는 마우스로 드래그를 하고), Enter를 누른다.
③ F17셀에 "="를 입력하고 [함수 마법사]–[SUM]을 선택한다.
④ [Number]란에 "F2:F16"을 입력하고(또는 마우스로 드래그를 하고), Enter를 누른다.

(4)~(11) 각 셀에 요구하는 조건에 해당하는 값을 출력하라.

(3)의 합계를 구하는 방식과 동일하게 작업을 하면 된다.

> **기본 함수**
>
> (4) MAX(최댓값): 인수로 지정된 숫자나 셀 범위의 데이터들의 최댓값을 구하는 데 사용된다.
> (5) MIN(최솟값): 인수로 지정된 숫자나 셀 범위의 데이터들의 최댓값을 구하는 데 사용된다.
> (6) AVERAGE(평균): 인수로 지정된 숫자나 셀 범위의 데이터들의 평균을 구하는 데 사용된다.
> (7) MEDIAN(중위수): 인수로 지정된 숫자나 셀 범위의 데이터들의 중위수를 구하는 데 사용된다.
> (8) MODE(최빈값): 인수로 지정된 숫자나 셀 범위의 데이터들의 최빈값을 구하는 데 사용된다.
> (9) STDEV(표준편차): 인수로 지정된 숫자나 셀 범위의 데이터들의 중위수를 구하는 데 사용된다.
> (10) KURT(첨도): 인수로 지정된 숫자나 셀 범위의 데이터들의 첨도를 구하는 데 사용된다.
> (11) SKEW(왜도): 인수로 지정된 숫자나 셀 범위의 데이터들의 왜도를 구하는 데 사용된다.

(12) 부서가 '총무부'인 직원의 연봉 합계를 출력하시오.

SUMIF 함수

SUMIF 함수는 주어진 조건에 의해 지정된 셀들의 합을 구하는 함수로, '=SUMIF(Range, Criteria, Sum_range)' 형식으로 사용된다.
① Range: 조건에 맞는지를 검사할 셀들임.
② Criteria: 조건 입력
③ Sum－range: 합을 구할 실제 셀들임.

① F26셀에 "="를 입력하고 [함수 마법사]－[SUMIF]를 선택한다.
② [Range]란에 조건의 범위인 "B2:B16"을 입력하고, Criteria에 조건인 "총무부"를 입력한 뒤, [Sum_range]란에 합계의 범위인 "F2:F16"을 입력한다.

(13) '연봉'열이 공란이 아닌 직원의 수를 출력하시오.

COUNTA

인수 목록에서 공백이 아닌 셀과 값의 개수를 구하는 함수로, '=COUNTA(Value 1, Value 2, …)' 형식으로 사용된다.
① Number: 범위를 선택하거나 숫자를 입력

① F27셀에 "="를 입력하고 [함수 마법사]－[COUNTA]를 선택한다.
② [Value 1]란에 "F2:F16"를 입력하고, 확인을 누른다.

(14) '연봉'열이 공란인 직원의 수를 출력하시오.

COUNTBLANK

인수 목록에서 공백인 셀과 값의 개수를 구하는 함수로, '=COUNTBLANK(Range)' 형식으로 사용된다.
① Range: 빈 셀의 개수를 구하려는 셀 범위임.

① F28셀에 "="를 입력하고 [함수 마법사]-[COUNTBLANK]를 선택한다.
② [Range]란에 "F2:F16"를 입력하고, 확인을 누른다.

(15) 연봉이 40,000,000 이상인 직원의 수를 출력하시오.

> **COUNTIF**
>
> 지정한 범위 내에서 조건에 맞는 셀의 개수를 구하는 함수로서, '=COUNTIF(Range, Criteria)' 형식으로 사용된다.
> ① Range: 조건에 맞는 셀의 수를 구하려는 셀 범위임.
> ② Criteria: 조건을 입력하는 난임.

① F29셀에 "="를 입력하고 [함수 마법사]-[COUNTIF]를 선택한다.
② [Range]란에 "F2:F16"를 입력하고, [Criteria]란에 ">=40000000"을 입력한 뒤, 확인을 누른다.

제 6 절 서식 편집

데이터를 입력하고, 열 너비, 행 높이 등을 조절한 후에 등을 조절한 후에는 글꼴, 테두리, 맞춤, 표시 형식 등을 이용해서 문서를 좀 더 보기 좋게 정리한다. 이때 엑셀에서 기본으로 제공하는 표 서식이나 셀 스타일을 적용하면 쉽고 빠르게 서식을 지정할 수 있다. 지금부터 다음 [그림 6-27]의 예를 활용해서, 문서를 보기 좋게 정리하도록 한다.

그림 6-27 서식 편집 예

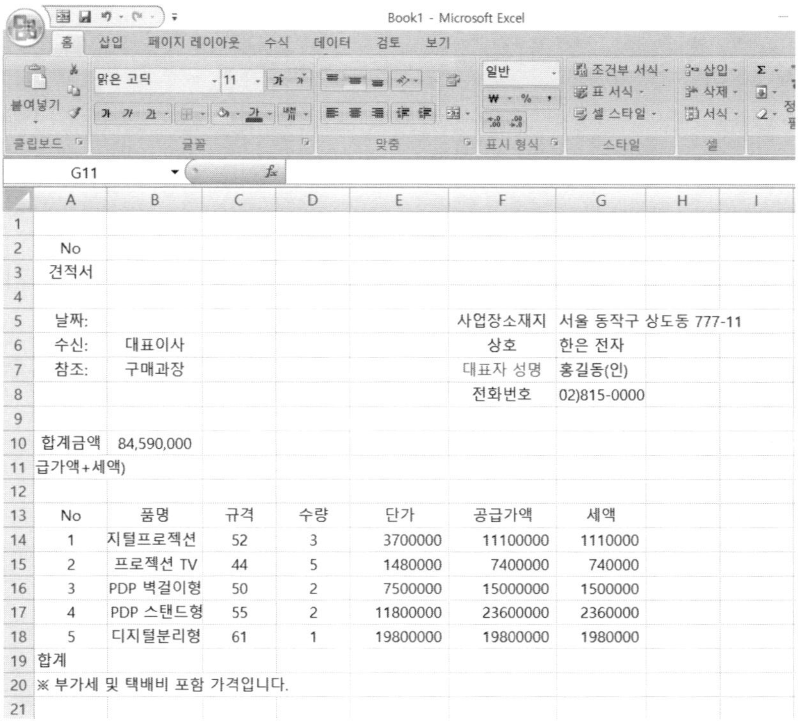

1 기본 서식 지정하기

(1) [글꼴]과 [맞춤] 그룹 서식 지정하기

메뉴에서 [홈]에는 [글꼴] 그룹, [맞춤] 그룹, [표시 형식] 그룹, [스타일] 그룹 등이 있고, 이를 활용하면 문서를 더욱더 보기 좋게 꾸밀 수 있다. [그림 6-28]에서 보는 바와 같이, [글꼴] 그룹에는 글꼴, 글꼴 크기, 글꼴 효과, 글꼴 색, 셀 테두리, 셀 색 등의 서식 명령들이 모여 있다. [맞춤] 그룹에는 텍스트 가로, 세로 맞춤, 텍스트 방향, 들여 쓰기, 내어 쓰기, 셀 병합, 텍스트 줄 바꿈 등의 서식 명령들이 모여 있다.

그림 6-28 [홈] 메뉴

[홈] 메뉴를 활용해서 [그림 6-29]와 같은 형식으로 문서를 꾸며보기 바란다.

그림 6-29 서식 편집 예(완성)

No						
견 적 서						
날짜:					사업장소재지	서울 동작구 상도동 777-11
수신:	대표이사				상호	한은 전자
참조:	구매과장				대표자 성명	홍길동(인)
					전화번호	02)815-0000
합계금액 (공급가액+세액)	84590000					84590000
No	품명	규격	수량	단가	공급가액	세액
1	디지털프로젝션 TV	52	3	3700000	11100000	1110000
2	프로젝션 TV	44	5	1480000	7400000	740000
3	PDP 벽걸이형	50	2	7500000	15000000	1500000
4	PDP 스탠드형	55	2	11800000	23600000	2360000
5	디지털분리형 PDP	61	1	19800000	19800000	1980000
합계					76900000	7690000
[MEMO]						
※ 부가세 및 택배비 포함 가격입니다.						

(2) 표시 형식 지정하기

엑셀은 날짜, 숫자, 문자 등의 데이터 종류에 따라 다양한 표시 형식을 지정할 수 있다. 리본 메뉴의 표시 형식 그룹에서 데이터 종류별 표시 형식 목록, 백분율 스타일, 쉼표 스타일 등의 단추가 있다. 리본 메뉴 그룹에 없는 표시 형식은 서식

그림 6-30 표시 형식 지정하기

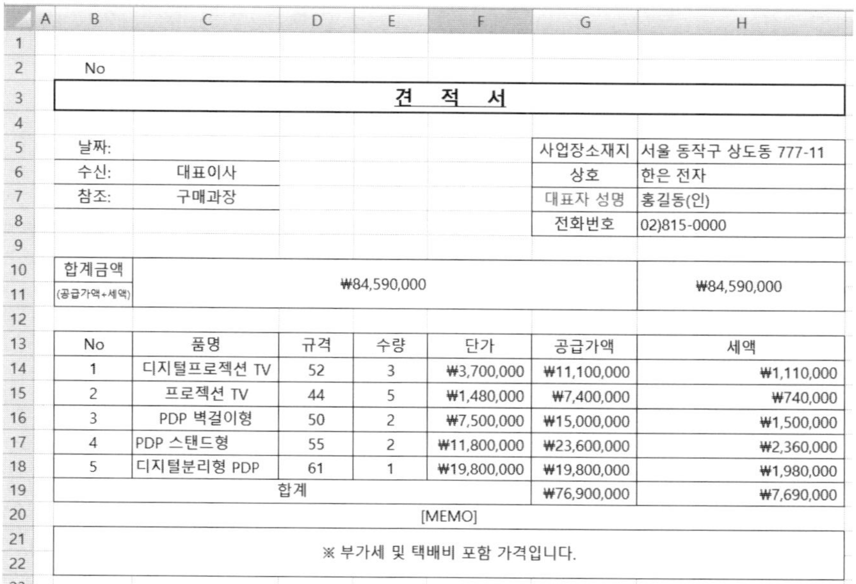

No

견 적 서

날짜:		사업장소재지	서울 동작구 상도동 777-11
수신:	대표이사	상호	한은 전자
참조:	구매과장	대표자 성명	홍길동(인)
		전화번호	02)815-0000

합계금액 (공급가액+세액)	₩84,590,000	₩84,590,000

No	품명	규격	수량	단가	공급가액	세액
1	디지털프로젝션 TV	52	3	₩3,700,000	₩11,100,000	₩1,110,000
2	프로젝션 TV	44	5	₩1,480,000	₩7,400,000	₩740,000
3	PDP 벽걸이형	50	2	₩7,500,000	₩15,000,000	₩1,500,000
4	PDP 스탠드형	55	2	₩11,800,000	₩23,600,000	₩2,360,000
5	디지털분리형 PDP	61	1	₩19,800,000	₩19,800,000	₩1,980,000
합계					₩76,900,000	₩7,690,000

[MEMO]

※ 부가세 및 택배비 포함 가격입니다.

코드를 사용자 지정해서 표시할 수 있다. 표시 형식 지정을 활용해서 위의 견적서 예에서 금액에 해당하는 셀에 통화 기호를 붙이면 [그림 6-30]과 같이 된다.

(3) 사용자 지정 서식 코드

지정하고 싶은 서식을 표시 형식의 범주에서 찾을 수 없을 때는 사용자가 서식을 직접 지정할 수 있다. 표시 형식 범주 중 '사용자 지정'을 선택하고, 기존의 형식 중 하나를 선택해서 변형할 수 있다.

① 숫자 표시 형식의 사용자 정의

사용자 지정 표시 형식은 양수, 음수, 0, 문자 데이터에 따라 구분해서 지정할 수 있다. 구분자는 세미콜론(;)이다. 예를 들어 데이터의 종류별로 모든 서식을 지정하고 싶으면, '양수 서식 ; 음수 서식 ; 0 ; 문자 서식'으로 지정해야 한다. 만약 구분자 없이 한 가지 서식 코드만 지정하면, 양수만 그 서식이 적용되고, 나머지 음수, 0, 문자 서식은 일반 서식이 적용된다.

② 서식 코드

사용자가 지정 표시 형식을 만들려면 형식을 만드는 데 필요한 코드를 이해해야 한다. 사용자 지정 표시 형식에 사용할 수 있는 코드와 해당 코드의 역할은 <표 6-4>와 같다.

표 6-4 사용자 지정 표시 형식에 활용되는 서식 코드

서식 코드	기능	서식 코드	기능
G/표준	숫자를 일반 표시 형식으로 지정	,	천 단위 구분 기호
;	양수 : 음수 : 0값 : 문자열 구분 지정된 조건에 따른 표시 형식을 구분	$,₩	화폐 단위 표시
#	자릿수 표시(필요 없는 자릿수의 숫자는 제외	" "	임의의 문자열 삽입
0	자릿수 표시(필요 없는 자릿수의 숫자까지 0으로 표시)	[ ]	색깔이나 조건 지정
?	필요 없는 자릿수의 자리에 공백 추가	*	뒤에 입력한 문자를 반복 표시
.	소수점 구분 기호	@	특정한 문자를 붙여서 표시

위의 서식 코드를 활용해서 표시 형식에 따라 입력한 데이터가 어떻게 나타나는지를 살펴보면 <표 6-5>와 같다.

표 6-5 서식 코드를 활용 예

입력 데이터 / 표시 형식 코드	1234.5	−1234.5	0.1234	0
G/표준	1234.5	−1234.5	0.1234	0
0	1234	−1234	0	0
0.00	1234.50	−1234.50	0.12	0.00
#,##0	1,235	−1,235	0	0
#,##0.0;(#,##0.0);_	1234.5	(1234.5)	0.1	_
₩#,##0;₩−#,##0	₩1,235	₩−1,235	₩0	₩0
[파랑][>0]0;[빨강][<0]0	1235	−1235	0	0
0%	123450%	−123450%	12%	0%

# ?/?	1234 1/2	−1234 1/2	1/8	0
0.00E+00	1.23E+03	−1.23E+03	1.23E+−01	0.00E+00
#,##0 "원"	1,235월	−1,235	0원	0원

이 밖에도 날짜 형식을 사용자가 직접 지정할 수 있는데, 날짜 표시에 사용하는 서식 코드는 <표 6−6>과 같다.

표 6-6 날짜 표시에 사용되는 서식 코드

표시 형식	설명	표시 형식	설명
YY	연도를 두 자리로 표시	MMMM	월을 영문으로 표시 (예) December
YYYY	연도를 네 자리 수로 표시	DD	일을 두 자리로 표시
MM	월을 두 자리 수로 표시	DDD	요일을 영문 세 자리로 표시 (예)WED
MMM	월을 영문 세 자리로 표시 (예) DEC	DDDD	요일을 영문으로 표시 (예) Wednesday
AAA	요일을 한글 한 글자로 표시 (예) 일	AAAA	요일을 한글 세 글자로 표시 (예)일요일

그리고 시간 표시에 사용하는 서식 코드는 <표 6−7>과 같다.

표 6-7 간 표시에 사용되는 서식 코드

서식 코드	기능	서식 코드	기능
H	시간을 0~23으로 표시	h AM/PM	시간을 4AM으로 표시
hh	시간을 00~23으로 표시	h:mm AM/PM	시간을 4:36PM으로 표시
m	분을 0~59로 표시	h:mm:ss A/P	시간을 4:36:03P로 표시
mm	분을 00~59로 표시	[h]:mm	경과된 시간을 표시 (예) 25.02
s	초를 0~59로 표시	[mm]:ss	경과된 시간을 분으로 표시(예) 63:46
ss	초를 00~59로 표시	[ss]	경과된 시간을 초로 표시

2 표 서식과 셀 스타일 지정하기

지금부터는 엑셀에서 데이터만 입력해 놓은 다음 [그림 6−31]의 데이터를 활용해서 표 서식을 지정해 보도록 한다.

그림 6-31 표 서식과 셀 스타일 지정하기 예

	A	B	C	D	E
1	폐기물 발생 현황				
2					
3					
4	단위: 톤/일				In ton/day
5	년도	일반폐기물	생활폐기물	사업장	지정폐기물
6	1992	123154	75096	48058	21381
7	1993	118909	62940	55969	22474
8	1994	143347	58118	82229	3702
9	1995	143597	47774	95823	4445
10	1996	175334	49925	125409	5239
11	1997	189200	47895	141305	6075
12	1998	184989	44583	140406	5266
13	1999	219217	45614	166110	7489
14	2000	226688	46438	180230	7614

① [그림 6-32]와 같이, 데이터만 입력한 상태에서 홈 탭의 [스타일] 그룹에서 표 서식(표 서식)을 클릭하고, '표 스타일 보통 2'를 선택한다.

그림 6-32 표 스타일 선택

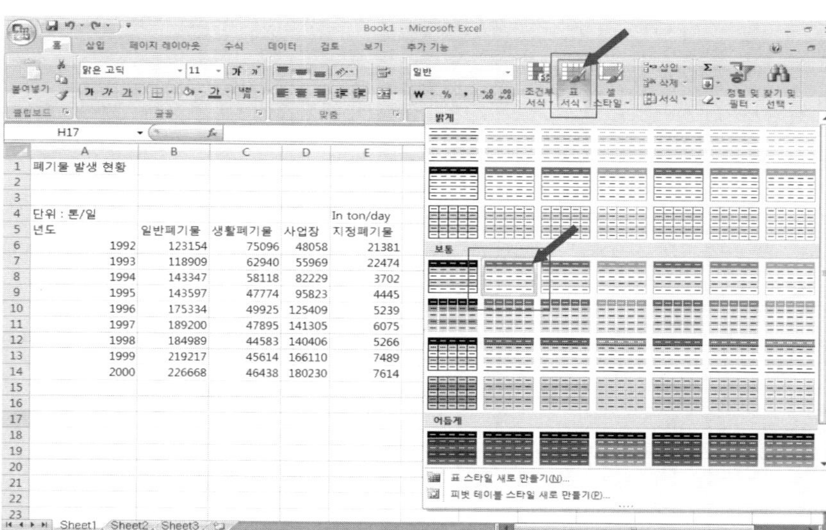

② 표 서식 대화 상자가 나오면 [그림 6-33]과 같이 표에 사용할 데이터의 범위를 지정하고 '머리글 포함' 옵션이 체크된 채 확인을 누른다. 그러면 데이터 범위가 '표'로 변환되면서 머리글 행에 필터 단추가 생기고 리본 메뉴에 표 도구가 추가된다.

그림 6-33 표에 사용할 데이터 지정

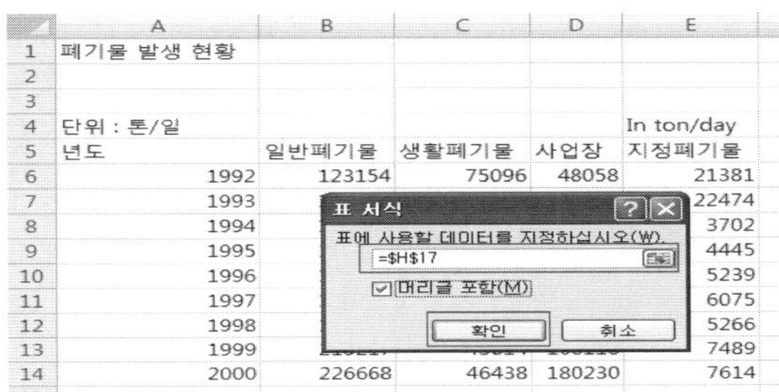

③ [그림 6-34]와 같이, [디자인] 탭의 [표 스타일] 그룹에서 다음과 같이 '머리글 행, 마지막 열, 줄무늬 열' 옵션에 체크 표시하고, 표 스타일 목록 아래 단추 를 눌러서 '표 스타일 보통9'를 선택한다.

그림 6-34 표 디자인 지정

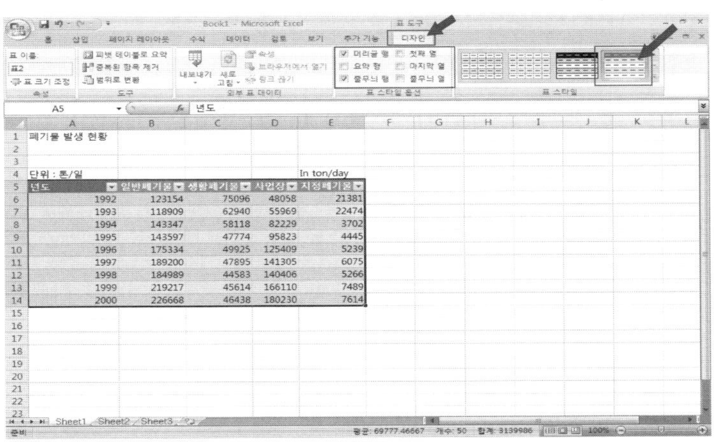

④ 이 예에서는 데이터베이스 관리 기능이나 구조적 참조 등을 사용하지 않을 것이기 때문에 일반 범위로 변환하기 위해, [그림 6-35]와 같이, [디자인] 탭의 [도구] 그룹에서 범위로 변환 범위로 변환을 클릭하고 대화 상자에서 '예'를 누른다.

그림 6-35 표를 정상 범위로 변환

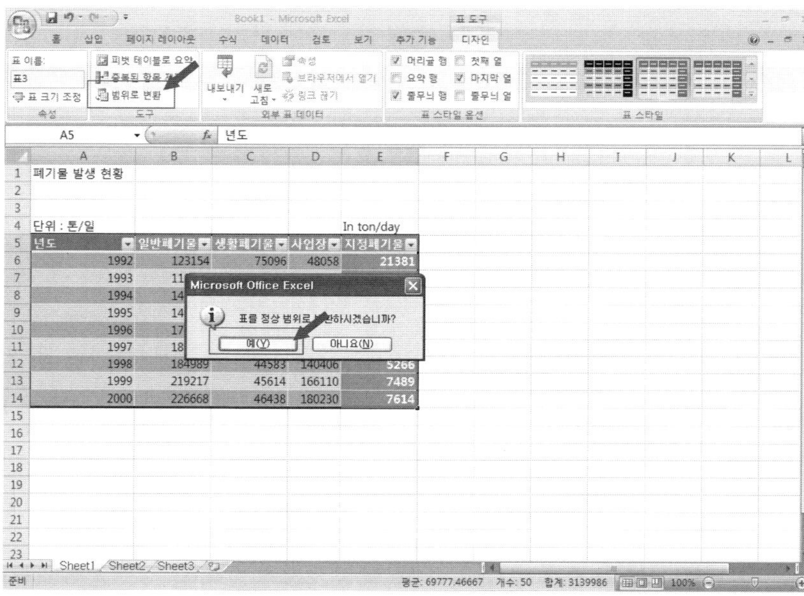

⑤ 제목을 보기 좋게 작성하기 위해, 다음 [그림 6-36]과 같이, A1:E1까지 범위를 지정하고 [홈] 탭-[맞춤] 그룹에서 '병합하고 가운데 맞춤( )'을 누르고 [홈] 탭-[스타일] 그룹에서 셀 스타일 을 누르고 [제목 및 머리글]의 '제목'을 선택한다.

그림 6-36 제목의 셀 서식 변경

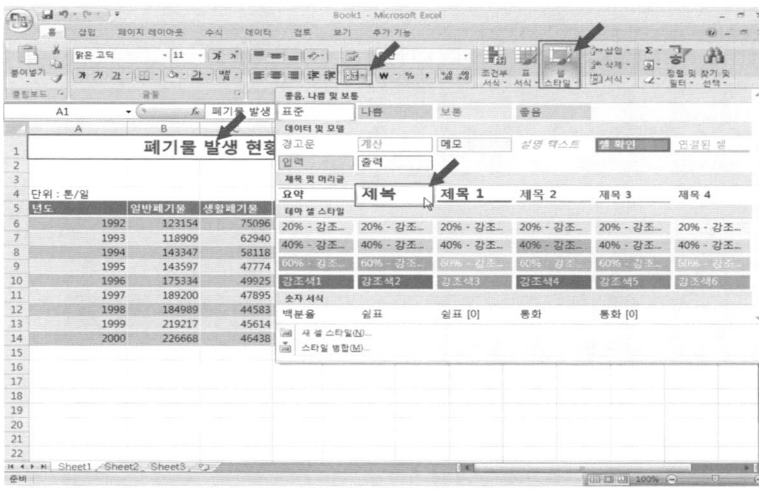

⑥ 숫자 데이터에 쉼표 서식을 지정하기 위해, [그림 6−37]과 같이, B6 : E14 셀 범위를 지정하고 [홈] 탭의 [스타일] 그룹에서 셀 스타일을 누르고 [숫자 서식]에서 '쉼표[0]'를 선택한다.

그림 6-37 숫자 데이터 셀 서식 지정

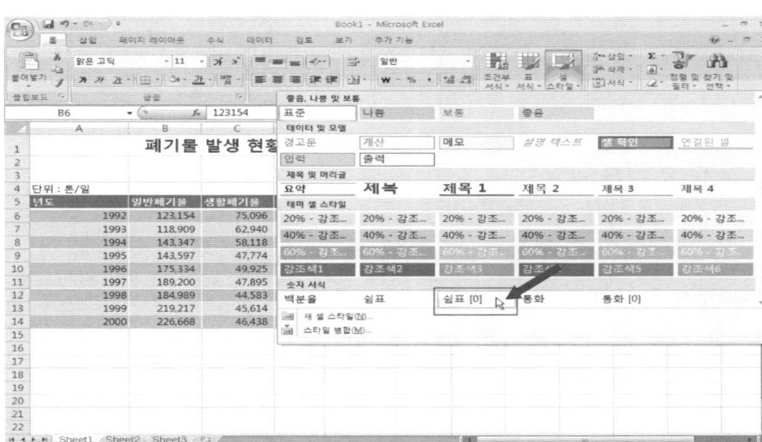

모든 작업이 완료되면 [그림 6-38]과 같은 결과가 도출된다.

그림 6-38 표 서식과 셀 스타일 지정하기 예(완성)

	A	B	C	D	E
1	폐기물 발생 현황				
2					
3					
4	단위: 톤/일				In ton/day
5	년도	일반폐기물	생활폐기물	사업장	지정폐기물
6	1992	123,154	75,096	48,058	21,381
7	1993	118,909	62,940	55,969	22,474
8	1994	143,347	58,118	82,229	3,702
9	1995	143,597	47,774	95,823	4,445
10	1996	175,334	49,925	125,409	5,239
11	1997	189,200	47,895	141,305	6,075
12	1998	184,989	44,583	140,406	5,266
13	1999	219,217	45,614	166,110	7,489
14	2000	226,688	46,438	180,230	7,614

3 조건부 서식 지정하기

엑셀(Excel)에는 특별한 조건에 부합하는 셀(cell)만을 특정한 서식으로 표현할 수 있다.

(1) 셀 강조 조건부 서식

다음 [그림 6-39]의 가계부 예를 통해 셀 강조 조건부 서식을 지정하는 방법에 대해 이해해 보도록 한다.

그림 6-39 조건부 서식 지정하기 예

	D	E	F	G	H
1	수량	단가	합계	부가세	총합계
2	3	₩ 89,300	₩ 267,900	₩ 26,790	₩ 294,690
3	5	₩ 17,800	₩ 89,000	₩ 8,900	₩ 97,900
4	3	₩ 149,000	₩ 447,000	₩ 44,700	₩ 491,700
5	4	₩ 134,100	₩ 536,400	₩ 53,640	₩ 590,040
6	2	₩ 90,800	₩ 181,600	₩ 18,160	₩ 199,760
7	1	₩ 3,100,000	₩ 3,100,000	₩ 310,000	₩ 3,410,000
8	1	₩ 614,000	₩ 614,000	₩ 61,400	₩ 675,400
9	2	₩ 27,000	₩ 54,000	₩ 5,400	₩ 59,400
10	1	₩ 520,000	₩ 520,000	₩ 52,000	₩ 572,000
11					₩ 6,390,890

① 이를 위해, [그림 6-40]에서 보는 바와 같이, H1셀을 선택하고, Ctrl+Shift+↓키를 눌러 범위를 지정한 후 [홈] 탭의 [스타일] 그룹에서 조건부 서식 을 클릭하고 [셀 강조 규칙]의 '보다 큼'을 선택한다.

그림 6-40 조건부 서식 선택

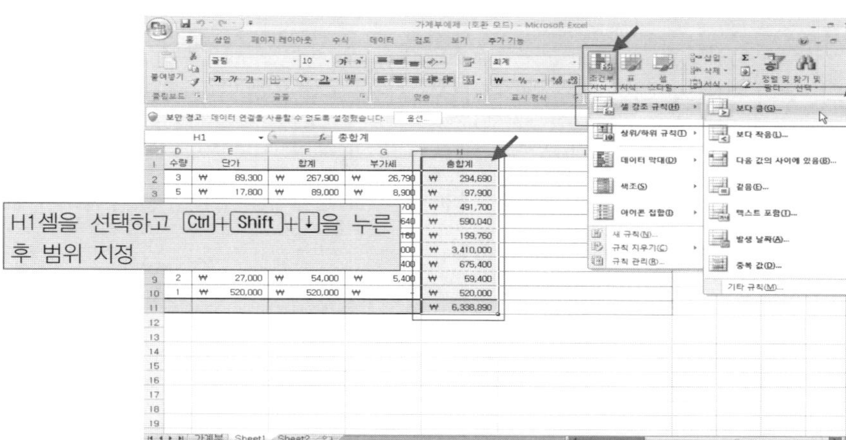

② 값 입력란에 기준이 되는 값을 넣어야 되는데, 여기에서는 [그림 6-41]과 같이, 200000을 넣기로 한다.[1] 적용할 서식 목록에서는 '진한 빨강 텍스트가 있는 연한 빨강 채우기'를 그대로 선택해 두고 확인을 누른다.

그림 6-41 기준이 되는 값 설정하기

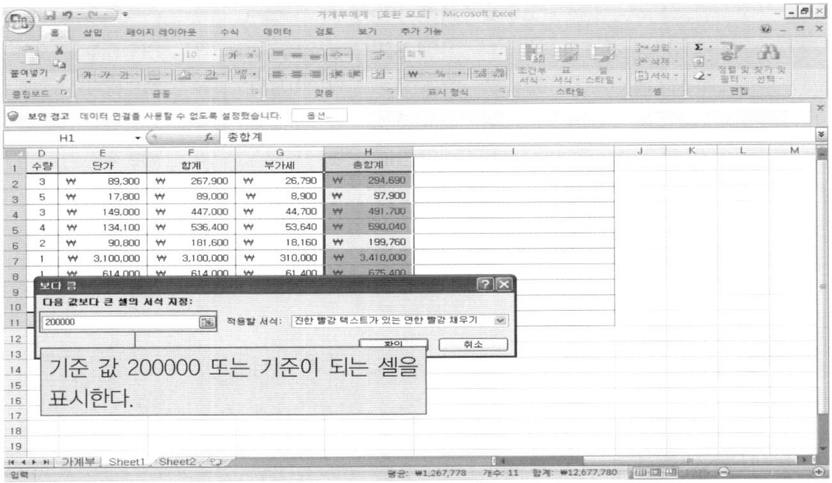

(2) 상위/하위 규칙에 따른 조건부 서식

① 상위/하위 규칙에 따른 조건부 서식을 적용해 보도록 하자. 여기에서는 합계의 상위 30%의 데이터 값에 조건부 서식을 적용하도록 한다. 이를 위해, 다음 [그림 6-42]와 같이, F1셀을 선택하고, Ctrl+Shift+↓키를 눌러 범위를 지정한 후 [홈] 탭의 [스타일] 그룹에서 조건부 서식을 클릭하고 [상위/하위규칙]의 '상위 10%'를 선택한다.

1) 값을 넣지 않고, 기준이 되는 셀을 표시해도 된다.

그림 6-42 '상위 10%' 조건부 서식 적용

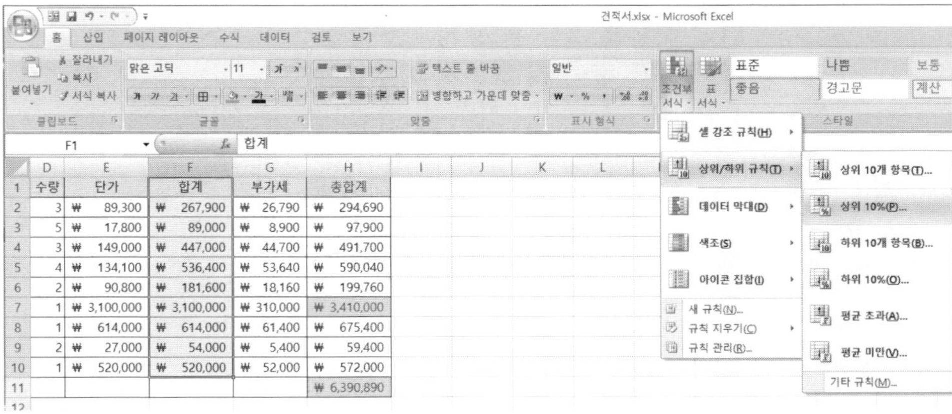

② 상위 10%를 선택하면, [그림 6-43]과 같은 대화 상자가 출력되는데, 여기에서 %를 30으로 바꾸면 된다. 그리고 적용할 서식 목록에서는 '진한 빨강 텍스트가 있는 연한 빨강 채우기'를 그대로 선택해 두고 확인을 누르면 [그림 6-44]와 같은 화면이 출력된다.

그림 6-43 상위 10% 대화 상자

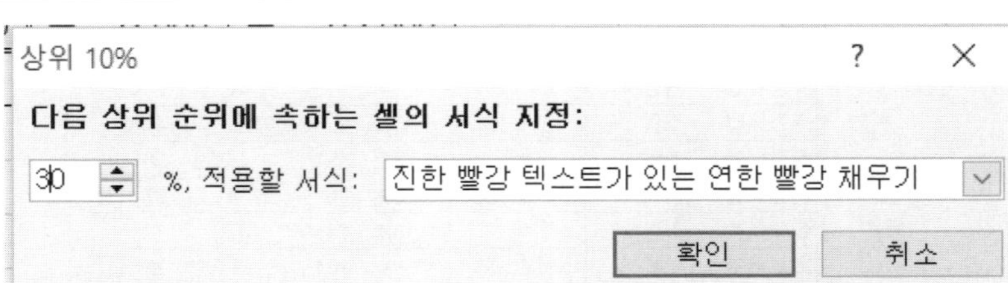

그림 6-44 합계의 상위 30%의 데이터 값에 조건부 서식 적용 결과

	D	E	F	G	H
1	수량	단가	합계	부가세	총합계
2	3	₩ 89,300	₩ 267,900	₩ 26,790	₩ 294,690
3	5	₩ 17,800	₩ 89,000	₩ 8,900	₩ 97,900
4	3	₩ 149,000	₩ 447,000	₩ 44,700	₩ 491,700
5	4	₩ 134,100	₩ 536,400	₩ 53,640	₩ 590,040
6	2	₩ 90,800	₩ 181,600	₩ 18,160	₩ 199,760
7	1	₩ 3,100,000	₩ 3,100,000	₩ 310,000	₩ 3,410,000
8	1	₩ 614,000	₩ 614,000	₩ 61,400	₩ 675,400
9	2	₩ 27,000	₩ 54,000	₩ 5,400	₩ 59,400
10	1	₩ 520,000	₩ 520,000	₩ 52,000	₩ 572,000
11					₩ 6,390,890

(3) 텍스트 형식의 조건부 서식 적용

텍스트 형식의 조건부 서식 적용의 경우 [그림 6-45]와 같은 '분유 납품 현황'의 예를 통해 살펴보기로 한다.

그림 6-45 텍스트 형식의 조건부 서식 적용의 예(분유 납품 현황)

	A	B	C	D	E	F	G	H
1		분유 납품 현황						
3								단위: t
4		업체명	구분	전지분유	탈지분유	계	2006년	증감량
5		낙랑유업	회원사	25	34	59	41	18
6		경동유업	조합	12	152	164	123	41
7		경천낙협	조합	14	37	51	43	8
8		남동유업	회원사	78	789	867	934	-67
9		삼오식품	조합	2	182	184	202	-18
10		로우햄우유	회원사	5	99	104	79	25
11		매달유업	비회원사	47	698	745	854	-109
12		모닝콜유업	기타	3	3	6	5	1
13		엠오푸드	기타	12	21	33	35	-2
14		부부우유합	조합	21	888	909	913	-4
15		우유식품	비회원사	2	198	200	156	44
16		삼양식품	회원사	2	5	7	12	-5
17		연세우유	비회원사	5	3	8	12	-4
18		건국유업	조합	779	1208	1987	1704	283
19		대관령유업	기타	24	567	591	552	39
20		가평유업	조합	7	4	11	8	3

① 텍스트 형식의 조건부 서식을 적용하려면, [그림 6-46]과 같이 범위를 지정한 후 텍스트 포함을 선택하면 된다. 우선 C4셀을 선택한 후 Ctrl+Shift+↓를 누른 후 범위를 지정하고, [홈] 탭의 [스타일] 그룹에서 조건부 서식을 클릭하고 [셀 강조 규칙]의 '텍스트 포함'을 선택한다.

그림 6-46 텍스트 형식의 조건부 서식 적용

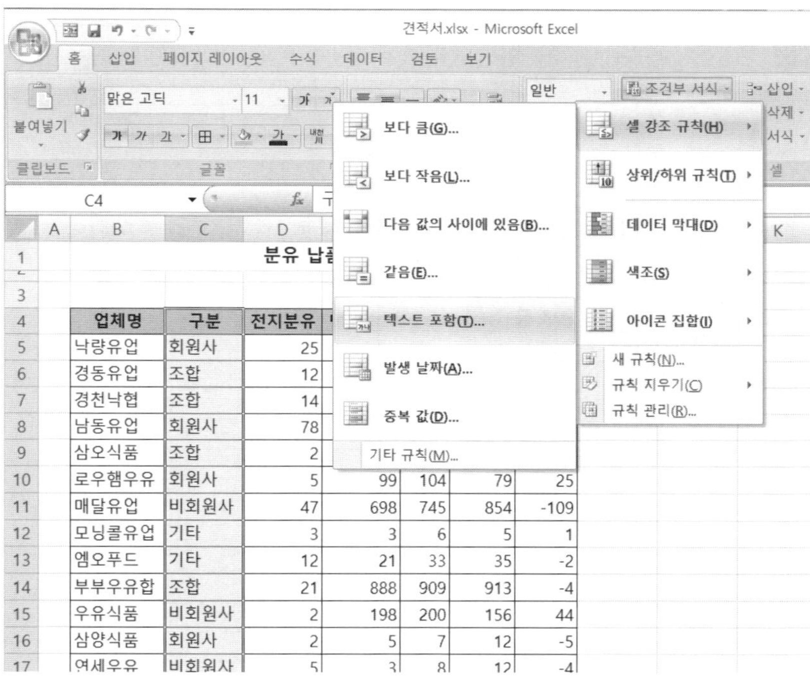

② 텍스트 포함 대화 상자가 나오면, 다음 [그림 6-47]과 같이, 텍스트 입력란에 "회원사"를 입력한 후 적용할 서식 목록에서는 '진한 빨강 텍스트가 있는 연한 빨강 채우기'를 그대로 선택해 두고 확인을 누른다. 그러면 다음 [그림 6-48]과 같이 회원사를 포함하고 있는 셀에 '진한 빨강 텍스트가 있는 연한 빨강 채우기'가 적용된다.

그림 6-47 텍스트 포함 대화 상자

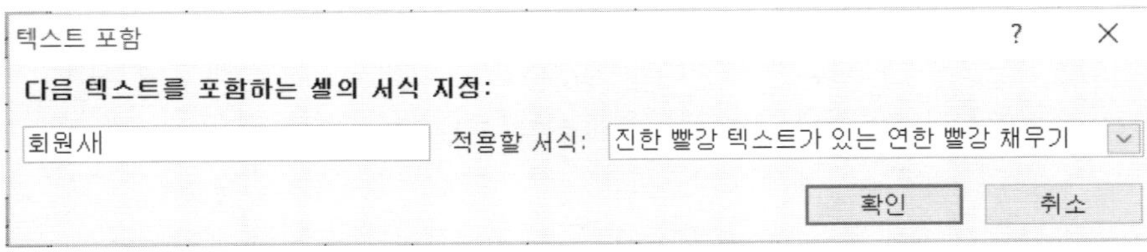

그림 6-48 텍스트 형식의 조건부 서식 적용 완료

분유 납품 현황

단위: t

업체명	구분	전지분유	탈지분유	계	2006년	증감량
낙량유업	회원사	25	34	59	41	18
경동유업	조합	12	152	164	123	41
경천낙협	조합	14	37	51	43	8
남동유업	회원사	78	789	867	934	-67
삼오식품	조합	2	182	184	202	-18
로우햄우유	회원사	5	99	104	79	25
매달유업	비회원사	47	698	745	854	-109
모닝콜유업	기타	3	3	6	5	1
엠오푸드	기타	12	21	33	35	-2
부부우유합	조합	21	888	909	913	-4
우유식품	비회원사	2	198	200	156	44
삼양식품	회원사	2	5	7	12	-5
연세우유	비회원사	5	3	8	12	-4
건국유업	조합	779	1208	1987	1704	283
대관령유업	기타	24	567	591	552	39
가평유업	조합	7	4	11	8	3

(4) 수식을 사용한 조건부 서식

논리 수식을 사용해서 조건을 지정하면 좀 더 복잡한 조건에 대해 서식을 적용할 수 있다. 또한 수식을 사용한 조건부 서식을 사용하면, 조건에 해당하는 행에 서식이 적용된다. 수식을 사용한 조건부 서식 적용 요령은 다음 [그림 6-49]와 같은 '직원들의 영업 실적' 예를 통해 살펴보기로 한다.

그림 6-49 수식을 사용한 조건부 서식 예(직원들의 영업 실적)

데이터베이스

사번	이름	직책	부서	1사분기	2사분기	3사분기	4사분기	총계
1244	오진욱	차장	영업1부	350	450	555	123	1478
1234	김다빈	대리	영업1부	300	536	333	520	1689
1230	홍계영	대리	영업1부	136	210	34	456	836
1235	유혜정	사원	영업1부	450	354	403	136	1343
1243	황경진	사원	영업1부	28	333	123	452	936
1232	이문석	과장	영업2부	318	111	456	520	1405
1233	문수빈	과장	영업2부	524	369	123	130	1146
1236	김형석	과장	영업3부	210	28	20	456	714
1238	문가빈	대리	영업3부	386	222	62	120	790
1237	이하은	사원	영업3부	25	36	358	621	1040
1231	이은미	사원	영업3부	212	350	352	123	1037
1241	손성희	사원	영업3부	35	231	450	112	828
1240	김남오	차장	영업4부	120	850	130	150	1250
1242	김민용	대리	영업4부	410	222	24	136	792
1245	이승헌	대리	영업4부	120	150	123	180	573
1239	이상훈	사원	영업4부	111	123	52	85	371

① 전체 범위를 지정한 후, [그림 6-50]과 같이, [홈] 탭의 [스타일] 그룹에 있는 조건부 서식에서 [새 규칙]을 선택한다.

그림 6-50 [조건부 서식]-[새 규칙] 선택

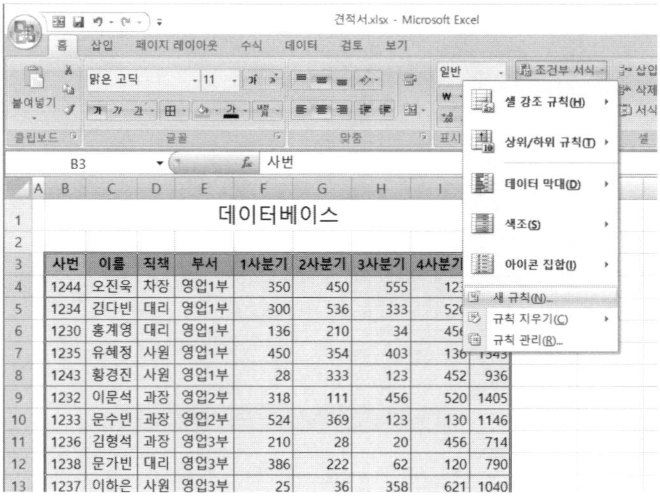

② '수식을 사용해서 서식을 지정할 셀 결정'을 선택하고 2사분기 실적인 10% 이하인 행에 서식을 적용하기 위해, [그림 6-51]과 같이, 수식 입력란에 "=$G4<=10%"를 입력하고 [서식]을 누른다.

그림 6-51 수식 입력

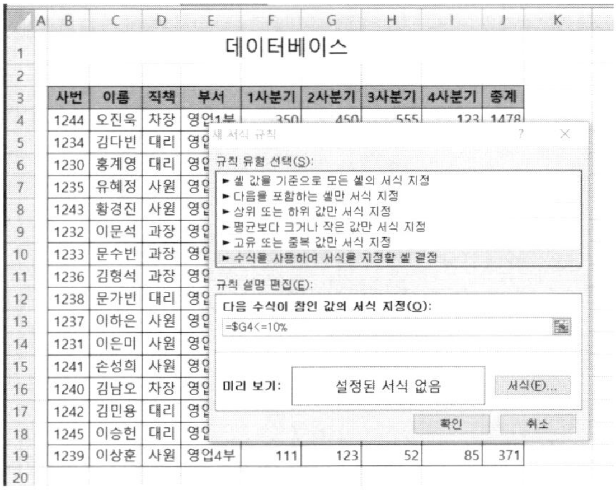

③ 나타난 셀 서식 대화 상자의 [채우기] 탭을 선택하고, [그림 6-52]와 같이 '빨강'을 선택한다. [확인]을 누르고 셀 서식 규칙 대화 상자의 [확인]을 누른다.

그림 6-52 서식 설정(빨간색으로 채우기)

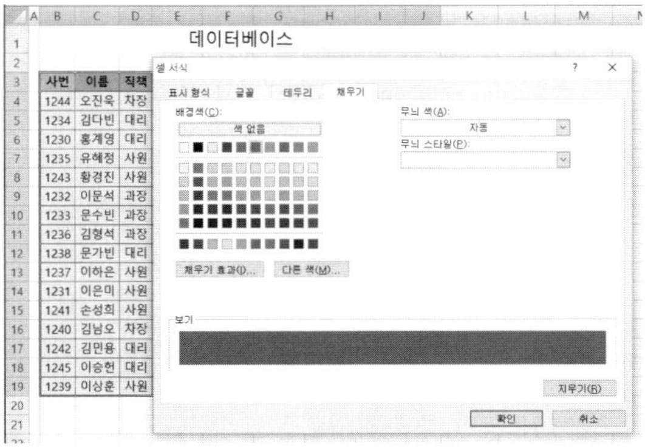

④ 결과 값으로, [그림 6-53]과 같이, 사번 1239 이상훈 사원의 2사분기 영업 실적이 10% 이하이므로 이상훈 사원의 행 전체가 빨강색으로 채워진다.

그림 6-53 수식을 사용한 조건부 서식 완료

데이터베이스

사번	이름	직책	부서	1사분기	2사분기	3사분기	4사분기	총계
1244	오진욱	차장	영업1부	350	450	555	123	1478
1234	김다빈	대리	영업1부	300	536	333	520	1689
1230	홍계영	대리	영업1부	136	210	34	456	836
1235	유혜정	사원	영업1부	450	354	403	136	1343
1243	황경진	사원	영업1부	28	333	123	452	936
1232	이문석	과장	영업2부	318	111	456	520	1405
1233	문수빈	과장	영업2부	524	369	123	130	1146
1236	김형석	과장	영업3부	210	28	20	456	714
1238	문가빈	대리	영업3부	386	222	62	120	790
1237	이하은	사원	영업3부	25	36	358	621	1040
1231	이은미	사원	영업3부	212	350	352	123	1037
1241	손성희	사원	영업3부	35	231	450	112	828
1240	김남오	차장	영업4부	120	850	130	150	1250
1242	김민용	대리	영업4부	410	222	24	136	792
1245	이승헌	대리	영업4부	120	150	123	180	573
1239	이상훈	사원	영업4부	111	123	52	85	371

제 7 절 차트 만들기

차트를 만들려면 먼저 워크시트에 차트로 표현할 데이터를 입력한 다음, 데이터를 선택하고 [삽입] 탭의 [차트] 그룹에서 사용할 차트의 종류를 선택하면 된다. 설정되어 있는 기본 차트를 바로 삽입하고자 할 때는 단축키를 사용해서 빠르게 삽입할 수 있다. 여기에서는 이미 앞에서 활용했던 [그림 6-31]의 '폐기물 현황 자료'를 활용해 설명하기로 한다.

① [그림 6-54]와 같이, 표 안의 임의의 셀을 클릭한 후 [삽입] 탭의 [차트] 그룹에서 세로형 막대그래프를 선택한다.

그림 6-54 세로 막대형 그래프 선택

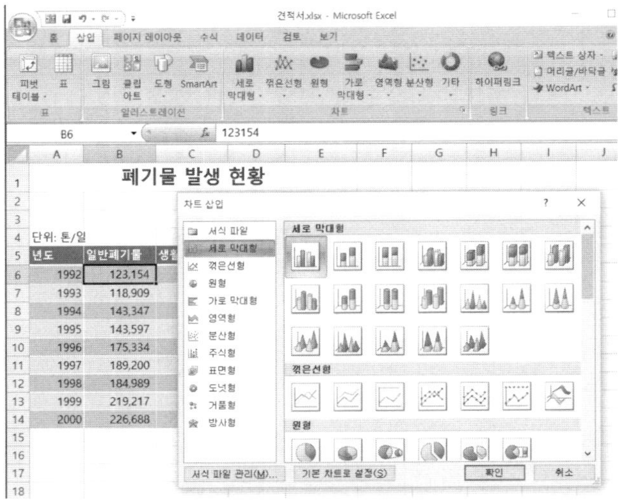

② 세로형 막대그래프가 생성되면 차트의 가로 세로 항목의 데이터 값을 수정해야 하는데, [그림 6-55]와 같이 마우스로 오른쪽 클릭해서 [데이터 선택]을 체크한다.

그림 6-55 데이터 선택

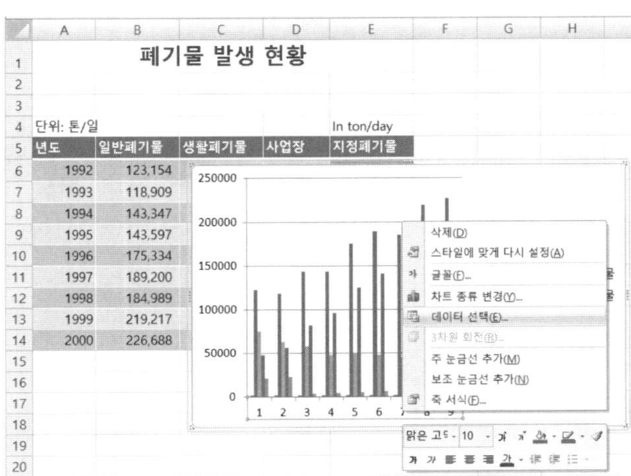

③ 차트 데이터의 범위를 'A5:E14'까지 다시 설정하고, 범례 항목에서 연도를 제거한 후 가로축 레이블에서 [편집]을 누른 뒤, [그림 6-56]과 같이 '연도'의 데이터 범위인 'A6:A14'를 추가한다.

그림 6-56 데이터 범위 설정

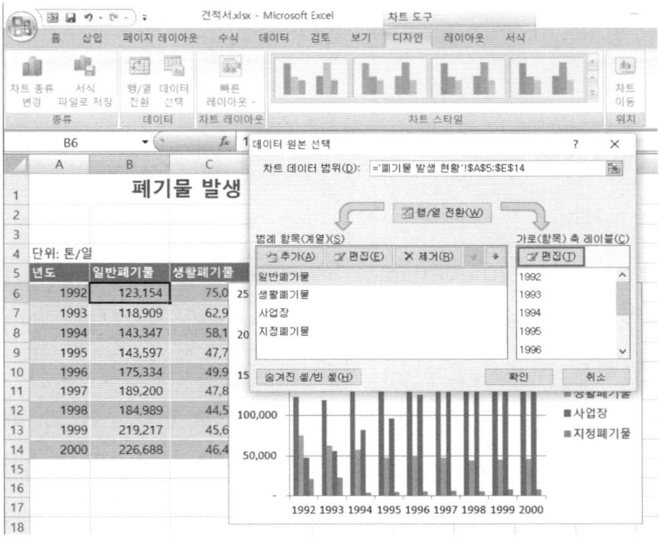

④ 확인을 누르면 [그림 6-57]과 같은 완성된 차트가 출력된다.

그림 6-57 완성된 차트

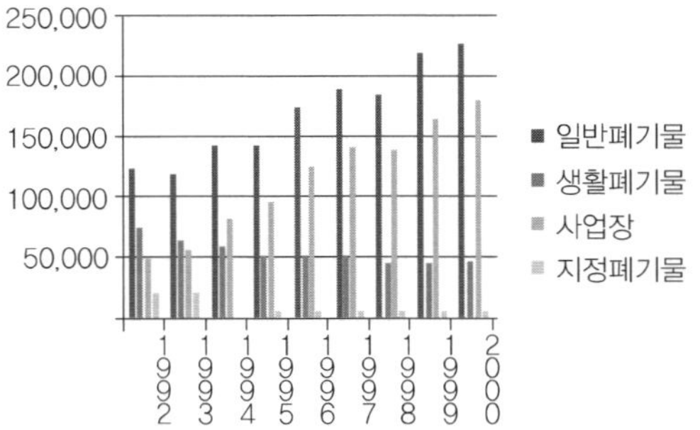

제 8 절 데이터베이스 관리하기

데이터베이스(data-base)란 많은 양의 데이터를 특정한 용도에 맞게 분류 또는 정리해 둔 것을 의미한다. 일반적으로 DB라고 불린다. 엑셀은 자체 프로그램 내에 워크시트로 작성해 둔 표에서 특정한 조건의 데이터를 검색해내는 데이터베이스 기능을 갖추고 있다.

1 데이터베이스의 구조

데이터베이스는 필드명(field name), 레코드(record), 필드(field)로 구성된다. ① 필드명이란 필드의 데이터를 구분하는 필드의 이름을 의미하고, 보통은 데이터 목록의 첫 행에 입력된 내용을 말한다. 아래 그림에서 "성명", "부서" 등을 필드명이라고 한다. ② 레코드는 데이터 목록을 구성하는 워크시트의 각 행을 말한다. ③ 필드는 데이터 목록을 구성하는 워크시트의 각 열을 말한다. [그림 6-58]은 '○○기관 민원처리 관리양식' 데이터로 필드명, 필드, 레코드를 표시하고 있다.

그림 6-58 ○○기관 민원처리 관리양식 데이터베이스

00기관 민원처리 관리 양식

성명	부서	직급	주민평가	민원처리건수	미처리건수	민원처리율(%)
김영진	복지과	계정	90	20	18	
박진욱	건축과	주임	88	45	36	80
김광수	교통과	과장	78	15	10	67
강진영	상수도과	계장	87	16	12	75
박상진	체육행정과	과장	85	14	11	79
김영수	복지과	직원	86	25	22	88
곽지우	건축과	직원	90	23	20	87
이창호	장애인과	직원	93	25	20	80
홍민혁	위생과	과장	91	45	44	98
박성선	지적과	주임	88	85	80	94
진윤미	상수도과	주임	75	75	70	93
유영배	건축과	직원	89	25	21	84
이혜영	교통과	주임	86	63	60	95

2 데이터베이스를 만들 때 주의 사항

데이터베이스를 만들 때 다음 사항을 주의해야 한다. ① 각 열에는 같은 종류의 정보를 입력한다. ② 각 열에는 하나의 정보만 입력한다. ③ 데이터베이스 목록의 첫 행에는 필드명이 반드시 있어야 한다. ④ 빈 행이나 빈 열이 없도록 해야 한다.

3 데이터베이스 만드는 방법

워크시트에 데이터를 직접 입력할 수도 있겠지만, 엑셀의 기능 중 '레코드 관리' 기능을 이용하면 나중에 쉽게 보완·수정할 수 있게 된다. 지금부터 데이터베이스를 만드는 구체적인 방법을 알아보자. 엑셀 2007에서 레코드 기능을 지정하려면, [오피스 단추]에서 [엑셀 옵션]을 누른다. 그리고 [그림 6-59]에서 보는 바와 같이,

그림 6-59 '레코드 관리' 항목 추가

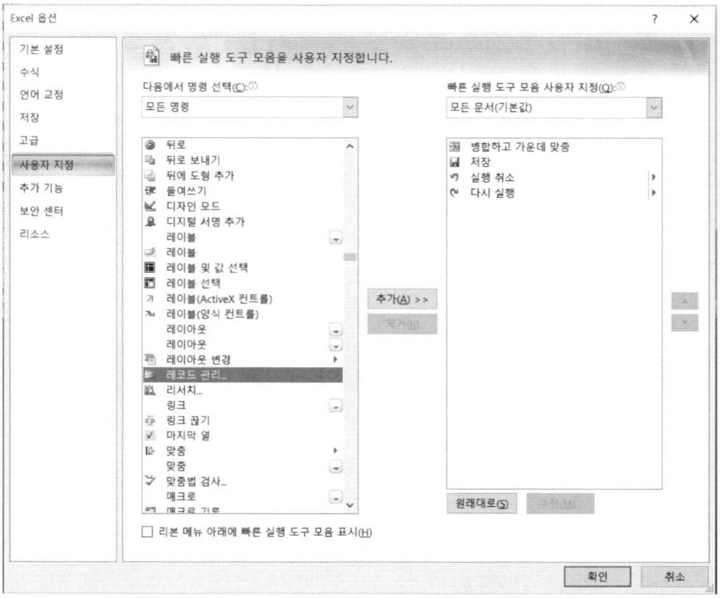

[사용자 지정]에서 [모든 명령]을 선택한 후 드롭 다운해 [레코드 관리] 항목을 추가시키면 된다.

지금부터 데이터베이스를 만들도록 한다. 우선 다음 [그림 6-60]과 같이, ① 필드의 이름을 정한 다음 각 열에 [필드명]을 먼저 입력한다. ② 필드명이 입력된 행과 첫 번째 입력될 행을 블록 지정한 후 셀 주소 창에 [데이터베이스]라고 입력한다.

그림 6-60 필드명 입력 및 데이터베이스 만들기

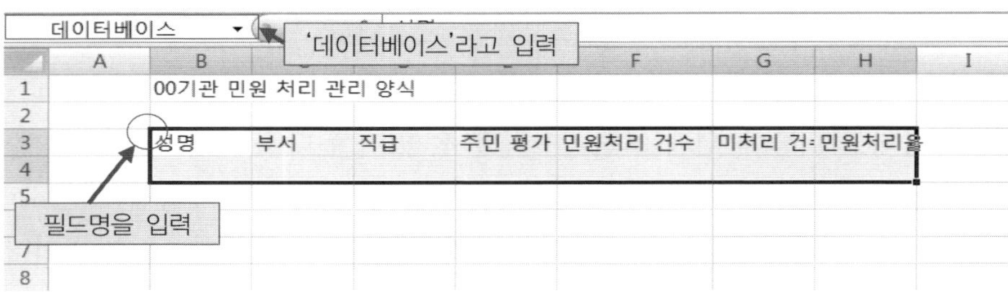

③ 본격적인 데이터를 입력하기 전에 앞서, [그림 6-61]과 같이, 필드명 바로 아래 행에 필요한 [수식]을 입력하고 각 셀의 [서식]을 설정한다.

그림 6-61 수식 입력 및 서식 설정

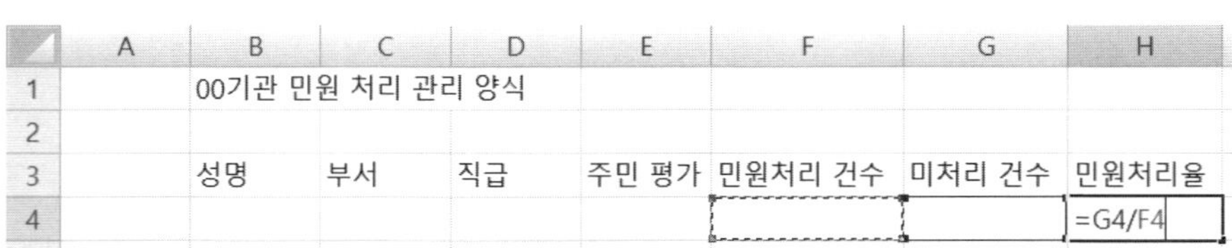

④ 다음 [그림 6-62]와 같이, 레코드 관리 대화 상자를 열어서 데이터를 입력한다.

그림 6-62 데이터 입력

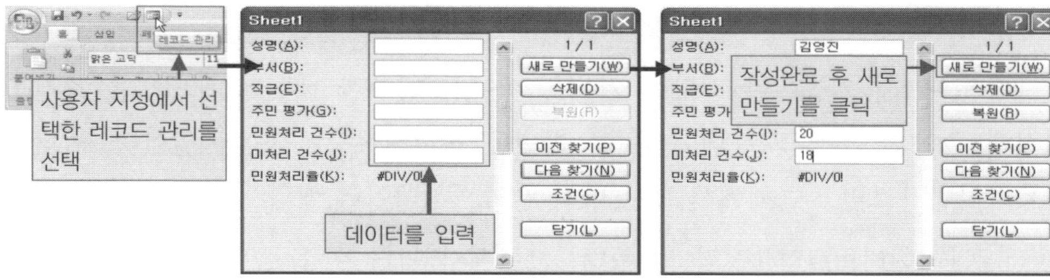

⑤ 동일한 방법으로 추가할 데이터를 입력한다.

4 레코드 관리하기

데이터베이스를 만드는 것보다 더 중요한 것은 데이터베이스를 지속적으로 관리하는 것이라고 할 수 있다. 따라서 데이터 목록에 새로운 직원이나 새로운 조직 개편이 발생할 경우 데이터베이스를 수정할 필요가 있다. 이 때 레코드 관리 기능을 이용해서 [그림 6-63]과 같이, 쉽게 데이터를 수정 보완할 수 있다.

그림 6-63 레코드 관리

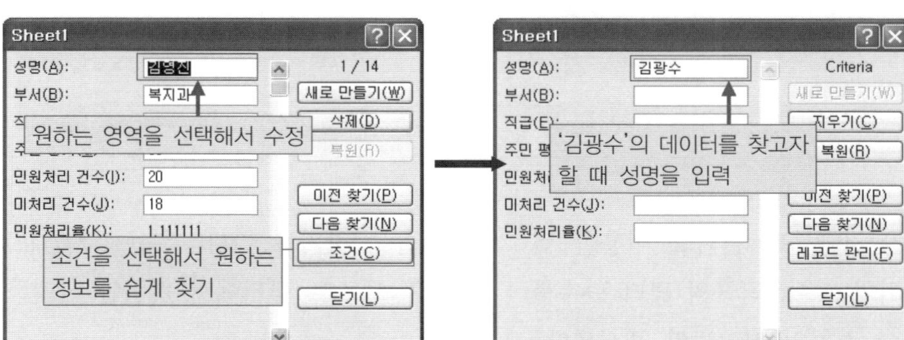

5 자동 필터 기능을 이용한 데이터 관리

[자동 필터] 기능이란 레코드 기능을 이용한 방대한 데이터를 일정한 조건을 지정해 주어 조건에 맞는 데이터만을 화면에 표시해 주는 기능을 말한다. 필터를 사용하려면, [그림 6-64]에서 보는 바와 같이, ① 데이터 셀의 무작위로 셀을 선택한 다음 [데이터] 탭의 [정렬 및 필터] 그룹에서 필터 를 클릭하면 된다.

그림 6-64 자동 필터 설정

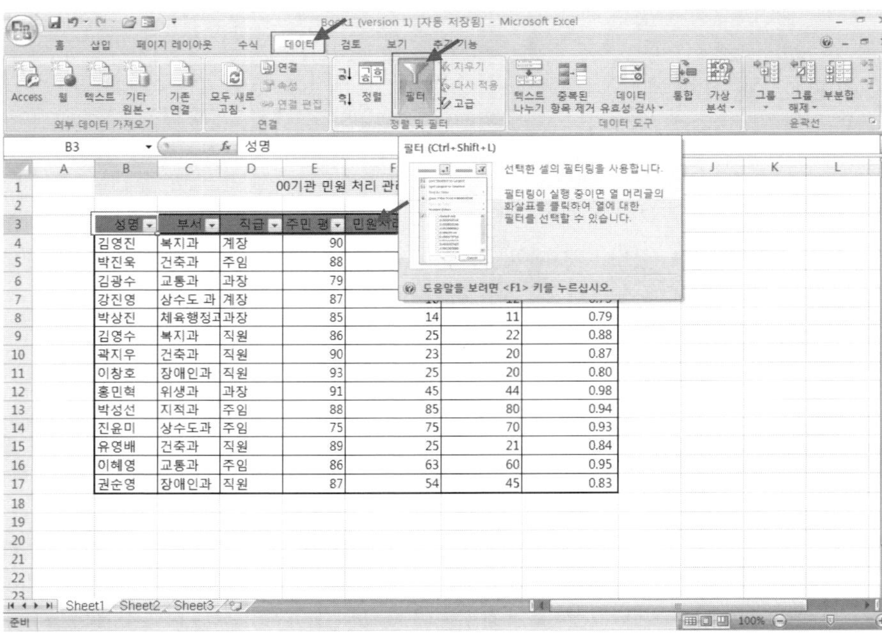

② 지금부터 필터를 이용한 몇 가지 실습을 하기로 한다. 우선, 다음 [그림 6-65]와 같이, 직급의 필터 단추를 클릭한 후 텍스트 필터에서 직원만 선택하면, 직급이 직원인 레코드만 표시된다.

그림 6-65 직급 중 직원 선택

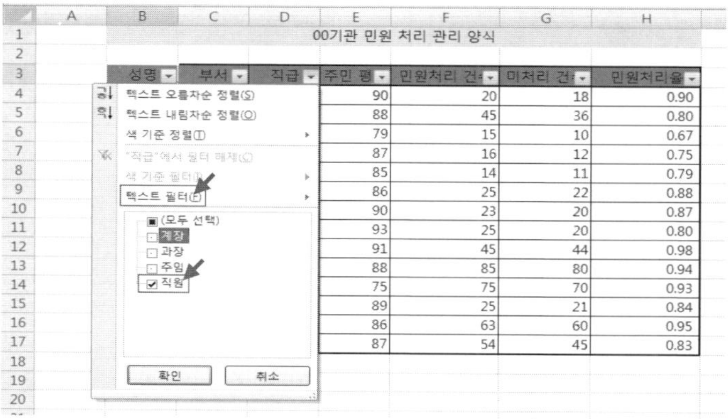

③ 이제 이들 중에서 장애인과에 속한 인원만 화면에 출력하고자 한다. 이를 하기 위해서는 우선 [그림 6-66]에서 보는 바와 같이, 부서 필드의 필드 단추를 클릭한 후 텍스트 필터에서 끝문자를 클릭한다. 그러면 사용자 지정 자동 필터 대화상자가 나타나고, 이 때 [그림 6-67]에서 보는 바와 같이 "장애인과"를 입력하면, [그림 6-68]과 같이 직급이 직원이고 부서가 장애인과인 직원 레코드만 화면에 출력된다.

그림 6-66 [필터]-[텍스트 필터]-[끝 문자] 선택

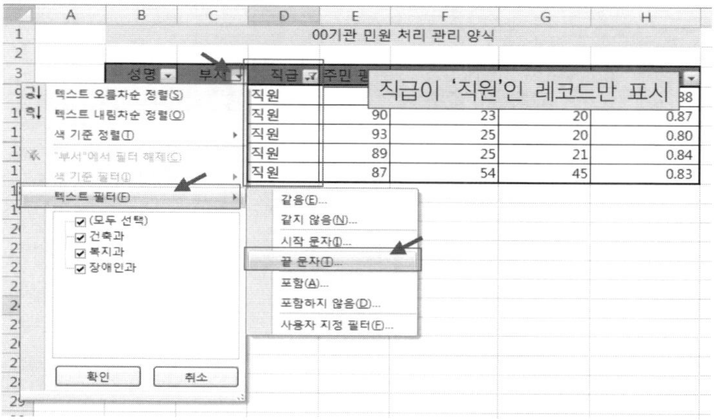

그림 6-67 사용자 지정 자동 필터 대화 상자

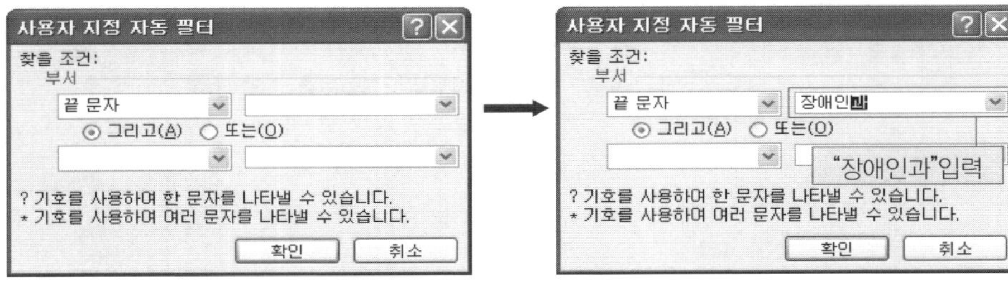

그림 6-68 직급이 "직원"이고 부서가 "장애인과"인 인원만 출력

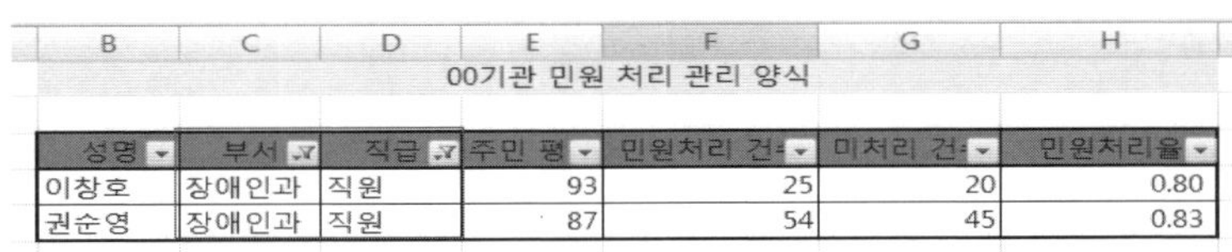

④ 다시 부서에 상관없이 직원의 데이터를 화면에 출력하고 싶다면, 부서의 필드를 해제해야 한다. 이를 위해서는, [그림 6－69]에서 보는 바와 같이, 부서 필드의 필터 단추를 누르고 ["부서"에서 필터 해제]를 선택한다.

그림 6-69 부서의 필드 해제

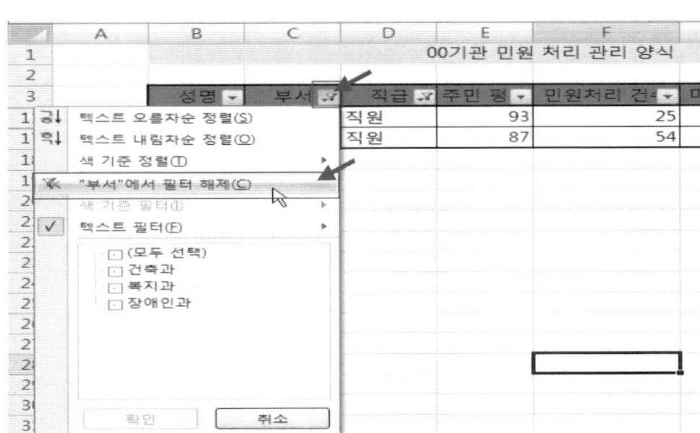

⑤ 여러 필드에 걸쳐서 필터 조건이 지정되어 있는데 모든 필드에 대한 필터를 해제하려면, [그림 6-70]에서 보는 바와 같이, [데이터] 탭의 [정렬 및 필터] 그룹에서 지우기 지우기 를 클릭한다.

그림 6-70 모든 필드에 대한 필터 해제

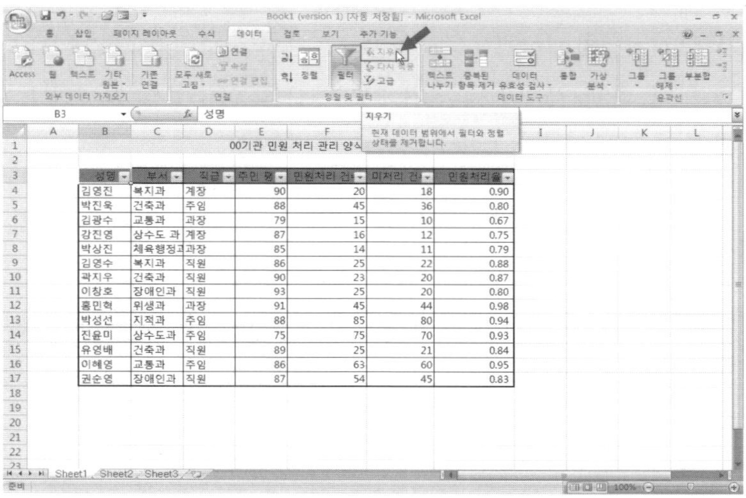

6 고급 필터 기능을 이용한 데이터 관리

고급 필터는 조건이 복잡하거나 여러 필드를 OR 조건으로 결합해서 지정할 때 사용되고, 조건 지정 시에 꼭 알아야 할 사항은 <표 6-8>과 같다.

표 6-8 조건식 입력

<table>
<tr><th>조건</th><th>입력 방법</th></tr>
<tr><td>AND 조건</td><td>조건을 입력할 때 같은 행에 입력하면 된다. 예로 부서 필드가 "장애인과"이고 직급 필드가 "직원"인 경우를 출력하고 싶을 때는 다음과 같이 조건식을 입력한다.
<table><tr><td>부서</td><td>직급</td></tr><tr><td>장애인과</td><td>직원</td></tr></table></td></tr>
</table>

<table>
<tr><td>OR 조건</td><td>조건을 입력할 때 다른 행에 입력하면 된다. 예를 들어, 직급 필드가 "직원"이거나 민원 처리율이 "0.82"보다 큰 경우를 출력하고 싶을 때는 다음과 같이 조건식을 입력한다.
<table>
<tr><td>직급</td><td>민원 처리율</td></tr>
<tr><td>직원</td><td></td></tr>
<tr><td></td><td>>0.82</td></tr>
</table>
</td></tr>
</table>

이제 예를 통해서 살펴보기로 한다. ① 고급 필터를 사용하려면 우선 조건을 지정해야 한다. 부서가 "장애인과"이고 직급이 "직원"이고 민원 처리율이 "0.82보다 큰" 레코드를 찾기 위해서는 우선 조건에 해당하는 필드명을 복사한 [그림 6-71]과 같이 조건식을 부여한다.

그림 6-71 조건 입력

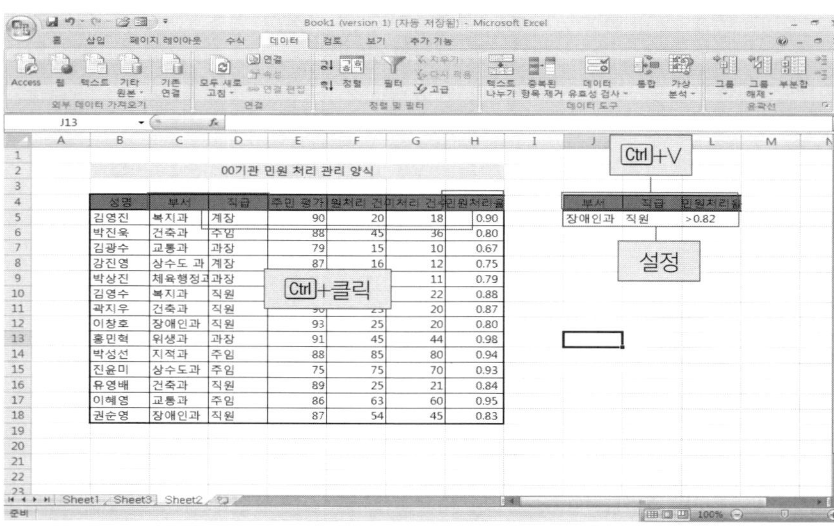

② 데이터에서 고급을 선택하면 고급 필터 대화 상자가 나타나는데, 다음 [그림 6-72]와 같이, [결과]에서는 '다른 장소에 복사'를 선택하고 [목록 범위]는 그대로 놔둔 뒤, [조건 범위]는 조건을 작성한 범위인 "J4 : L5"로 설정, [복사 위치]는 "B20"으로 설정한 다음 확인을 누른다. 그러면 결과 값으로 다음 [그림 6-73]과 같이 화면에 출력된다.

그림 6-72 고급 필터 대화 상자

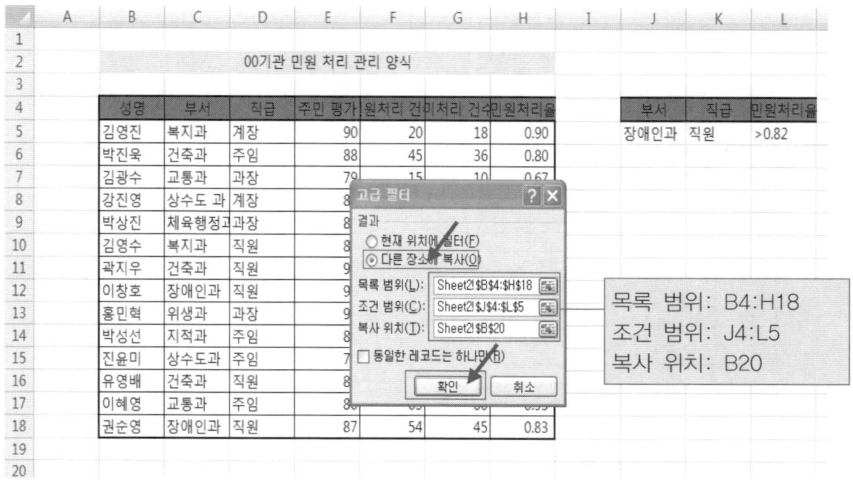

그림 6-73 고급 필터 결과 값

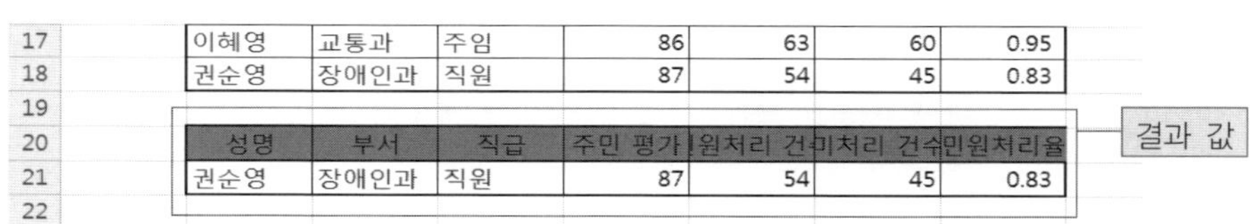

③ 이제 어떤 부서들이 존재하는지가 궁금하다고 하자. 이를 위해서는 우선 부서 필드를 선택하고 고급 필터를 누른다. 고급 필터 대화 상자가 나오면 [다른 장소에 복사]를 선택하고, 다음 [그림 6-74]에서 보는 바와 같이, [목록 범위]와 [복사 위치]만 설정한 다음 '동일한 레코드는 하나만'을 클릭한 후 [확인]을 누르면 다음 [그림 6-75]와 같은 결과 값이 나온다.

그림 6-74 동일한 레코드 하나만 출력

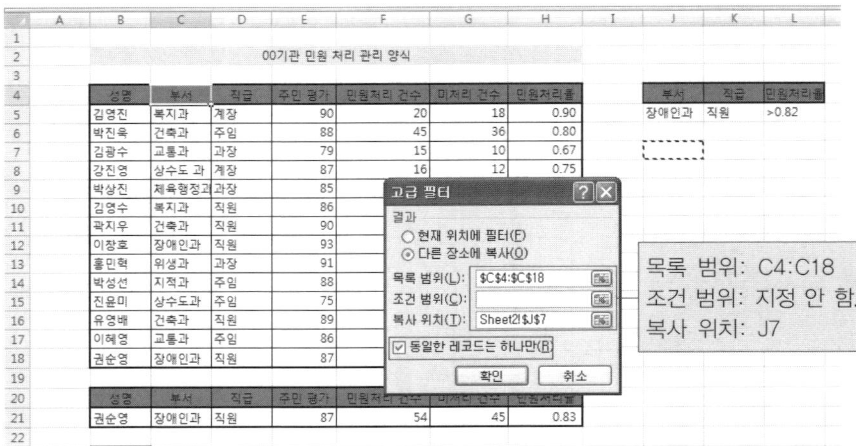

그림 6-75 결과 값

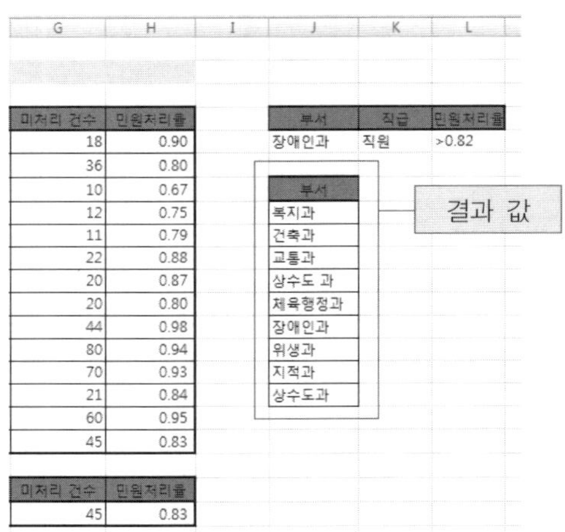

7 피벗 테이블 작성하기

방대한 데이터베이스를 쉽게 알아보기 위한 방법의 하나로 '피벗 테이블(pivot

table)'이 있다. 피벗 테이블이란 사용자가 원하는 자료를 추출해서 새로운 표로 구성하고 원하는 자료를 생성하는 방법이다. 피벗 테이블의 기능을 이용해서 직급별, 부서별 근무평점의 평균을 구성해 보자. 우선, ① [그림 6-76]과 같이, 데이터 목록의 셀을 하나 선택하고 [삽입] 탭의 [표] 그룹에서 피벗 테이블( )을 클릭한다. '표/범위' 란에 자동으로 데이터 목록의 범위가 지정된다. 피벗 테이블을 넣을 위치로 '새 워크시트'를 선택하고 [확인]을 클릭한다.

그림 6-76 피벗 테이블 만들기

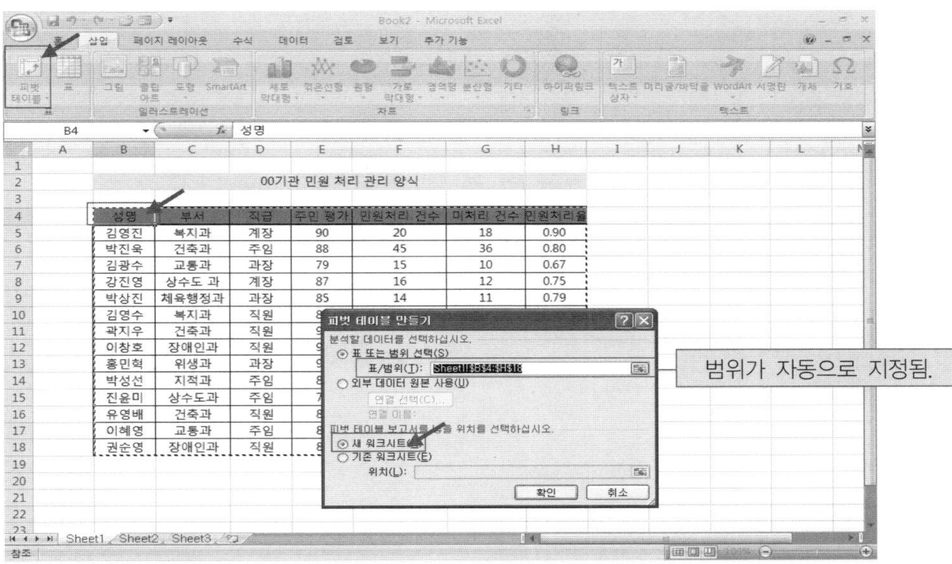

② 새로운 워크시트가 생성되면서 피벗 테이블 영역이 나온다. 부서 및 직급별 민원 처리율을 보기 위해 필요한 필드는 부서, 직급, 민원 처리율이 필요하므로, 다음 [그림 6-77]과 같이, '보고서에 추가할 필드 선택'에서 부서, 직급, 민원 처리율을 선택한다.

그림 6-77 보고서에 추가할 필드 선택

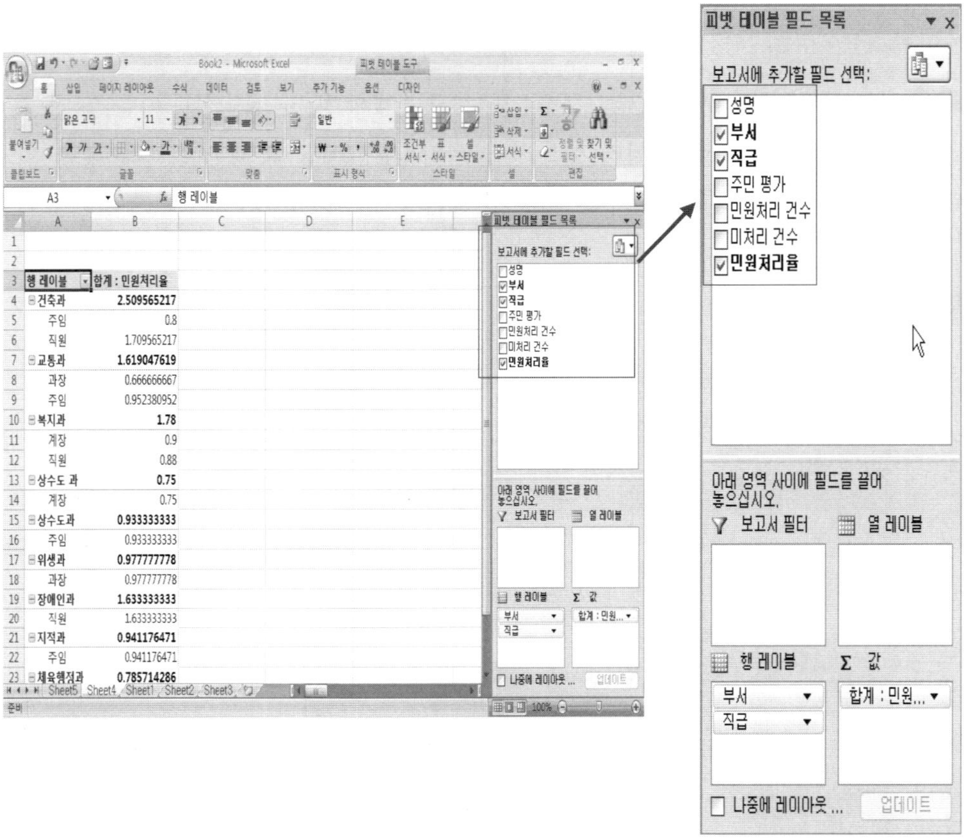

③ 다음 [그림 6-78]과 같이, 행 레이블에 생성된 '직급' 필드를 열 레이블로 이동시켜서 부서별 직급의 민원 처리율을 만든다.

그림 6-78 부서별 직급의 민원 처리율 만들기

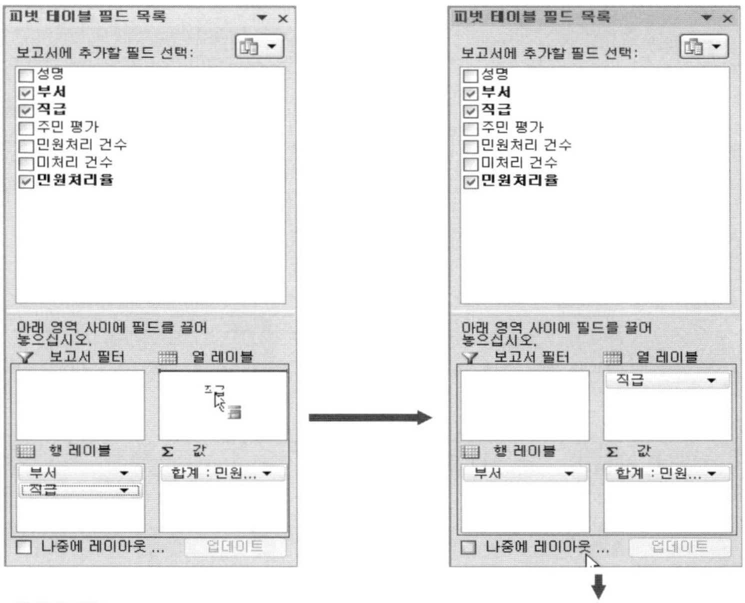

합계 : 민원처리율	열 레이블				
행 레이블	계장	과장	주임	직원	총합계
건축과			0.8	1.709565217	2.509565217
교통과		0.666666667	0.952380952		1.619047619
복지과	0.9			0.88	1.78
상수도 과	0.75				0.75
상수도과			0.933333333		0.933333333
위생과		0.977777778			0.977777778
장애인과				1.633333333	1.633333333
지적과			0.941176471		0.941176471
체육행정과		0.785714286			0.785714286
총합계	**1.65**	**2.43015873**	**3.626890756**	**4.222898551**	**11.92994804**

④ 피벗 테이블이 작성되면 민원 처리율이 합계로 나오는데 민원 처리율에 대한 평균값을 제시해야 한다. 그러기 위해서는 다음 [그림 6-79]에서 보는 바와 같이, A3(합계: 민원 처리율) 셀에서 마우스 오른쪽 클릭을 한 후 '값 필드 설정'을 선택한다. 그리고 '값 필드 설정' 대화 상자가 출력되면, 사용할 함수 중 평균을 선택하면 된다. 그러면, 다음 [그림 6-80]에서 보는 바와 같이, 평균값으로 출력 값이 바뀌게 된다.

그림 6-79 값 필드 설정

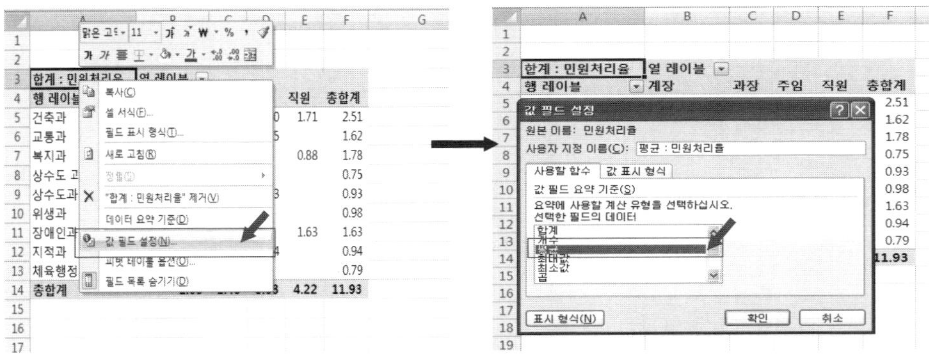

그림 6-80 부서별 직급의 민원 처리율 결과(평균)

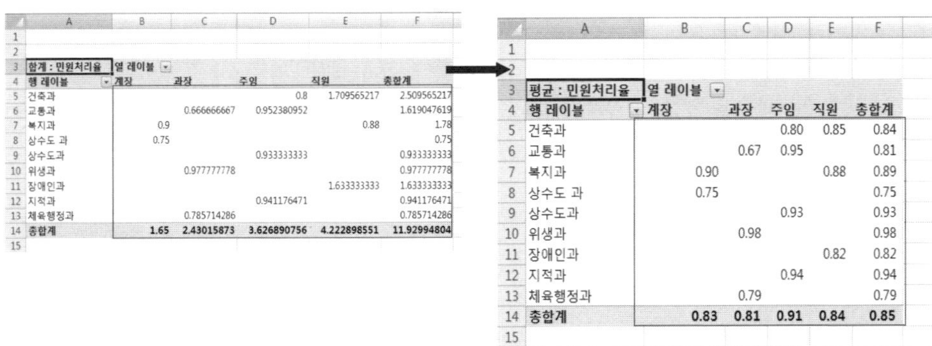

⑤ 피벗 테이블의 최종값이 나오면 피벗 테이블용 옵션 및 디자인이 생성되는데 이것을 이용해서 피벗 테이블을 편집하거나 다양한 서식을 지정할 수 있고, 다음 [그림 6-81]은 보기 좋게 서식을 지정한 결과이다.

그림 6-81 피벗 테이블 서식 설정

민원처리율	직급				
부서	계장	과장	주임	직원	평균
건축과			0.80	0.85	0.84
교통과		0.67	0.95		0.81
복지과	0.90			0.88	0.89
상수도과	0.75				0.75
상수도과			0.93		0.93
위생과		0.98			0.98
장애인과				0.82	0.82
지적과			0.94		0.94
체육행정과		0.79			0.79
평균	**0.83**	**0.81**	**0.91**	**0.84**	**0.85**

⑥ 피벗 테이블을 이용해서 차트를 작성하기 위해서는, [그림 6-82]와 같이, 피벗 테이블 옵션 메뉴에서 피벗 차트를 선택해야 한다. 우선 셀 하나를 선택한 다음 옵션에서 피벗 차트를 선택하면 차트 삽입 대화 상자가 나온다. 이어서 다음 [그림 6-83]과 같이, 원하는 그래프 모양을 선택하고 확인을 누르면 된다.

그림 6-82 피벗 차트 설정

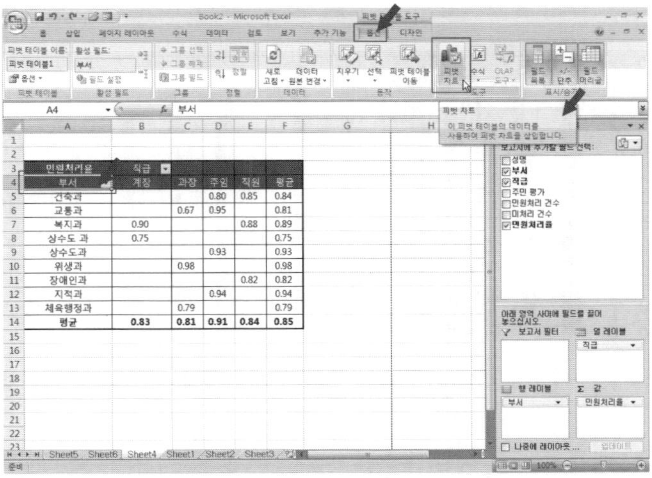

그림 6-83 차트 모양 선택

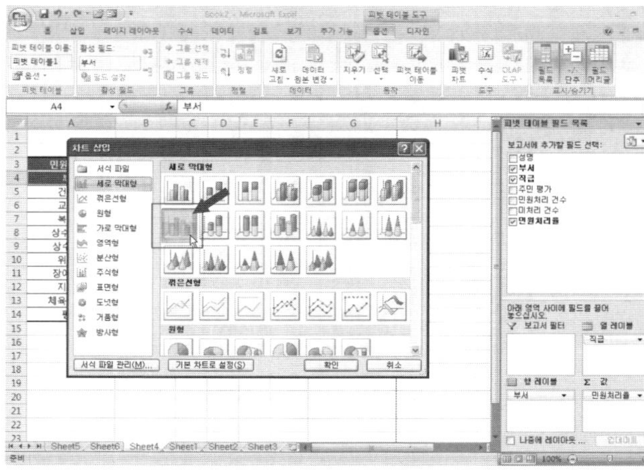

⑦ 이제 선택된 그래프와 피벗 차트 필터 창이 뜨면서 축 필드 항목과 범례 필드에 대한 목록이 나온다. 편집하고 싶은 부분이 있으면, 위에서 다루었던 그래프 편집을 참조해서 편집을 하면 되고, 그렇지 않으면 [그림 6-84]와 같이 결과물을 출력하면 된다.

그림 6-84 피벗 차트 출력 결과

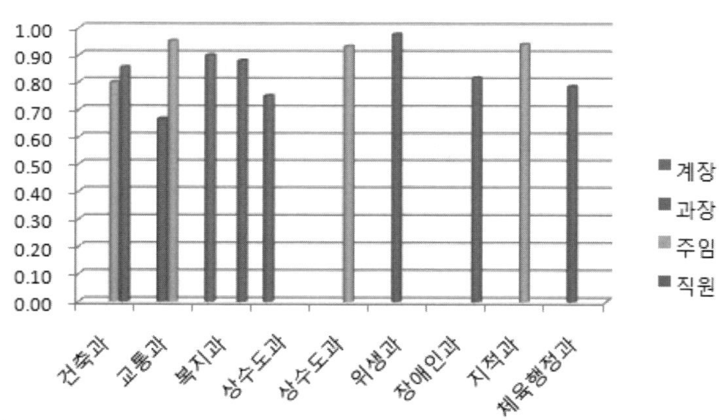

제 7 장 프레젠테이션: 기본 이론 및 파워포인트

제 1 절 프레젠테이션

1 프레젠테이션이란?

의사소통 방법인 프레젠테이션(presentation)은 몸짓, 표정, 음성, 글 등으로 자신의 의사를 표현해 상대방의 반응을 유도하는 행위이며, 일반적으로 발표자가 자신의 생각과 경험을 주어진 시간 안에 정확하게 전달해서 발표자가 원하는 방향으로 상대방의 의사를 결정할 수 있도록 청중을 설득하는 커뮤니케이션 방법이다. 즉, 발표자가 청중에게 자신의 의사를 전달하기 위한 체계적인 행위를 프레젠테이션이라고 할 수 있다.

2 제작 도구에 따른 프레젠테이션의 종류

(1) 파워포인트 프레젠테이션

마이크로소프트사의 MS-Office 패키지에 포함되어 있는 파워포인트는 프레젠테이션 제작에 가장 많이 사용되는 프로그램으로 전달 내용을 간결하고 단순하게 표현하는 데 효과적이다. 현재 비즈니스 현장에서 프레젠테이션을 제작할 때 90% 이상 이용하고 있으며, 표, 차트, 도형 등 자유자재로 활용이 가능하다.

(2) 동영상 프레젠테이션

동적인 구성으로 상대방을 효과적으로 이해시킬 수 있다. 대기업에서는 회사의 홍보물이나 중요 행사에서 동영상 프레젠테이션을 자주 이용한다. 기업이 전달하고자 하는 내용을 시각 및 청각을 총동원해서 효과적으로 전달하는 장점이 있으나 비용이 많이 드는 것이 단점이다.

(3) 플래시 프레젠테이션

Micromedia에서 제작한 웹 저작 프로그램으로 단순한 웹 페이지부터 복잡한 애니메이션까지 자유자재로 표현이 가능하다. 최근에 다양한 표현이 필요한 프레젠테이션을 준비할 때 많이 사용한다. 동영상 프레젠테이션과 비교해서 보면 입체적이기보다는 평면적인 움직임만 가능하다는 것이 다른 점이다.

(4) 디렉터 프레젠테이션

Micormedia에서 개발한 동영상 편집 프로그램으로 동영상과 평면적인 프레젠테이션의 중간 단계에 해당하는 프레젠테이션을 제작하는 데 활용한다. 파워포인터를 이용해 그린 도형보다 실제 모습과 흡사한 3D일러스트, 포토샵 이미지를 사용해서 자연스러운 움직임을 묘사할 수 있다는 장점을 가지고 있다. 전문적인 프레젠테이션 디자이너에게는 디렉터 프로그램이 유용하며, 실제로 디렉터는 게임이나 홍보용 CD를 제작할 때 많이 사용한다. 요즘 프레젠테이션을 제작하는 곳에서는 점점 사용자가 늘어나는 추세이다.

(5) 3D 프레젠테이션

보통 건축물 시뮬레이션이나 게임 등에 많이 사용한다. 3차원 프레젠테이션은 고객이 실물과 같은 상황을 간접적으로 체험할 수 있다는 것이 장점이 반면 준비하는 과정에 시간과 비용이 많이 든다는 단점이 있다.

(6) 캐릭터를 이용한 프레젠테이션

기본적으로 짜인 시나리오를 캐릭터가 직접 설명하는 방식으로 진행하는 프레젠테이션이다. 사람이 말로 전달하기에는 복잡하거나 어려운 내용을 캐릭터의 움직임과 해설을 이용해서 효과적으로 전달할 수 있다. 기획부터 진행까지 거쳐야 할 과정이 복잡하고 비용이 많이 들기 때문에 아주 중요한 프레젠테이션이 아니면 선택하는 경우가 드물다.

(7) 실물 · 모형 프레젠테이션

청중이 실물이나 모형을 직접 경험하도록 유도하는 프레젠테이션 방법이다. 이러한 방법은 참여자들이 그 내용을 오감을 통해 생생하게 느낄 수 있으므로 기억에 오래 남는다는 장점이 있다. 실물 · 모형 프레젠테이션을 준비하려면 장소, 규모, 청중의 성격을 면밀히 검토해야 하며 실물을 가져갈 수 없는 경우나 청중이 많을 경우, 시간적 여유가 없을 때 다른 형식의 프레젠테이션을 준비하는 것이 효과적이다.

제 2 절 프레젠테이션의 조건

1 청중을 설득할 구체적인 방법

(1) 청중이 납득할 만한 근거를 제시

사회문제가 대두되는 이유를 구체적인 자료를 제시하면서 논리적으로 설득하면 청중은 프레젠테이션의 내용에 수긍한다.

(2) 청중을 설득할 구체적인 방법 제시

프레젠테이션을 하는 이유는 청중을 설득해 구체적인 행동 또는 생각의 변화를 이끌어 내기 위해서이다. 그러기 위해서는 프레젠테이션을 진행할 때에도 명확한 근거와 구체적인 방법을 제시해야 한다.

(3) 프레젠테이션을 위한 세 가지 고려 사항

성공적인 프레젠테이션을 위해서는 목적, 대상, 장소의 세 가지 요소를 모두 고려해야 한다. 이 때, 목적은 프레젠테이션을 통해 청중에게 어떤 메시지를 전달할 것인가를 말한다. 대상은 프리젠테이션의 청중을 의미하는데, 프리젠테이션을 준비할 때 연령, 성별, 학력, 지역, 업무의 영역, 지식 수준 등 여러 가지 측면에서 청중을 고려해 차별화된 내용을 준비해야 성공적인 프리젠테이션을 수행할 수 있다. 따라서 프레젠테이션을 하기 전 자신이 설득할 청중에 대한 각종 통계 자료를 일상적으로 관심 있게 지켜보아야 한다. 장소는 프레젠테이션을 진행할 장소를 말한다. 프레젠테이션을 몇 명에게 할 것인지, 마이크는 필요없는 공간인지 등 주어진 환경에서 가장 호소력 있는 전달 방법을 찾아야 한다.

2 프레젠테이션의 구성 요소

(1) 프레젠테이션 3단계 구성 요소

프레젠테이션을 준비하고 진행하는 과정은 크게 기획, 구성(디자인), 발표의 3단계로 나뉜다. 기획이란 어떤 목표를 가지고, 어떤 내용을, 어떤 사람들에게 전달할 것인지를 결정하는 과정이다. 구성(디자인)은 기획 단계에서 결정된 내용을 어떻게 효과적으로 전달할 수 있을지 고민해 원고를 작성하고 슬라이드를 디자인 및 제작하는 과정을 말한다. 발표는 기획과 구성(디자인)이 완성된 프레젠테이션 내용을 청중에게 직접 말로 정확하게 전달하고 이해시키는 과정이다.

(2) 프레젠테이션과 광고의 차이점

기업이나 제품 등을 청중(고객)에게 알린다는 점에서 프레젠테이션과 광고는 공통점을 가지고 있다. 하지만 내용을 전달하는 방법에서 다른 점도 많다. 프레젠테이션과 광고의 차이점을 정리하면 다음과 같다.

표 7-1 프레젠테이션과 광고의 차이점

구분	프레젠테이션	광고
대상	특정 소수	불특정 다수
목적	• 기업의 이익을 위한 설득적인 커뮤니케이션 • 고객이 원하는 정보를 분석/정리해서 정확하게 전달	• 소비자에게 영향을 미치기 위한 제품 홍보/PR 및 판매 • 일방적인 정보 전달
장소 및 시간	약속된 장소/정해진 시간	미디어를 접할 수 있는 모든 곳
횟수	1회성	지속성/반복성
소요 비용	저렴한 비용	많은 비용
전달 방법	OHP필름/빔 프로젝터 등	TV/신문 등 언론 매체

제 3 절 프레젠테이션의 기획과 원고 작성

1 프레젠테이션의 준비 과정

프레젠테이션은 다음 [그림 7-1]처럼 크게 기획과 원고 작성, 슬라이드 디자인, 슬라이드 제작, 리허설, 발표 단계로 나뉜다.

그림 7-1 프레젠테이션의 제작 과정

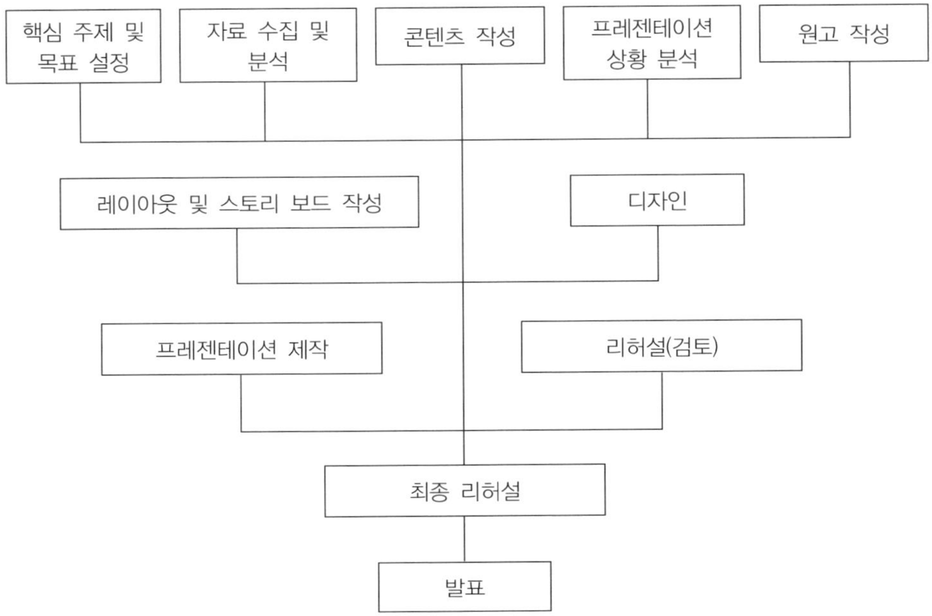

(1) 기획과 원고 작성

프레젠테이션 역시 전달하려는 정보나 의견, 사실 등을 어떻게 청중에게 알기 쉽게 전달할 것인지 기획하는 일부터 시작한다. 기획 단계에서는 프레젠테이션의 중심이 되는 주체와 목표를 설정하고, 발표할 콘텐츠의 목차를 정하는 등 프레젠테이션의 방향을 설정한다. 기획 과정을 거치면서 프레젠테이션의 전체적인 프레임이 형성된다.

(2) 슬라이드 디자인

기획 단계에서 만든 콘텐츠를 효과적으로 보여줄 수 있도록 슬라이드를 디자인하는 작업을 수행해야 한다. 시각적인 화려함이나 예술적인 아름다움을 추구하는 것이 아닌 만큼 프레젠테이션의 목표와 주제, 작성된 콘텐츠를 효과적으로 드러낼 수 있는 디자인으로 구성해야 한다.

(3) 리허설과 발표

프레젠테이션을 실행할 장소에서 리허설을 거친 다음, 실질적으로 청중 앞에서 발표를 진행해야 한다. 리허설 과정에서는 프레젠테이션 장소와 장비 등을 면밀하게 검토해 발표 과정에서 예기치 못한 사고가 생기지 않도록 준비해야 하며, 리허설 경험을 바탕으로 발표자는 발표 당일에 두려움 없이 프레젠테이션을 진행할 수 있다.

2 기획과 원고 작성 단계

기획 과정은 진행할 프레젠테이션의 핵심 주제와 목표를 정하는 일부터 시작한다. 그런 다음 관련 자료를 수집하고 분석하는 작업을 거쳐 핵심 주제와 내용을 정리한 콘텐츠를 작성한다. 프레젠테이션의 기획 과정은 크게 [그림 7-2]와 같은 다섯 단계로 구분한다.

그림 7-2 프레젠테이션의 기획 과정

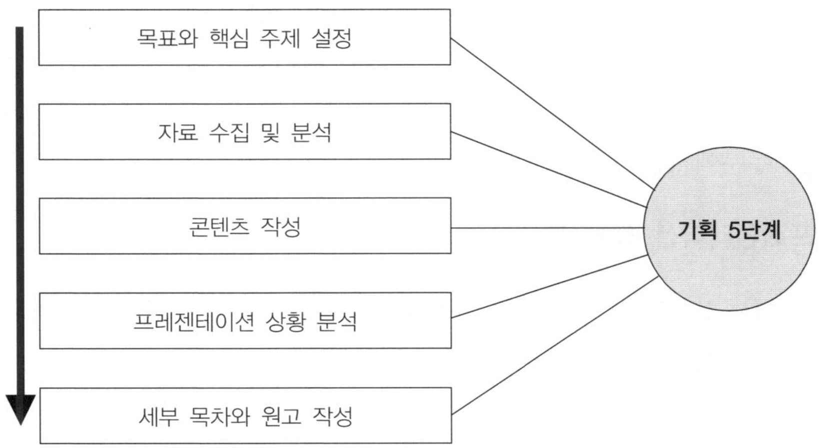

(1) 목표와 핵심 주제 설정

프레젠테이션은 시작 단계에서 목표를 확실하게 설정해야 정해진 시간 안에 성공적인 프레젠테이션을 준비할 수 있다. 목표를 설정한 다음에 이러한 목표를 청중에게 가장 효과적으로 전달할 수 있는 핵심 주제를 정해야 한다. 목표도 불분명하고 핵심 주제도 파악하기 힘들다면, 청중은 프레젠테이션 내용에 시선을 집중하지 않게 된다.

(2) 자료의 수집과 분석

주제와 목표가 설정되면 관련 자료를 수집하고 분석하는 과정이 필요하다. 기본적인 정보는 인터넷을 이용하고 전문적인 자료가 필요한 경우에는 도서관과 연구소 등을 직접 찾아다니면서 관련 논문과 서적을 수집한다. 이렇게 수집된 자료는 프레젠테이션의 주제와 목표에 활용할 수 있도록 적절하게 분류하고 보관한 다음 활용 가치가 있는 내용이 무엇인지 철저하게 분석하는 과정을 거친다.

(3) 콘텐츠 작성

자료 분석 과정이 끝나면 분석된 자료들로 기본 콘텐츠를 구성한다. 구성은 서론, 본론, 결론에 이르는 기본적인 목차와 핵심 내용이다. 서론은 본론을 설명하기 전에 본론에서 설명할 내용을 안내하는 부분이며, 본론은 청중에게 프레젠테이션의 핵심 내용을 본격적으로 전달하는 부분이다. 또 본론에서는 서론에서 1차적으로 안내한 내용을 각 사안별로 체계적으로 설명하면서 결론으로 유도해야 한다. 마지막 결론 부분에서는 본론에 제시한 내용에 대해 적절한 해결책을 제안한다.

(4) 프레젠테이션 상황 분석

서론, 본론, 결론의 항목을 결정하고 내용을 작성하는 과정에서 기억해야 할 사항은 프레젠테이션의 상황이다. 즉, 프레젠테이션이 실시될 장소, 청중의 수준을 고려해야 서론, 본론을 거쳐서 결론에 이르는 효과적인 순서를 정할 수 있다.

(5) 세부 목차와 원고 작성

기본 콘텐츠를 작성하고 프레젠테이션 상황을 숙지했다면, 실제 프레젠테이션 슬라이드를 구성할 원고를 작성해야 한다. 원고 작성 시 사실에 근거한 과학적 실험 근거를 제시하고 신뢰할 만한 이론적인 근거를 제시해야 한다.

3 프레젠테이션의 목표와 핵심 주제 설정하기

프레젠테이션을 준비할 때는 목표를 확실하게 정하고 시작한다.

(1) 목표에 맞는 핵심 주제 설정

청중에게 프레젠테이션의 내용을 가장 쉽게 전달하면서, 동시에 깊은 인상을 주어 청중의 머릿속에 오랫동안 기억될 만큼 명료하게 핵심 주제를 설정해야 한다. 왜냐하면 핵심 주제에 따라 프레젠테이션의 전체 내용이 좌우될 수 있기 때문이다. 실제 발표 현장에서 핵심 주제를 프레젠테이션 도입부에 정확하게 전달하면 청중은 처음부터 프레젠테이션 전체 내용의 핵심을 인식하고 그 안에서 호기심을 가지고 프레젠테이션을 지켜보기 때문에 훨씬 효과적이고 집중력 있는 프레젠테이션 진행이 가능하다.

그림 7-3 성공적인 주체 찾기

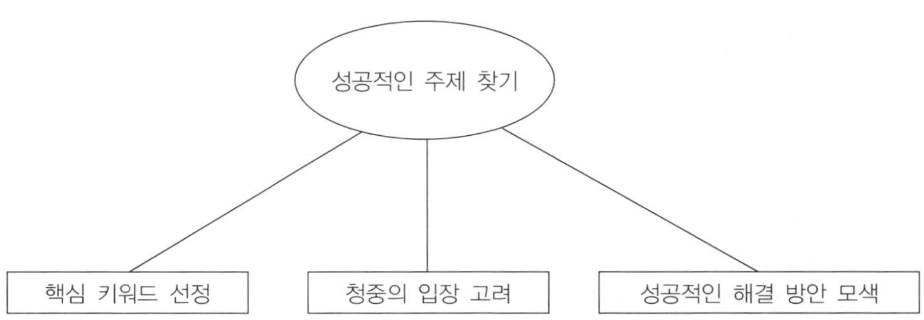

핵심 주제는 먼저 프레젠테이션의 준비된 자료를 충분히 읽고 내용을 숙지해서 목표에 어울리는 핵심 단어들을 선정한다. 그리고 청중의 입장에서 핵심 단어를 정리해서 핵심 주제의 사안을 여러 개 정한 다음, 청중에게 가장 호소력이 있다고 판단되는 핵심 주제 한 가지를 정한다.

핵심 주제를 결정할 때에는 스스로 청중의 입장이 되어 보고 예상되는 청중에게 설문 조사도 실시하고 선택한 핵심 주제가 청중의 입장을 반영한 것인지 확인한다. 참고로 객관적인 시각을 가지고 접근하면 좀 더 정확하고 전달력이 강한 주제를 선정할 수 있다. 또한 핵심 주제는 간단명료하게 표현해야 함을 잊지 말아야 한다. 일반적으로 청중은 어느 정도 배타적인 심리를 가지고 있기 때문에 주제가 미온적이거나 난해하면 프레젠테이션 내용을 쉽게 받아들이지 않는다. 따라서 이러한 상황을 미리 방지하기 위해 누구라도 명쾌하게 받아들일 수 있는 핵심 주제를 정하는 것이 매우 중요하다.

4 자료 수집 및 분석

(1) 오프라인을 통한 자료 수집

프레젠테이션을 기획하고 원고를 작성하는 과정에서 충분한 자료를 수집하는 것은 성공적인 프레젠테이션을 준비하는 방법이다. 오프라인을 통한 자료 수집에는 도서관과 서점, 박물관, 전시회 등에서 직접 자료를 찾는 방법 등이 있다.

① 출판 자료 이용

프레젠테이션 내용과 관련된 출판 자료를 수집하는 방법이 있다. 일반 서적, 브로슈어, 팸플릿 같은 회사 홍보물, 신문과 잡지 등의 정기 간행물, 학회 보고서 등 주제와 관련된 자료는 가능한 모두 수집해야 한다. 출판물 중 익숙한 형태의 자료, 전문 서적을 통해 관련 분야의 지식을 얻을 수 있으며, 잡지 등의 정기 간행물에서는 시대적 동향을 찾아낼 수 있다. 또한 학회 보고서나 세미나 자료를 통해 전문적인 연구 자료를 얻을 수 있다.

② 특별한 장소를 공략

좀 더 전문적이고 제한적인 정보를 담은 자료가 필요한 경우에는 특수 기관이나 국·공립 도서관, 대학교, 리서치 회사 등을 통해 자료를 찾아야 한다. 이러한 곳에서는 비매품 서적이나 오래된 책, 몇 년이 지난 신문 기사 등 서점에서 만날 수 없는 자료들을 찾을 수 있다.

③ 직접 발로 뛰어라

전시회, 박람회, 세미나, 인터뷰, 기념 행사 등에 직접 참가하는 방법으로 다양한 자료를 얻을 수 있다. 발표회나 기념회 등에 직접 참여하면 팸플릿 등의 출판 자료뿐만 아니라 발표 내용을 녹취하거나 현장 사진을 찍는 방법으로 생생한 자료를 확보할 수 있다. 담당 실무자와 인터뷰를 하는 것이 중요한데, 그 이유는 담당 실무자가 준비 중인 프레젠테이션의 내용을 가장 정확하게 이해하고 있는 당사자인 만큼 새롭고 유익하면서도 정확한 정보를 얻을 수 있다는 점에 있다. 또한 담당자와 대화를 통해 프레젠테이션의 내용이 정확하게 서술되었는지를 확인이 가능하다.

(2) 온라인을 통한 자료 수집

프레젠테이션을 준비할 시간이 부족한 상황이라면 서점이나 도서관에서 자료를 찾는 것보다 인터넷을 이용하는 편이 빠르고 편리하다. 최근에는 점점 멀티미디어 자료를 프레젠테이션에 활용하는 추세가 많아지고 있으므로, 인터넷을 통해 관련 사운드, 그림, 동영상 파일 등을 수집하는 데에도 노력을 기울여야 한다.

① 인터넷

인터넷은 검색어만 입력하면 가장 빨리 원하는 정보를 찾을 수 있다. 인터넷에는 우리가 상상하는 정도 이상의 방대하고 다양한 자료가 담겨져 있으며, 시간과 공간을 초월하여 세계 어느 곳에 있는 자료라도 언제든지 실시간으로 가져올 수 있다. 현재 인터넷에서 자료를 찾는 것은 가장 보편화된 수단이 되었다.

② 멀티미디어 자료의 활용

사람들은 보통 시각 정보와 청각 정보를 가장 잘 받아들인다. 따라서 프레젠테이션 진행 중 청중의 시각과 청각을 적절하게 자극하면, 프레젠테이션 내용을 좀 더 쉽게 받아들일 뿐만 아니라 오랫동안 기억하게 된다. 이러한 청중의 특성을 반영해 최근에는 동영상과 사운드를 삽입하는 등 멀티미디어를 활용한 프레젠테이션이 주류를 이루고 있다. 따라서 프레젠테이션을 준비하기 위한 자료를 수집하면서 사운드, 그림, 동영상 파일 등의 멀티미디어 자료도 충분하게 확보해야 한다.

(3) 자료 분석

여러 경로를 통해 자료를 수집하다 보면 전문서적, 문서, 브로슈어, 홍보물, 정기/비정기 간행물, 잡지, 신문, 문서와 파일, 그림 파일, 동영상 파일, 사운드 파일, 웹사이트 주소, 숫자 데이터 등의 온갖 자료가 정리되지 않은 상태로 나열되어 있게 된다. 따라서 자료 분석 전에 가장 먼저 해야 할 잎은 정리되지 않은 자료를 내용과 종류별로 분류하는 과정이다. 먼저 온라인을 통해 수집한 자료는 자료의 종류에 따라 적당한 이름을 붙여 하위 폴더를 만들어가면서 보관한다. 서적과 문서 형태의 자료는 알아보기 쉽게 이름표를 붙여 보관한다.

성공적인 프레젠테이션을 준비하려면 수집한 자료들을 알맞게 선택해서 활용해야 한다. 그러려면 모든 자료를 꼼꼼하게 읽어보고 내용을 파악한 다음 중요도를 표시하도록 한다. 파일 형태의 자료들은 따로 프린트해서 프레젠테이션 내용에 활용할 문구를 따로 정리하거나 중요한 부분에 밑줄을 그어 놓으면 원고를 작성할 때 편리하다. 인터뷰 자료의 경우에는 동영상이나 사운드를 프레젠테이션에 직접 사용할 것인지, 텍스트를 만들어 사용할 것인지 결정한다. 만약 인터뷰의 내용이 프레젠테이션의 핵심 주제나 목표를 알려준다면, 프레젠테이션에 인터뷰 동영상을 삽입하는 것이 효과적이다. 책이나 논문처럼 문서 형태로 구성된 자료는 충분히 읽고 내용을 확실히 이해한 다음, 프레젠테이션에 필요한 부분들을 발췌하고 자신의 스타일에 맞게 다시 구성한다.

5 기본 콘텐츠 작성

(1) 서론, 본론, 결론 작성하기

목표와 핵심 주제를 정하고 자료를 수집·분석하는 작업이 끝났으면 이제 자료를 어떻게 배치하고 핵심 주제는 구체적으로 어떻게 설명할 것인지에 대해 설계도를 그려야 한다(이런 과정을 기본 콘텐츠 작성이라고 한다).

프레젠테이션 콘텐츠는 서론, 본론, 결론 세 단계로 구성되며, 앞서 설명했듯이 서론은 본론으로 들어가는 도입 부분으로 본론을 전개하기 위한 길잡이 구실을 한다. 따라서 서론에서는 본론에서 다룰 문제를 구체적으로 다루지 않고 본론에 들어가기 위한 기초 내용만 제시한다. 본론은 프레젠테이션 내용을 본격적으로 전개하는 부분이다. 서론에서 제시한 문제들을 체계적으로 설명해 차례로 결론을 이끌어내도록 한다. 결론에서는 제시한 설명을 종합해, 청중에게 대안 또는 방향을 제시한다.

프레젠테이션의 서론, 본론, 결론에는 일반적으로 아래와 같은 내용을 담게 된다. 하지만 프레젠테이션은 환경의 변화와 청중의 성향에 영향을 받기 때문에 서론, 본론, 결론의 구성도 이를 고려해 변화를 주어야 한다. 일반인을 상대로 진행하는 프레젠테이션이라면 일반적인 내용들만 설명하는 것으로 충분하지만 관계 분야의 전문가들이 참여한 프레젠테이션에서는 좀 더 이론적인 내용까지 포함시켜야 한다.

서론은 프레젠테이션의 핵심 주제와 직접적으로 연결된 시장 동향, 문제점, 추진 배경 등의 내용으로 구성할 수 있다. 프레젠테이션이 제시하려는 핵심 주제를

표 7-2 프레젠테이션의 콘텐츠

구분	일반적으로 들어가는 콘텐츠
서론	소개, 시장 동향, 추세 분석, 문제점, 추진 배경, 추진 목표 등
본론	추진 전략, 추진 내용, 문제 해결 방안, 추진 방법, 제품 소개
결론	기대 효과, 향후 추진 계획, 비전 등

정확하게 전달하는 것이 주된 목적이다. 서론에서 주의할 점은 너무 많은 내용을 장황하게 늘어놓으면 안 된다는 것이다. 시작부터 무거운 주제를 길게 나열하면, 청중들이 프레젠테이션 자체를 지루하게 여길 수 있다. 따라서 서론에서는 핵심적인 내용만 간결하고 정확하게 표현하도록 노력해야 한다.

본론은 프레젠테이션의 핵심 주제와 목표에 공감할 수 있도록 구체적인 내용을 설명할 수 있도록 구성해야 한다. 청중이 이해하기 쉽도록 본론의 전반적인 내용을 더 작은 소항목으로 나누고 그것을 다시 중간 항목으로 나눈 다음 세부적인 내용을 더 작은 소항목으로 나누어 콘텐츠를 작성하는 것이 좋다. 따라서 본론에서는 서론에서 제시한 내용들에 대한 구체적인 근거를 제시하면서 청중의 요구에 맞는 해결책을 이끌어야 한다.

마지막으로 결론에서는 서론과 본론에 서술한 내용을 토대로 향후 계획, 미래에 대한 비전을 제시하는 내용으로 구성하는 것이 바람직하다. 서론과 본론의 내용을 간단명료한 문구로 요약해 한 번 더 설명하는 것도 좋은 방법 중 하나이다. 결론에서 무엇보다 중요한 것은 프레젠테이션의 전체 내용을 포괄하는 결론을 청중에게 확실히 제시해야 한다는 것이다. 덧붙여 프레젠테이션을 종료할 때에는 서론과 본론에서 사용했던 키워드와 문장으로 결론을 좀 더 강조할 수 있다.

결국 성공적인 프레젠테이션을 위해서는 서론, 본론, 결론 어느 한 부분도 소홀하게 취급할 수 없으며, 각 부분에 알맞은 내용을 채워넣어야 한다. 특히 프레젠테이션이 청중에게 전달하고자 하는 내용과 청중의 요구와 관심이 만나는 지점을 정확하게 포착해 서론, 본론, 결론을 구성하면 좋은 결과를 얻을 수 있다.

(2) 기승전결 구조를 가진 프레젠테이션

일반적으로 기승전결의 구조는 시간의 흐름에 따라 사건과 내용이 서술된다. 그리고 과거를 회상하는 장면을 스토리 중간에 삽입해 긴장감을 유지하는 연출을 시도하기도 한다. 따라서 프레젠테이션에도 기승전결의 구조를 적용할 수 있다. 기승전결 구조를 선택하면 프레젠테이션을 구성하면서 서론, 설명, 증명, 결론에 이르는 4단계 구조를 적용할 수 있다([그림 7-4] 참조).

그림 7-4 기승전결 구조를 가진 프레젠테이션

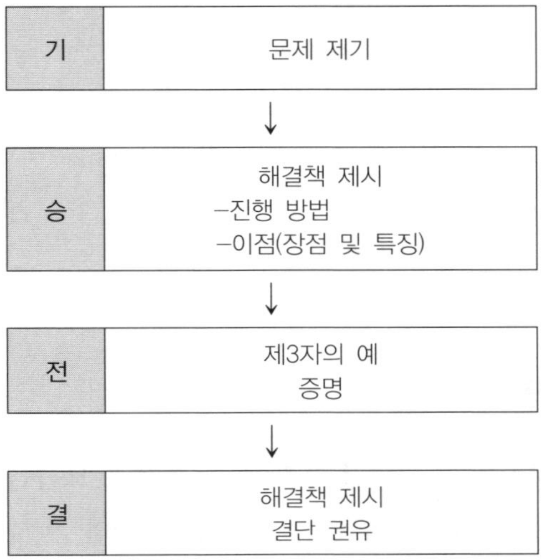

6 프레젠테이션 상황 분석

프레젠테이션을 준비하기 위한 기본 콘텐츠를 모두 만들었으면, 본격적으로 프레젠테이션에 사용할 원고를 작성해야 한다. 하지만 프레젠테이션 원고를 작성하기 전에 청중은 누구인지, 장소는 어디인지, 몇 명의 청중 앞에서 진행해야 하는지 등과 같은 전반적인 상황을 분석할 필요가 있다. 프레젠테이션의 실패 원인 중 하나가 프레젠테이션을 준비하는 과정에서 상황 분석이 제대로 이루어지지 않는 것이다. 예를 들어 일반인들을 대상으로 전문 용어를 사용해 설명하는 것은 자기 과시에 불과하다. 따라서 프레젠테이션 자체가 무의미하고 시간 낭비가 될 뿐이다. 청중을 설득할 수 있는 프레젠테이션을 준비하려면 먼저 방향성과 생명성을 생각하고 청중의 수준과 수를 파악해 어떤 내용을 설명할 것인지 그리고 어떤 언어를 사용할 것인지를 선택해야 한다.

그림 7-5 프레젠테이션 상황 분석

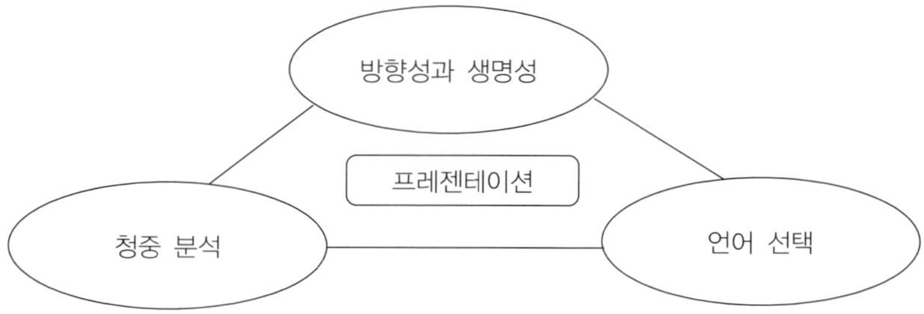

(1) 방향성과 생명성

발표자는 먼저 청중에게 신뢰감과 함께 논리적인 모습을 보여주어야 한다. 발표자의 주장이 올바른 것임을 확인할 수 있도록 방향을 제시하는 것을 프리젠테이션의 '방향성'이라고 한다. 자신 또는 타인의 경험을 근거로 청중이 쉽게 이해할 수 있도록 다른 사실과 비유하거나 예를 들어 설명하고 적절하게 유머를 배치하면서 생동감 있는 프레젠테이션을 만드는 요소를 '생명성'이라고 한다.

생명성과 방향성은 성공적인 프레젠테이션에서 좌우 날개와 같다. 방향성과 생명성 가운데 어느 한 가지만 부족해도 원하는 내용을 청중에게 충분히 전달할 수 없기 때문이다. 방향성과 생명성을 모두 갖춘 프레젠테이션은 발표자의 의사가

그림 7-6 프레젠테이션의 방향성과 생명성

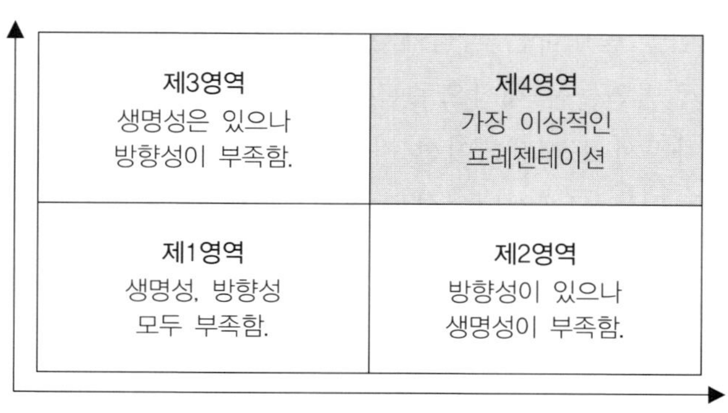

청중에게 더욱 효과적으로 전달되고 청중은 발표자가 설명한 내용을 좀 더 신뢰하게 되기 때문에 가장 이상적인 상황이라고 할 수 있다.

(2) 청중의 수 고려

프레젠테이션에 참가하는 청중의 수도 중요한 고려 사항이다. 청중이 많고 적음에 따라 프레젠테이션의 방법도 달라지기 때문이다.

① 소규모 프레젠테이션

대략 7~20명 정도로 청중의 수가 적은 경우 청중이 프레젠테이션을 좀 더 집중해서 경청할 수 있으며, 발표자는 청중 한 사람마다 시선을 맞춰가며 정신적인 교감을 유지할 수 있다. 따라서 프레젠테이션의 내용을 구체적이고 자세하게 설명하면서 진행할 수 있다. 즉, 수치에 근거한 구체적인 자료를 제시하고, 결론을 내리기 전에 세부적인 사항을 자세하게 설명할 수 있다. 그러므로 원론적인 자료만 준비하는 것보다 구체적인 근거 자료를 충분하게 제시해 프레젠테이션 내용을 풍부하게 전달하는 게 효과적이다.

② 대규모 프레젠테이션

100명 안팎의 대규모 청중에게 프레젠테이션을 진행할 경우 주위가 산만하고 중압적인 분위기가 될 가능성이 많다. 세미나, 강연회, 발표회, 학회, 국제회의 등 대규모 프레젠테이션은 종류와 형식에 따라 다양하다. 이 때 청중은 개인마다 성격이나 취향, 관심사, 소비자 욕구 등 모든 것이 다르기 때문에 청중이 프레젠테이션 내용에 집중할 수 있도록 세심한 주의를 기울여야 한다. 따라서 프레젠테이션을 준비하는 과정에서 많은 양의 텍스트를 넣는 것보다 간단명료한 문체로 내용을 쉽게 전달하는 것이 효과적이다. 또한 이미지와 다양한 도해를 사용해 스크린에서 멀리 떨어진 청중에게도 내용이 제대로 전달되도록 배려해야 한다. 100명 이상의 많은 청중을 대상으로 프레젠테이션을 진행하는 경우에는 갑자기 일어서서 질문을 하거나 프레젠테이션 도중 강의실 밖으로 나가는 등의 예상치 못한 상황이 발생하기 쉽기 때문에 대규모 프레젠테이션을 준비하는 발표자는 언제 생길지 모르는 돌발 상황에 유연하게 대처할 수 있는 자질을 갖추어야 한다.

(3) 청중의 수준 분석

청중의 숫자 못지않게 청중의 수준도 중요한 고려 사항이다. 일반인들을 대상으로 전문적인 내용을 설명하거나 전문가들을 대상으로 일반적인 내용만 설명하는 경우에는 기대하는 프레젠테이션의 성과를 거둘 수 없다.

① 전문가와 비전문가

먼저 청중이 프레젠테이션 내용에 대해 전문적인지 아니면 일반적인지 조사해야 한다. 전문가들을 대상으로 할 경우 최대한 자세하세 설명해야 한다. 전문가들을 대상으로 단지 이런 점이 뛰어나고 저런 점이 효과적이고 대략적인 수준에서 설명하면 아무런 감흥을 얻지 못한다. 반면 비전문가나 일반인을 대상으로 프레젠테이션을 준비하는 경우에는 전혀 다른 자세로 접근해야 한다. 전문 지식이 있어야 이해할 수 있는 내용은 배제하고 되도록 쉽게 설명하는 것이 중요하다. 특히 이해를 돕기 위한 사진이나 일러스트, 입체적인 도형 및 도해를 이용해 쉽고 가볍게 표현해야 한다. 그리고 복잡한 개념은 어려운 내용을 생략한 개념으로 바꿔 표현하고 전문 용어는 되도록 사용하지 않는 것이 좋다.

② 연령에 따른 차이

프레젠테이션 내용에 대한 전문 지식뿐만 아니라 청중의 연령도 고려해야 한다. 일반적으로 연령이 높을수록 보수적인 성향과 표준 지향적인 성향이 크다. 따라서 프레젠테이션을 준비할 때 획기적인 방법이나 독특한 구성, 고정 관념을 뛰어넘는 표현 방식보다 논리적이고 규격화되고 표준에서 벗어나지 않는 표현 방식을 이용하는 것이 효과적이다. 구체적인 수치를 나타내는 데이터나 현실적인 자료를 제시하는 것이 좋다. 강렬한 색상이나 과감한 이미지 또는 복잡하고 화려한 애니메이션보다 안정적이고 이해하기 쉽게 표현한 이미지가 훨씬 효과적이다.

연령이 낮을수록 사고의 범위가 넓고 개방적이며 수용력이 크다. 따라서 획기적인 제안이나 고정 관념을 깨뜨리는 발상으로 프레젠테이션을 준비하는 것이 좋다. 같은 내용이라도 의문형 문장으로 호기심을 불러일으키거나, 강렬한 이미지와 독특한 표현 방식을 사용하는 것이 효과적이다. 결국 젊은 청중을 대상으로 프레젠테이션을 준비할 때에는 그들만이 가진 자유로운 사고를 이용하는 것이 좋다. 또한 청중이 느끼는 심리, 그들이 잘 쓰는 유행어, 관심사 등을 통해 쉽게 공감대를 느낄 수 있도록 배려해야 한다.

③ 청중의 요구와 관심

프레젠테이션을 준비하는 과정에서도 수정할 필요가 있다. 청중이 무엇을 궁금해 하는지 정확히 조사하고 분석해 해결책을 제시하면 더할 나위 없이 성공적인 프레젠테이션이 될 것이다. 따라서 항상 청중이 요구하는 것, 관심이 있는 것이 무엇인지 조사한 다음, 적절한 해결책을 제시하는 방향으로 프레젠테이션을 구성해야 한다.

그림 7-7 청중의 요구 파악 및 해결책 제시

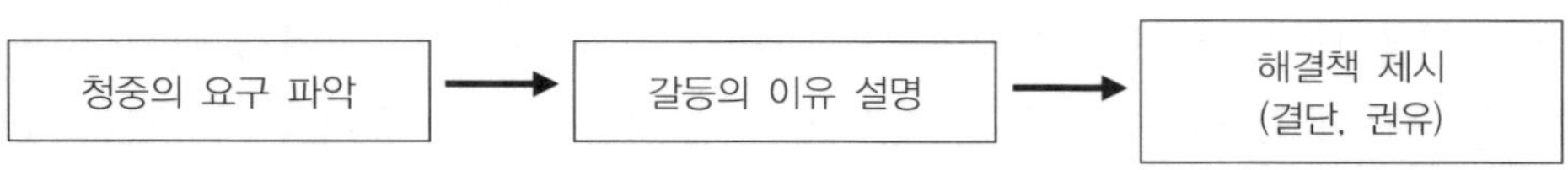

(4) 사용할 어휘의 선택

프레젠테이션을 진행하는 데 사용할 어휘를 성의 없이 골라 오랫동안 고민해서 준비한 프레젠테이션 내용이 평범한 수준으로 전락하는 경우가 많다. 신중하게 선택한 어휘는 그 자체가 생명력을 갖기 때문에 청중의 이해를 돕는 중요한 수단이 된다.

① 본인이 아는 가장 간결하면서도 직접적인 어휘를 사용

언어는 듣거나 읽는 사람이 자신의 처지에서 해석하는 상징이라는 점에 유념해야 한다. 사람들은 자기가 가장 잘 아는 말을 가장 빠르고 쉽게 이해한다.

② 짧은 문장을 사용

청중은 발표자가 하는 말을 계속 따라가면서 들을 수밖에 없기 때문에 설명이 길어지면 앞에서 설명한 내용을 제대로 기억하지 못한다. 가급적 짧은 문장을 활용해 내용을 전달하도록 노력해야 한다.

③ 적당한 유머의 사용

유머를 사용하면 청중은 더욱 쉽게 프레젠테이션 내용에 집중하게 된다. 하지만 지나치게 유머를 많이 사용하거나 빈정대는 유머를 사용할 경우에는 역효과를 볼 수 있다. 특히 빈정대는 식의 유머를 사용할 경우 청중은 거부감을 갖고 반발하게 된다.

④ 생동감 있는 은유, 직유, 유추를 사용

심리학자들에 의하면 사람들은 자신이 경험한 것을 가장 잘 이해한다고 한다. 아무리 복잡하고 어려운 이야기라도 적절한 비교와 비유를 사용한다면 그 뜻을 명확하게 전달할 수 있다.

⑤ 전문 용어나 속어는 필요한 경우에만 사용

일반인을 대상으로 프레젠테이션을 준비하는 경우에 전문적인 용어를 사용하는 것은 금물이다. 하지만 청중의 특성에 따라 적절한 전문 용어를 사용하는 것이 효과적일 때도 있다.

7 세부 목차 만들기

(1) 원고 작성 순서

자료 수집과 분석, 핵심 주제 및 목표 설정, 기본 콘텐츠 작성, 프레젠테이션 상황 분석 등의 작업은 프레젠테이션 원고 작성을 위한 준비 과정이다. 원고 작성을 위한 우선적 과제는 기본 콘텐츠인 서론, 본론, 결론을 토대로 좀 더 세부적인 내용을 구분해 세분 목차를 만드는 것이다. 세부 목차의 각 항목별 원고를 만들어 프레젠테이션 슬라이드에 맞는 형태로 다듬는 작업을 진행해야 한다.

그림 7-8 프레젠테이션 원고 작성 순서

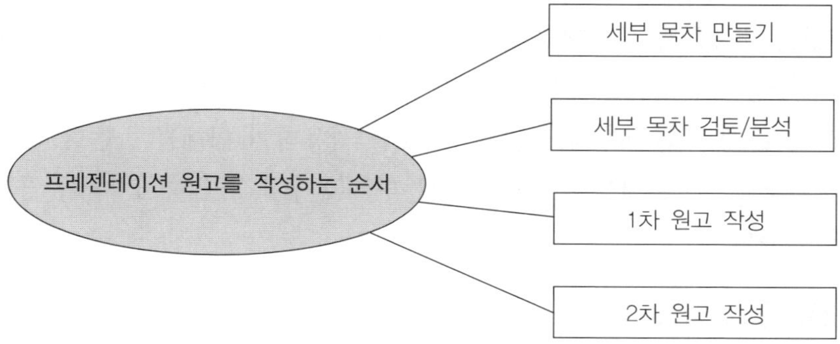

(2) 세부 목차 만들기

세부 목차는 프레젠테이션을 구성하는 기본 단위이다. 원고를 쓰고 프레젠테이션 슬라이드를 제작하는 과정은 모두 세부 목차를 중심으로 진행된다. 중복적이거나 불필요한 내용으로 인해 전체 프레젠테이션의 조화와 균형이 깨지지 않도록 필요한 내용을 중심으로 세부 목차를 구성해야 한다. 우선 프레젠테이션에서 다룰 세부 내용에 대해 최대한 자세히 나열한 초안을 작성한다. 그리고 자세히 나열된 세부 내용들을 서론, 본론, 결론으로 나누어 다시 배치한다. 세부 목차 초안을 살펴보면서 필요한 제목인지 판단해 관련 있는 여러 내용을 하나의 제목으로 묶으면서 세부 목차를 적절한 수준으로 줄여 나간다. 그런 다음 각 세부 목차를 단어 2~3개 정도의 문장으로 요약해 청중이 무슨 내용인지 쉽게 알아볼 수 있도록 수정한다. 마지막으로 세부 목차를 정한 다음 세부 목차가 서론, 본론, 결론에 걸맞은 내용을 제대로 담고 있는지 검토한다.

8 원고 작성하기

(1) 1차 원고 작성

1차 원고는 일단 세부 목차를 기준으로 제목에 맞는 내용을 서술형 문장으로 작성한다. 일단 체계적으로 내용을 요약한다는 느낌보다는 자유롭게 필요한 내용을 서술한다는 느낌으로 작성한다. 1차 원고를 작성할 때는 세부 목차의 각 항목에 담을 수 있는 내용을 풍부하게 서술하는 것이 좋다. 다음은 1차 원고 작성 시 다섯 가지 유의 사항이다. ① 원고 내용이 주제와 목표에 벗어나지 않도록 한다. ② 문장은 되도록 짧게 표현한다. ③ 비유나 예시를 사용하여 이해를 돕는다. ④ 특별한 경우가 아니면 전문 용어를 사용하지 않는다. ⑤ 구체적인 수치 자료, 근거 등을 충분하게 담는다.

(2) 2차 원고 작성

1차 원고를 모두 작성했으면, 각 내용을 청중에게 효과적으로 전달할 수 있도록 요약하고 압축해 2차 원고를 작성한다. 중복된 내용들은 하나로 묶고, 강조할 문구와 그렇지 않은 문구를 구분해 불필요한 내용은 과감하게 버리는 결단력이 필요하다. 수집한 자료들을 필요한 곳에 적절하게 배치해 청중의 이해를 돕는 역동적인 프레젠테이션이 되도록 한다.

제 4 절 슬라이드 디자인

1 프레젠테이션 디자인

(1) 레이아웃에 대해 고민

레이아웃이란 주로 책과 신문 등의 종이 매체에서 제한된 공간에 문자, 그림, 기호, 사진 등을 효과적으로 배치하는 작업이다. 프레젠테이션 슬라이드 역시 직사각형의 제한된 공간에 원고 내용을 도형과 그림, 사진 등을 이용해 적절하게 배치해야 하므로 레이아웃에 대한 고민이 필수적이다. 레이아웃에서 가장 중요한 원칙은 청중이 슬라이드를 보았을 때 발표자가 전달하려는 내용을 얼마나 직관적이고 명쾌하게 이해할 수 있는가이다.

(2) 프레젠테이션 디자인 과정에서 주의할 점

① 철저한 설계도

프레젠테이션 슬라이드 또한 철저한 계획 없이 효율적인 디자인이 나오지 않는다. 각 슬라이드마다 어떤 원고 내용을 어떤 방식으로 구현할 것인지 철저하게 설계한 다음, 디자인 작업에 들어가는 것이 좋다.

② 내용은 되도록 적게 넣는다.

종이에 인쇄할 문서를 만드는 것이 아니라면 한 개의 슬라이드에 이것저것 내용을 많이 넣지 않는 게 좋다. 그리고 텍스트는 간결하고 짧게 끊어 입력하도록 한다. 한 개의 슬라이드에 너무 많은 내용을 넣으면 청중은 핵심 내용이 무엇인지 찾지 못해 당황하게 된다.

③ 여백의 아름다움을 살리자

프레젠테이션 슬라이드에는 적당한 빈 공간이 있어야 보기 좋다. 너무 꽉 차서 숨막히는 화면 구성은 청중에게 여유 없는 사람과 대면한 것 같은 부담감을 주게 된다.

④ 목적에 부합하는 이미지를 사용하자

프레젠테이션 내용에 맞는 이미지를 적절하게 사용하면 원하는 정보나 의견을 청중에게 더욱 쉽게 전달할 수 있지만, 프레젠테이션 내용과 별 관련 없는 이미지를 남용하면 오히려 원고 내용을 전달하는 데 역효과가 날 수 있다.

⑤ 배경 색상을 될 수 있으면 어둡게 하자

파워포인트를 이용해 슬라이드를 만들 때 기본적으로 제공 되는 흰색의 바탕색을 별 고민 없이 사용하는 것이다. 하지만 어두운 장소에서 스크린에 슬라이드를 비추는 일반적 프레젠테이션에서는 흰 바탕에 검정색 글자보다 바탕에 흰색 글자가 훨씬 눈에 잘 띄게 된다. 따라서 어두운 공간에서 여러 사람을 대상으로 진행하는 프레젠테이션을 준비하는 경우에는 배경 색상을 어두운 색으로 사용하는 것이 좋다.

⑥ 읽는 사람의 눈에 고통을 주지 말자

화려하고 자극적인 디자인이 반드시 효과적인 것은 아니다. 너무 강렬한 색상과 화려한 디자인이 오히려 청중에게 고통스러울 수도 있다.

2 프레젠테이션 슬라이드 디자인

(1) 프레젠테이션 디자인의 특성: 도해를 이용해라

프레젠테이션 슬라이드를 디자인할 때는 단순하게 원고를 적절하게 배치하는 것만 고민하면 안 된다. 직사각형의 슬라이드 공간을 완전히 새로운 공간으로 창조할 수 있도록 도형과 차트, 그림과 사진 사운드와 동영상 자료 등을 적절하게 배치하면서 전체적으로 통일된 질서를 유지할 수 있는 종합적인 구성력과 조합 능력이 필요하다. 도해를 적절하게 활용해 원고 내용을 표현하는 능력은 프레젠테이션 디자인에서 핵심이 되는 부분이다.

일반적으로 프레젠테이션이란 어떤 형태이든 자신이 가진 정보나 의견을 청중에게 전달하는 행위이다. 그러다 보니 문장으로 길게 나열되어 있는 원고는 기호, 표, 도형, 차트 등의 도해를 활용해 청중이 직관적으로 이해할 수 있도록 슬라이드를 디자인해야 한다. 결국 개념을 도해로 표현하는 몇 가지 원칙을 이해하고 원 내용에 따라 적용한 도해 형태를 고민하면 누구라도 생각하는 바를 도해로 표현할 수 있다.

(2) 도해의 3단계

문장으로 이루어진 프레젠테이션 원고를 도해로 표현하는 과정은 다음 [그림 7-9]와 같은 세 단계로 나누어 생각할 수 있다.

① 1단계: 키워드 추출하기

문장으로 작성된 프레젠테이션 원고에서 핵심 내용을 이루는 키워드를 추출하는 단계이다.

그림 7-9 도해의 3단계

② 2단계: 도해 패턴 적용하기

추출된 키워드에 알맞은 도해 패턴을 적용하는 단계이다. 원고를 도해로 만들 때 가장 기본적인 원칙이 있다면 숫자 정보는 그래프, 문자 정보는 차트로 만드는 것이 좋다. 도해화 작업의 목적은 프레젠테이션의 핵심 내용을 쉽게 이해할 수 있는 형태를 선택해야 한다.

③ 3단계: 수정/보완하기

선택한 도해 형태가 의도한 바를 제대로 표현하고 있는지 확인하면서 수정/보완하는 단계이다. 청중의 입장에서 도해의 형태를 살펴보면 필요 이상의 도해를 사용한 부분도 있고, 도해가 필요한 부분을 문장으로 내버려 둔 곳도 있다. 이러한 부족한 부분들을 수정/보완하면 더욱 완성도 높은 프레젠테이션 슬라이드를 디자인할 수 있다.

(3) 일반적인 도해 유형

① 기본적인 여섯 가지 유형의 도해

대부분의 원고 내용은 대략 아래와 같은 여섯 가지 도해 형태로 표현이 가능하다. 여섯 가지 도해 형태와 해당 도해가 표현할 수 있는 데이터의 유형을 정리하면 다음 [그림 7-10]과 같다.

그림 7-10 기본적인 여섯 가지 유형의 도해

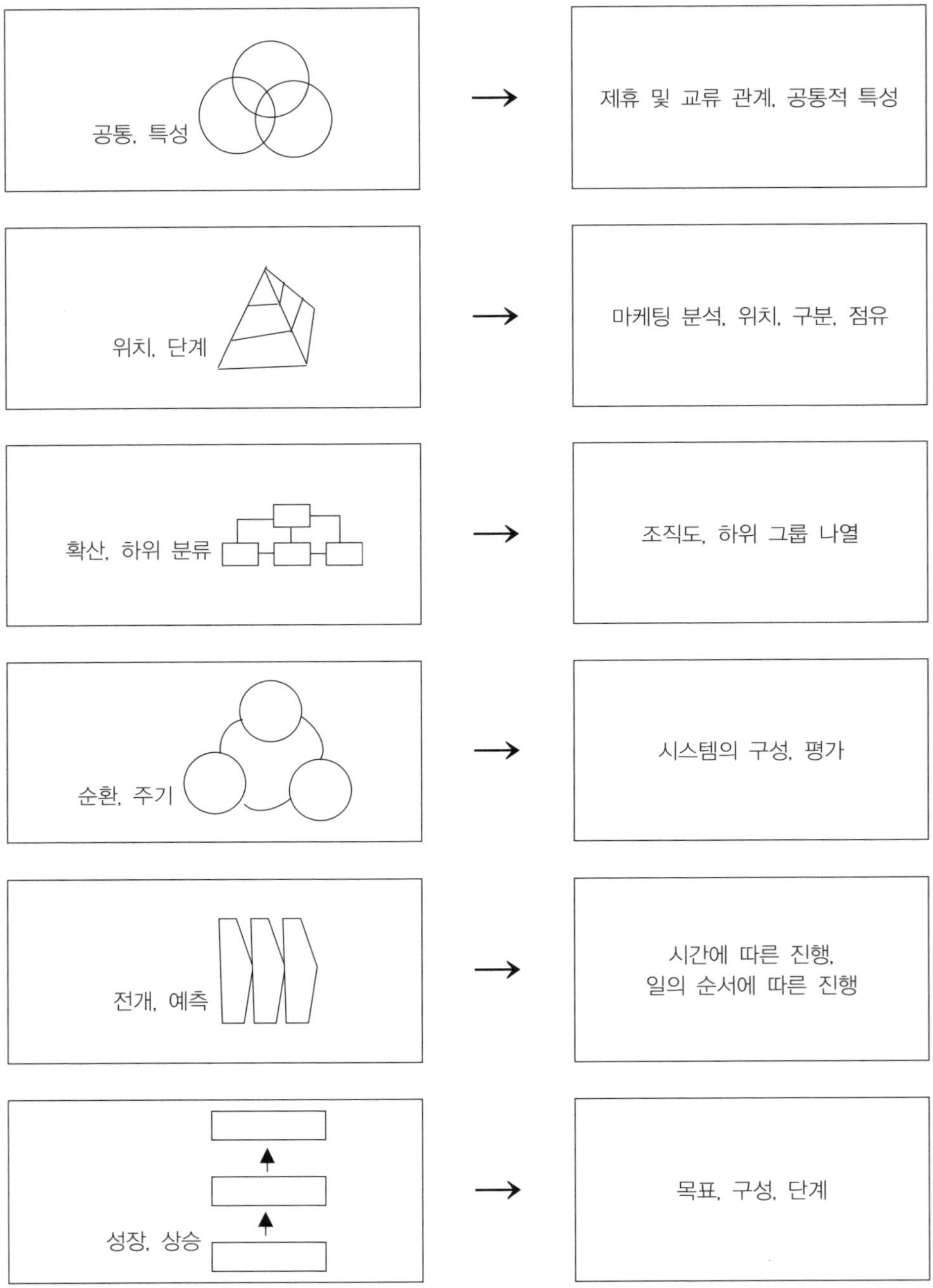

(4) 일반적인 시선의 흐름

원고를 도해로 표현할 때 가장 자연스러운 시선의 흐름은 [그림 7-11]에서 보는 바와 같이, 왼쪽 상단에서 중앙 아래쪽으로 이동하는 것이다. 그러므로 애니메이션 효과나 텍스트 및 도형을 배열할 때에 이 점을 고려하면서 청중이 오래 기억할 수 있는 시각 자료를 제작할 수 있다.

그림 7-11 일반적인 시선의 흐름

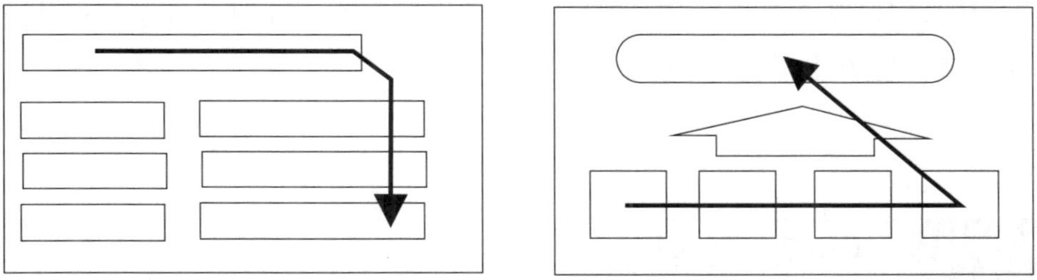

3 슬라이드 스케치 및 스토리 보드 만들기

슬라이드 스케치(slide sketch) 및 스토리 보드(story board)란 작성된 원고를 토대로 원하는 내용을 청중에게 알기 쉽게 전달하려면 슬라이드를 어떤 형태로 디자인해야 하는지 미리 초안을 잡아 보는 과정을 말한다.

4 슬라이드 디자인 실습하기

(1) 명사형 텍스트 사용하기

프레젠테이션 슬라이드에 담긴 내용은 간결하고 짧을수록 좋다. 따라서 원고가 서술형으로 작성되어 있다면 서술형 문장에서 중요한 단어들만 뽑아 명사형 문장으로 짧게 정리한다. 그런 다음 정리한 문장을 각종 도형과 화살표를 이용해 효과적으로 배치하고, 글머리 표를 달아 항목별로 구분해 주는 것이 좋다.

(2) 도해를 이용한 입체적인 구성

텍스트를 순서대로 나열하는 평면적인 구성보다 원고 내용의 강약과 배치에 변화를 주는 등 내용을 입체적으로 구성하면 전달하려는 바를 훨씬 효과적으로 표현할 수 있다.

(3) 숫자를 비교할 때는 그래프를 사용

숫자 데이터를 이용하는 경우에는 평면적인 도표에 숫자 데이터를 입력하는 것보다 그래프를 이용하는 것이 효과적이다.

제 5 절 파워포인트 실습

1 프레젠테이션 프로그램

(1) 프레젠테이션 프로그램의 의미

프레젠테이션 프로그램은 발표자가 자신의 의견이나 업무의 결과를 많은 청중 앞에서 알리고 나아가 동의를 구하는 중요한 작업을 도와주는 브리핑용 프로그램을 의미한다. 이러한 프레젠테이션 프로그램에는 마이크로소프트의 PowerPoint 외에도 Asymetrix의 Compel 등을 들 수 있다. 파워포인트는 일반적은 멀티미디어 프레젠테이션에 적합하고, Compel은 일반적인 프레젠테이션 제작에서는 파워포인트보다 다소 불편하나 애니메이션(animation) 기능이 강조되어 화려한 발표 자료를 만들고자 할 경우 사용된다.

(2) 파워포인트의 기능

파워포인트는 워드프로세서의 기능을 사용할 수 있을 뿐 아니라, 자체 도구를 통한 간단한 그림의 작성, 외부 응용 프로그램에 의해 만들어진 그림의 삽입도 가능하다. 그리고 자주 사용하는 서식 및 도표, 조직도, 그래프 등을 자체적으로 지원해 자주 사용하는 형태의 자료를 간편하게 만들 수 있다 이를 통해 프레젠테이션의 초안에서부터 OHP 필름, 35mm 슬라이드, 유인물, 노트 등을 자유자재로 만들어낼 수 있을 뿐만 아니라 LCD를 이용해서 컴퓨터 화면을 직접 스크린에 투사해 이용할 수 있다. 화면 간의 전환 기능도 애니메이션 기능을 사용해 좀 더 동적인 표현을 가능하게 한다. 애니메이션 효과와 관련해 비디오 파일의 삽입도 가능하다. 여기에서는 이와 같이 일반적으로 널리 보급되어 사용되고 있는 파워포인트를 중심으로 기술하고자 한다.

2 프레젠테이션의 구성 요소 및 유의 사항

파워포인트는 프레젠테이션을 하기 위한 도구이다. 파워포인트는 정해진 형식이 없기 때문에 슬라이드를 어떻게 구성하는가에 따라 많은 차이가 발생한다. 완벽에 가까운 슬라이드를 만들기 위해서는 몇 가지 유의할 사항이 있는데 열거해 보면 다음과 같다.

(1) 구성 요소

① 텍스트

프레젠테이션에서 텍스트 정보는 가장 기본적으로 사용된다. 그러나 프레젠테이션은 짧은 시간에 강한 메시지를 전달해야 되므로 한 화면에 너무 많은 텍스트 정보를 포함하면 주어진 시간 내에 정보를 읽을 수 없게 된다. 또한 많은 텍스트 정보를 사용하면 글자가 작아지기 때문에 가독성(可讀性) 또한 떨어진다. 따라서 본문은 최대 7줄을 넘지 않도록 하는 것이 좋다.

폰트는 발표 시 텍스토의 인식 정도에 영향을 준다. 제목의 경우에는 돋움체나 굴림체를 사용하도록 하며 어떠한 경우에도 제목이나 본문에 궁서체를 사용하는 것을 피하는 것이 좋다. 또한 하나의 프레젠테이션에서 너무 많은 폰트를 사용하지 않아야 한다. 장소를 이동해 발표할 경우 발표 장소의 시스템에 프레젠테이션에 사용하는 폰트가 설치되어 있지 않을 경우가 있으므로 특수한 효과를 필요로 하지 않는 한 윈도우에서 기본으로 제공하는 폰트를 사용하는 것이 바람직하다.

② 그래픽

그래픽이나 도표를 사용하면 프레젠테이션의 효과가 극대화될 수 있다. 텍스트로 표현하는 것보다 하나의 도표가 더 효율적인 경우가 많다. 또한 그래픽은 배경화면으로 사용해 그 효과를 더하기도 한다. 프레젠테이션에서는 일반적으로 사용하는 전문적인 그래픽 프로그램으로 제작된 그래픽 파일을 들여와 사용하거나 프레젠테이션 프로그램에서 기본적으로 제공되는 그래픽 편집 기능을 이용해서 직접 제작해 사용한다. 자주 사용할 가능성이 있는 그래픽의 경우 소프트웨어에 기본적으로 제공되는 클립 아트(clip art)만을 사용할 경우 화면의 신선감이 떨어지기 때문에 다른 클립아트를 활용하는 것이 바람직하다. 따라서 프레젠테이션 준비 전에 사용될 클립을 미리 준비해서 제작 시간을 단축하는 것도 그래픽을 사용하는 데 도움이 된다.

③ 사운드

프레젠테이션은 발표자가 직접 발표하는 경우와 사용자가 대화 형태로 진행하는 두 가지 경우가 있다. 사용자가 혼자 사용할 경우에는 내용을 설명하는 해설이 포함된 프레젠테이션이 적합하나, 발표자가 직접 진행하는 경우에 사운드의 사용은 극적인 상황을 연출할 경우를 제외하고는 사용하지 않는 것이 좋다. 혹시라도 사운드를 사용할 경우에는 주로 배경 음악을 MIDI 또는 CD-DA를 사용해 시스템에 부담을 주지 않도록 한다.

④ 비디오

프레젠테이션의 내용 구성에서 실제적인 작업 활동 장면의 비디오를 활용하면 효과적인 프레젠테이션을 구성할 수 있다. 프레젠테이션에 사용되는 비디오는 준비된 비디오를 캡처해서 제작한다. 특히 제품 발표회와 같이 비용을 아끼지 않아도 되는 프레젠테이션에서 비디오의 사용은 극적인 효과를 얻을 수 있다.

(2) 유의 사항

① 바탕색과 글자색은 대비색을 사용하라

글자색과 슬라이드 바탕색 또는 글상자, 도형색이 비슷하면 LCD Projector를 사용해 프레젠테이션을 할 때 글자색이 잘 안 보이게 된다. 그러므로 글자색과 바탕색은 과감하게 대비색을 쓰는 것이 효과적이다.

② 제목은 WordArt를 사용하라

처음 슬라이드는 보통 제목이나 주제 그리고 발표자의 이름을 적는 것이 일반적이다. 따라서 첫 슬라이드는 WordArt를 사용해 과감하게 표현하는 것이 좋다.

③ 글자를 너무 많이 넣지 마라

프레젠테이션의 가장 중요한 목적은 내용 전달이다. 따라서 파워포인트는 이런 발표를 할 때 내용을 효과적으로 전달하기 위한 도구이며 한눈에 슬라이드의 내용이 파악되어야 한다. 그러므로 슬라이드에 되도록 글자를 장황하게 넣기보다는 핵심 단어를 뽑아 최소한의 글자만으로 한눈에 내용 파악이 용이하도록 구성해야 한다.

④ 한 슬라이드에 너무 많은 색을 사용하지 마라

슬라이드 한 장에 너무 많은 색을 사용하면 오히려 이목을 분산시키고 눈을 피로하게 만들 수 있다. 따라서 한 슬라이드에 4~5가지 색 이상을 사용하지 않는 것이 좋다.

⑤ 애니메이션을 적용은 되도록 적게 하라

애니메이션을 잘 사용하면 사람들의 이목을 집중시키는 데 효과적일 수 있다. 그러나 너무 많은 애니메이션의 적용은 오히려 집중력을 떨어뜨릴 수 있다. 글자 단위보다는 글상자 중심으로 애니메이션을 적용하고 소리는 되도록 적용하지 않는 것이 좋다. 왜냐하면 소리가 오히려 발표에 방해가 될 수 있기 때문이다. 그리고 꼭 필요한 곳에만 애니메이션을 적용하는 것이 효과적이다.

지금까지 파워포인트의 기능에 대해서 기본적이고 개략적인 방법만을 알아보았다. 파워포인트의 기능은 이외에도 여러 가지가 있다. 다른 여러 기능에 대해서는 파워포인트 관련 책자에 잘 나와 있으므로 이를 이용하기 바란다.

파워포인트를 이용해 멋진 슬라이드를 만들기 위해서는 잘된 슬라이드를 많이 접해 보고 따라해 보는 것이 가장 좋다. 모든 프로그램이 그러하듯이 파워포인트 역시 능숙하게 다루기 위해서는 연습밖에 없다. 파워포인트는 자기만의 방식으로 표현이 가능하기 때문에 지루하지 않게 배울 수 있을 거라 생각한다. 관심을 가지고 꾸준히 연습하면 자기도 모르는 사이에 멋진 슬라이드를 만들어 좋은 프레젠테이션을 하게 될 것이다.

3 파워포인트의 기본 조작

(1) 파워포인트의 화면

파워포인트의 2010버전을 실행하면 [그림 7－12]와 같은 초기 화면이 뜬다.

그림 7-12 파워포인트의 초기 화면

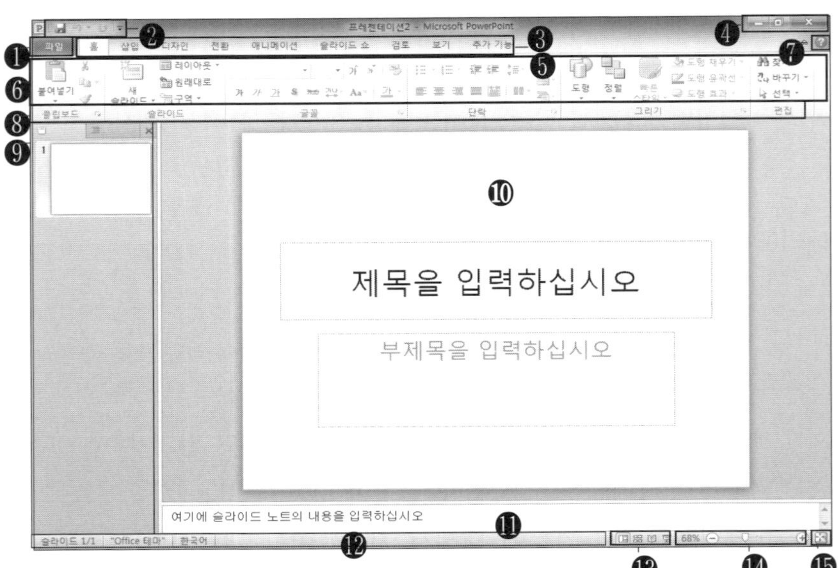

파워포인트의 화면을 구성하고 있는 요소들을 각각 살펴보면 다음과 같다.

❶ Office Backstage 보기: 클릭하면 파워포인트 2010 메뉴를 볼 수 있다.
❷ 빠른 실행 도구 모음: 파워포인트에서 자주 사용하는 명령들을 모아놓은 것이다.
❸ 제목 표시줄: 현재 작업 중인 프레젠테이션 파일명을 표시한다.
❹ 화면 조절 단추: 파워포인트 작업 창이나 프로그램 창을 최소화/최대화시키거나 종료한다.
❺ 리본 메뉴 탭: 작업 유형별로 리본 메뉴들을 모아놓은 것이다.
❻ 리본 메뉴: 선택한 리본 메뉴 탭에 해당하는 여러 명령을 모아놓은 것이다.
❼ 도움말 아이콘: 클릭하면 파워포인트 2010 온라인 도움말을 볼 수 있다.
❽ 그룹 이름: 리본 메뉴 안의 명령을 기능별로 혹은 다른 구분 기준에 따라 그룹으로 묶어놓은 것이다.
❾ 슬라이드 및 개요 탭: [슬라이드] 탭을 클릭하면 각 슬라이드의 축소판 그림을 표시하고, [개요] 탭을 클릭하면 슬라이드의 텍스트를 표시한다.
❿ 슬라이드 창: 슬라이드를 직접 편집하는 영역이다.
⓫ 슬라이드 노트: 슬라이드 내용에 대한 부연 설명을 입력하는 영역이다.
⓬ 상태 표시줄: 현재 보고 있는 슬라이드 번호 등과 같은 부가 정보를 표시한다.
⓭ 화면 보기 단추: 파워포인트 화면 보기를 세 가지 형태로 바꿀 수 있다.
⓮ 화면 크기 조절 도구: 직접 화면 배율 크기를 입력하거나, 슬라이드 막대를 움직여서 슬라이드 창에 표시된 슬라이드의 크기를 조절한다.
⓯ 창 크기 맞춤 단추: 클릭하면 현재 프로그램 창에 맞게 슬라이드 크기를 자동 조절한다.

(2) 화면 보기 바꾸기

파워포인트의 리본 메뉴 중 [보기]를 클릭하면 다음 [그림 7-13]과 같이, 여러 가지의 보기 형식, 즉 좌측 상단 기본, 여러 슬라이드, 읽기용 보기 등을 선택할 수 있다. 또한 우측 하단에 작은 아이콘 메뉴를 눌러서 선택할 수도 있다. 다만, 좌측 상단의 읽기용 보기와 연결된 우측 하단의 슬라이드 쇼 보기는 슬라이드 쇼를 본다는 기능에서는 같지만 읽기용 보기에서 두 개의 슬라이드 쇼를 동시에 볼 수 있다는 점에서 차이가 있다.

그림 7-13 보기 메뉴

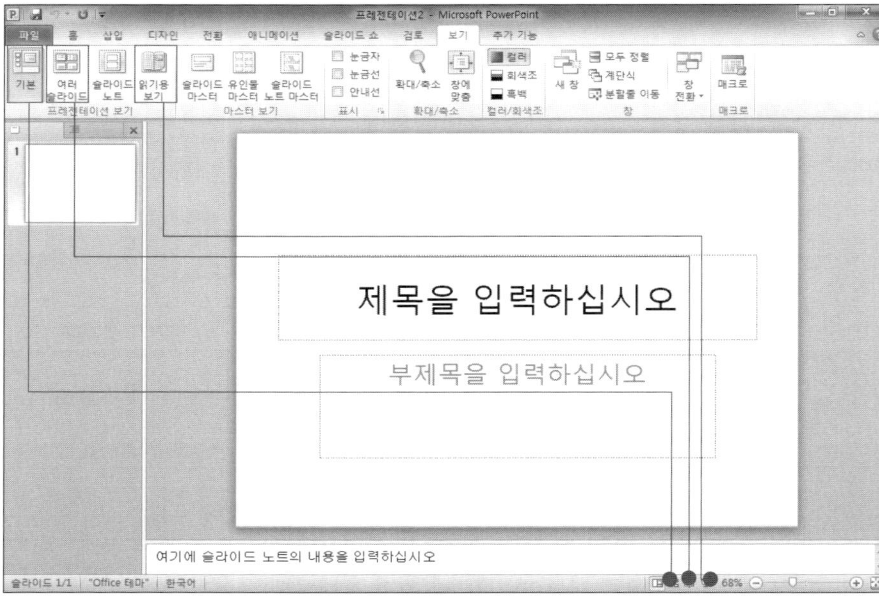

(3) 개요 및 슬라이드 탭

기본 보기 메뉴 상태에서 개요 및 슬라이드 탭을 사용해 프레젠테이션을 구성하고 전개한다. 프레젠테이션의 모든 텍스트를 입력하고 글머리 기호, 단락 및 슬라이드를 다시 배열할 수 있다. 개요 및 슬라이드 탭은 개요 보기와 슬라이드 보기 두 가지로 나뉘어 있다([그림 7－14] 참조). ① 개요 내용을 한눈에 보려면 기본 보기 창에서 [개요] 탭을 선택한다. ② 슬라이드의 내용을 보고자 할 때 [슬라이드] 탭을 선택한다.

그림 7-14 개요 보기와 슬라이드 보기

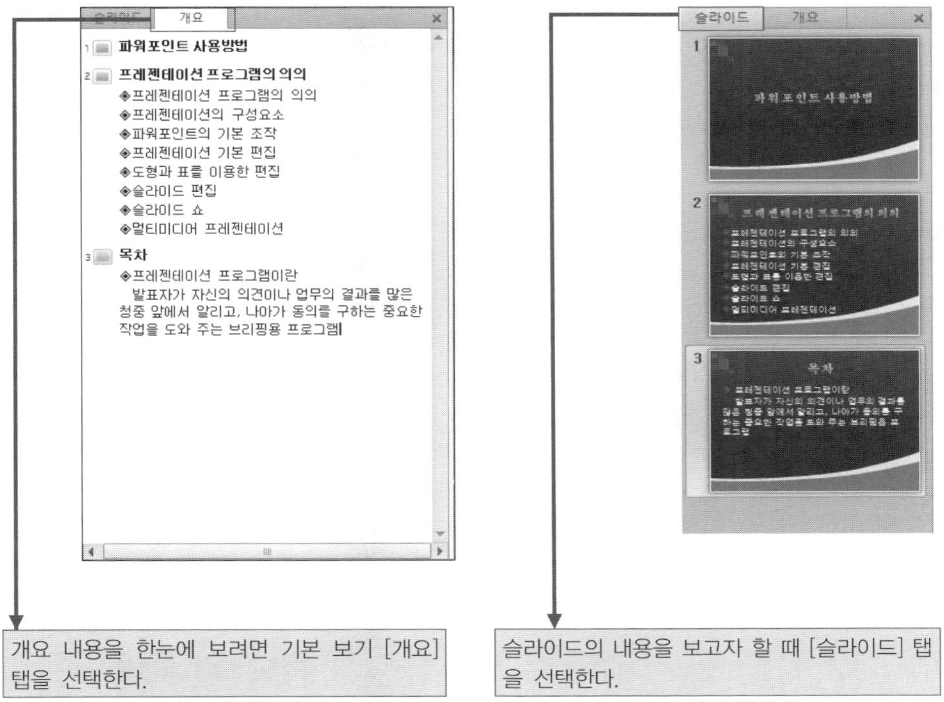

(4) 슬라이드 창

슬라이드 창에서는 각 슬라이드에서 텍스트가 어떻게 보이는지 볼 수 있다. 각 슬라이드에 그래픽, 동영상 및 소리를 추가하고 하이퍼링크를 만들고 애니메이션을 추가할 수 있다.

(5) 슬라이드 노트 창

슬라이드 노트 창을 사용해서 청중과 공유할 연설자 노트나 정보를 추가할 수 있다. 슬라이드 노트에 그래픽을 추가하면 슬라이드 노트 보기에서 슬라이드 노트를 추가해야 한다. 내용이 많은 슬라이드 노트의 내용을 입력하거나 수정할 때에는 [보기] 탭에서 [슬라이드 노트]를 통해 작업하는 것이 편리하다.

① 슬라이드 노트의 작성

슬라이드 노트의 작성은 [그림 7-15]에서 보는 바와 같이, 다음과 같은 과정을 거친다. 첫째, [보기]-[슬라이드 노트]를 선택한다. 둘째, 슬라이드 노트의 내용을 입력한다. 셋째, 원하는 화면 크기 및 화면을 설정한다. 넷째, 완성된 슬라이드 노트를 확인한다.

그림 7-15 슬라이드 노트의 작성

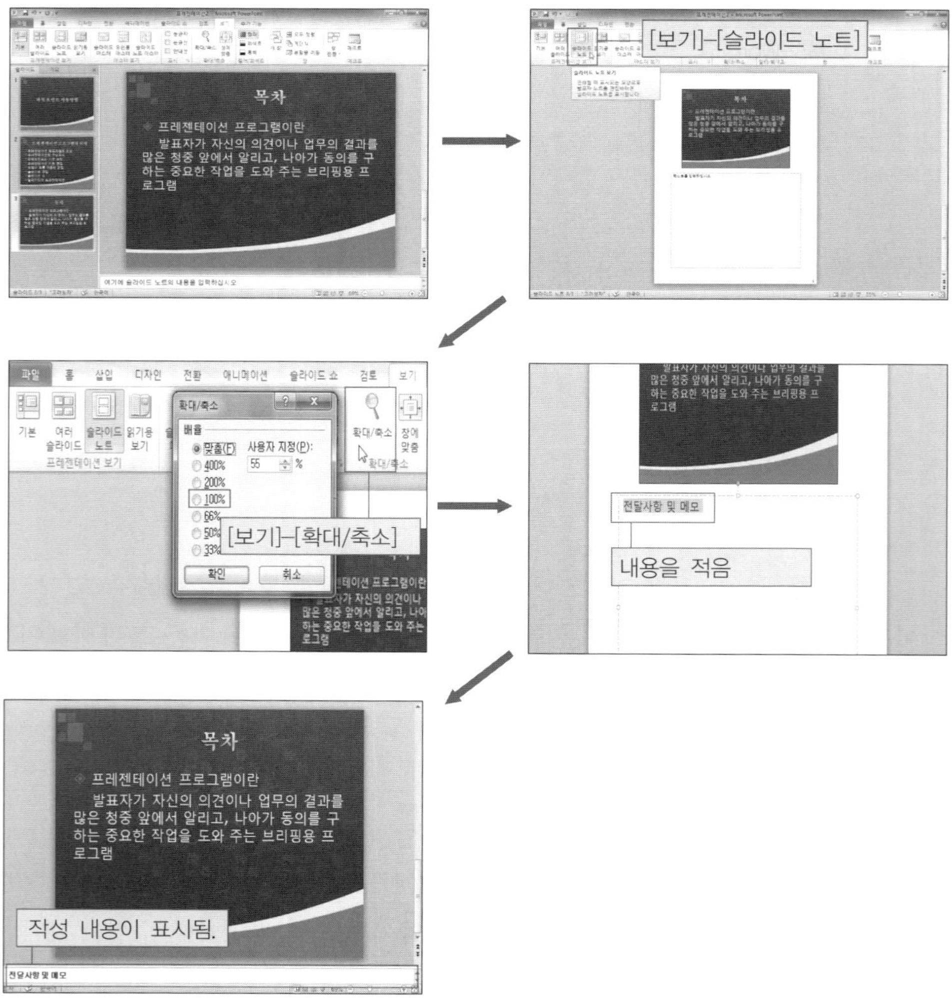

② MS-Word를 이용한 보고서 작성

파워포인트는 기본적으로 MS-Word와 호환이 되도록 프로그래밍되어 있고, 슬라이드 및 슬라이드 노트를 MS-Word로 보내 작업할 수 있다. MS-Word로 슬라이드 및 슬라이드 노트를 전달하기 위해서는 [그림 7-16]에서 보는 바와 같이, 첫째, [Office Backstage 보기]-[옵션]-[빠른 실행 도구 모음]-[모든 명령]에서 [Microsoft office word에서 유인물 만들기]를 추가시키면 우측 상단에 아이콘이 활성화된다. 둘째, 설명문의 위치를 설정한다. 셋째, 보고서를 확인한다.

그림 7-16 MS-Word를 이용한 슬라이드 보고서 작성

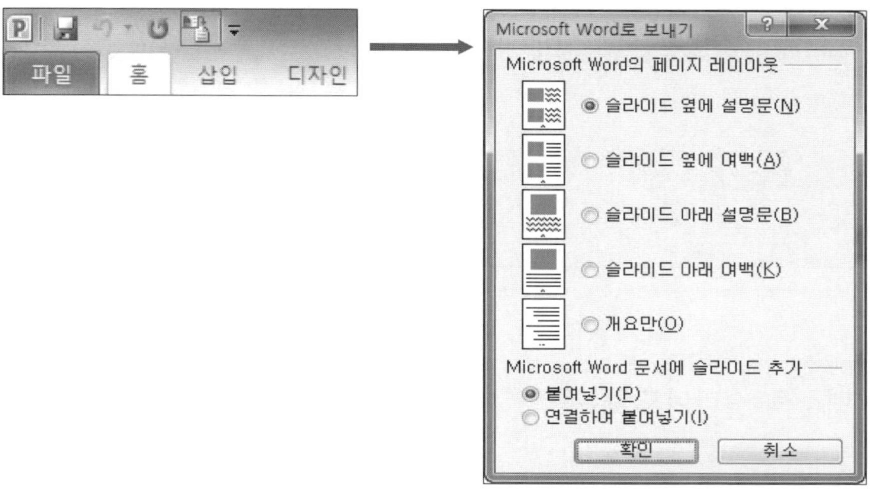

(6) 여러 슬라이드 보기

여러 슬라이드 보기에서는 다음 [그림 7-17]과 같이, 화면에 작게 표시된 프레젠테이션의 모든 슬라이드를 동시에 볼 수 있다. [보기]-[여러 슬라이드] 보기를 사용해서 슬라이드를 쉽게 추가, 삭제, 이동하고 추가하고 여러 슬라이드 도구 모음을 이용해 슬라이드에서 슬라이드로 이동할 때 애니메이션 화면 전환을 선택할 수 있다. 또한 미리 볼 슬라이드를 선택한 다음 슬라이드 쇼 메뉴의 애니메이션 미리 보기를 클릭해서 여러 슬라이드의 애니메이션을 미리 볼 수 있다.

그림 7-17 여러 슬라이드 보기

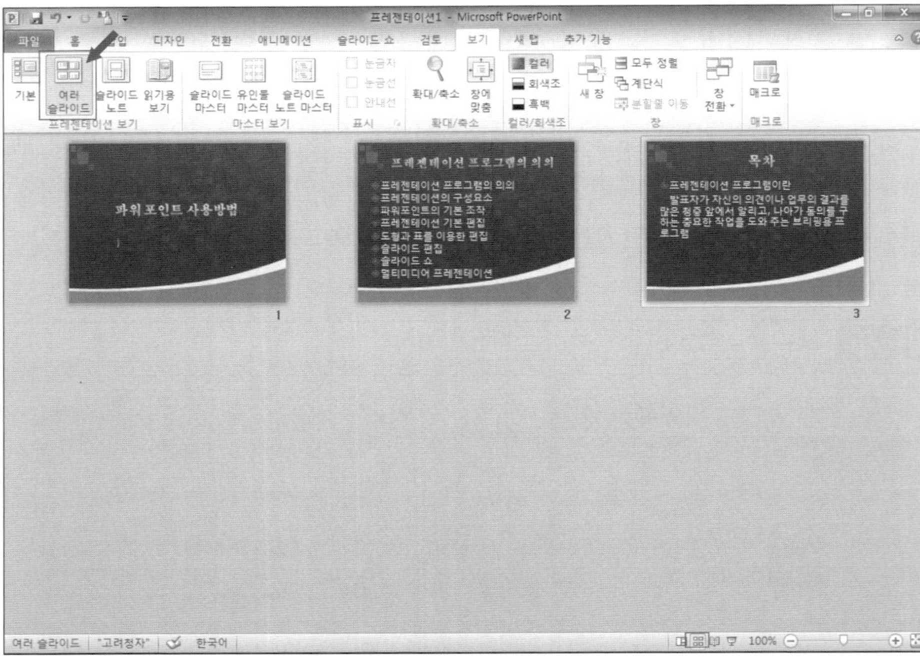

4 텍스트 슬라이드의 구성

프레젠테이션을 구성할 때 가장 기본이 되는 슬라이드는 텍스트로 구성되는 슬라이드이다. 텍스트 슬라이드를 구성할 때 주의할 점은 간결하면서도 명료하게 내용을 포괄할 수 있는 핵심 단어로 구성할 수 있다. 텍스트로 구성하면 자주 사용되는 도구는 워드 아트(word art) 및 기타 글꼴에 대한 기본적인 지식을 가지고 구성해야 한다.

(1) 텍스트 슬라이드 구성

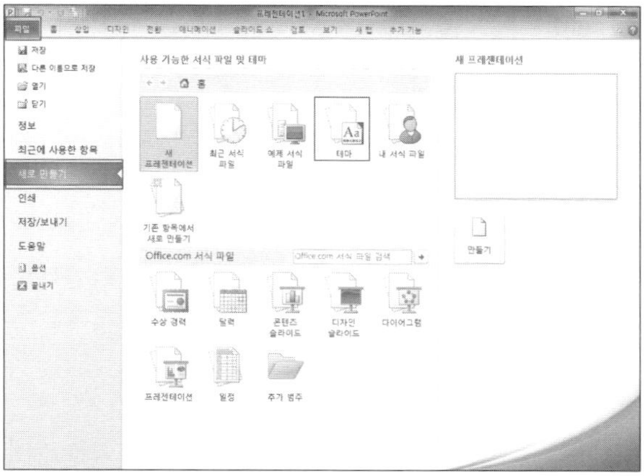

① 파일 단추를 클릭한 후 새로 만들기에서 테마를 선택한다.

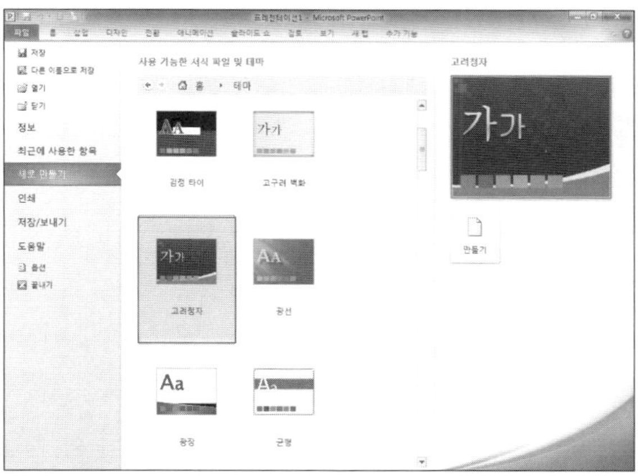

② 새로 만들기 대화 상자에서 테마를 클릭한 후 고려청자를 선택한다.

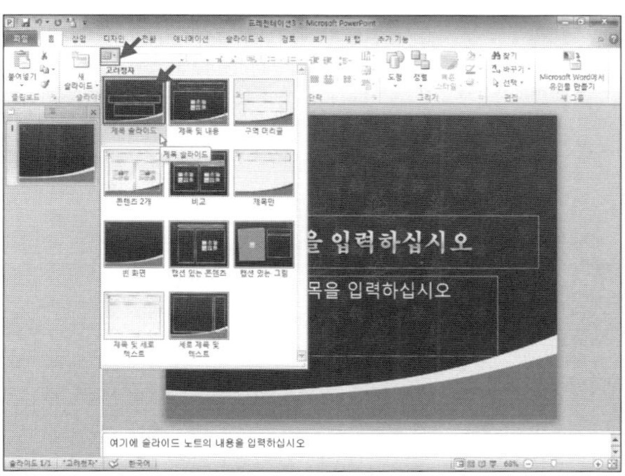

③ [홈] 탭에서 레이아웃을 선택하고 제목 및 부제목 슬라이드를 선택한다.

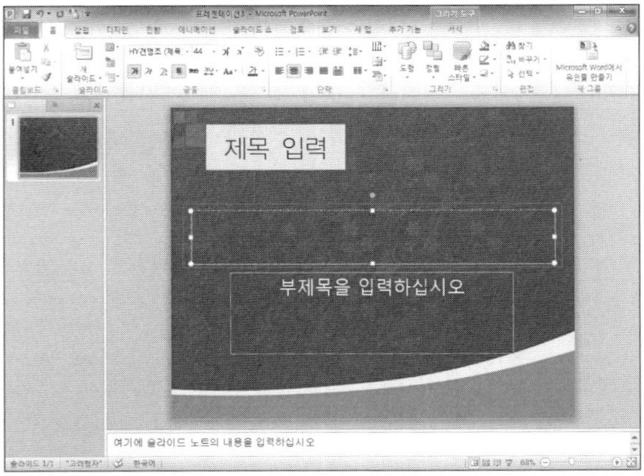

④ 제목 슬라이드에서 제목을 클릭한 후 제목을 입력한다.

⑤ 제목 슬라이드에 제목을 입력하면 제목 슬라이드는 완성된다.

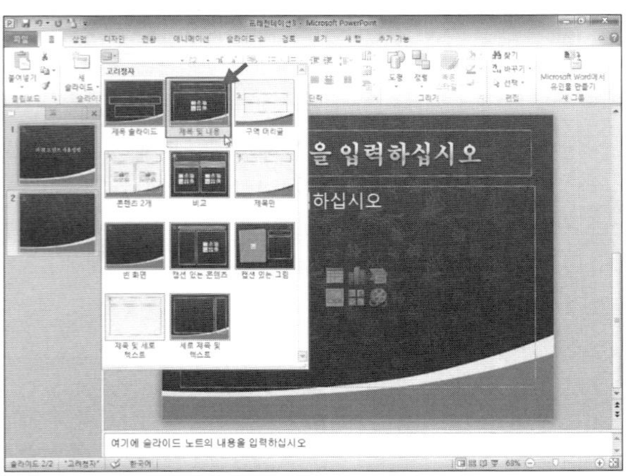

⑥ [홈] 탭에서 레이아웃을 선택하고 목차 및 내용 슬라이드를 선택한다.

⑦ 제목을 입력하고 다음 텍스트를 입력하십시오 공간에 내용을 입력한다.

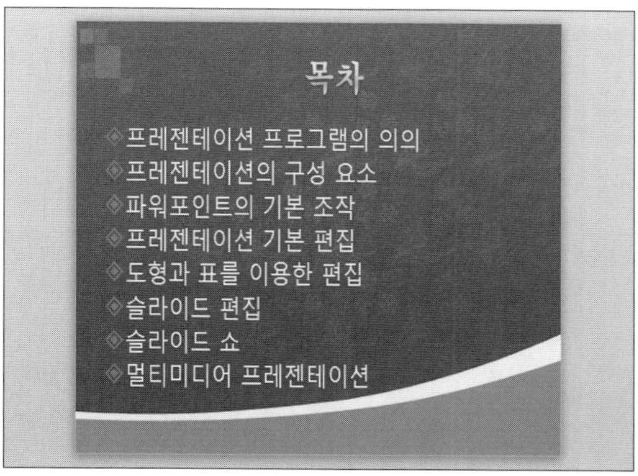

⑧ 제목 및 내용 슬라이드가 완성된다.

5 도형 슬라이드의 구성

파워포인트에서 텍스트 다음으로 구성되는 것은 도형(圖型) 슬라이드이다. 텍스트보다 시각적이라서 글로서 표현하는 것보다 청중의 이해를 쉽게 하는 것과 동시에 발표가 끝난 후에도 기억에 오래 남는다. 도형 슬라이드를 구성하려면 도형의 특징적인 변화와 텍스트와 조화를 이루어야 하며 그 외 색상 등 여러 가지를 고려해야 한다.

(1) 도형의 삽입과 변경

① 도형 슬라이드를 구성하기 위한 새 슬라이드를 만든다. (테마: 기류)

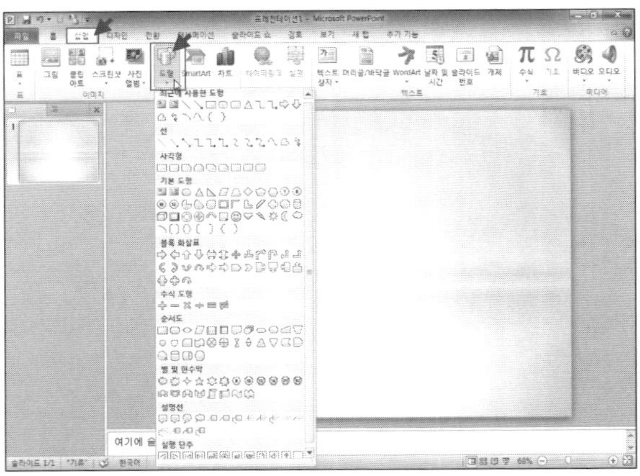

② [삽입] 탭에서 도형을 선택하면 파워포인터에서 제공하는 기본적인 도형이 열린다.

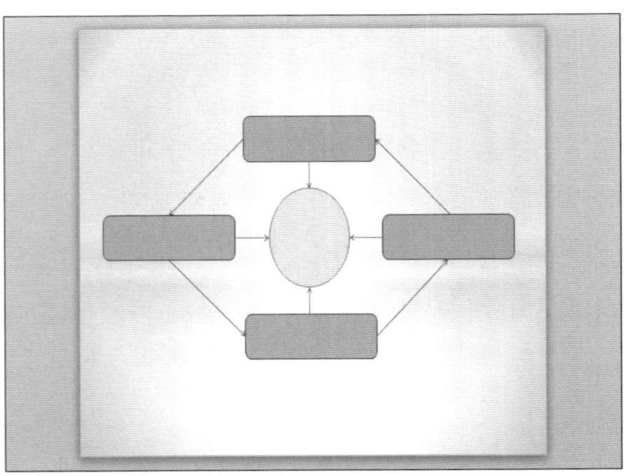

③ 선과 기본적인 도형을 이용해 삽입한 슬라이드이다. (도형: 모서리가 둥근 직사각형, 화살표, 원)

(2) 도형의 편집

도형을 그렸다면 도형의 색상, 선 종류 등을 변경하고자 할 때는 다음과 같이 도형을 편집하면 된다.

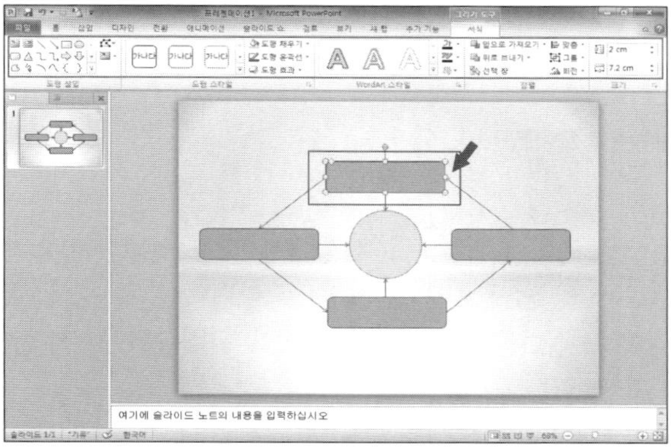

① 편집하고자 하는 도형을 클릭하면 그리기 도구와 함께 서식 탭이 선택된다. 서식 탭을 사용해 도형을 편집하면 된다.

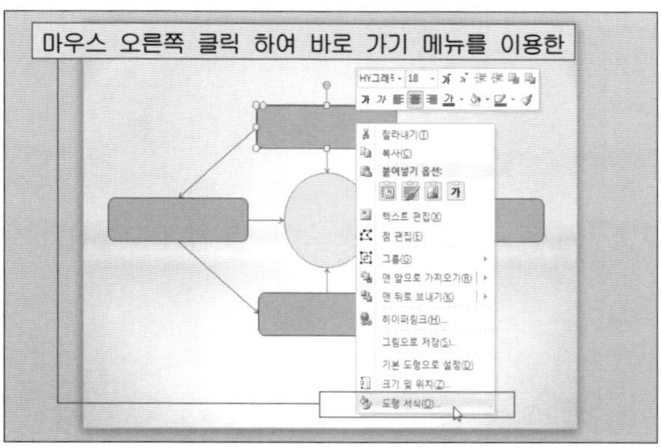

② 다음은 마우스 오른쪽을 클릭하면 바로 가기 메뉴가 나오는데 여기에서 도형 서식을 클릭하면, 다양한 방식으로 도형의 서식을 편집할 수 있다.

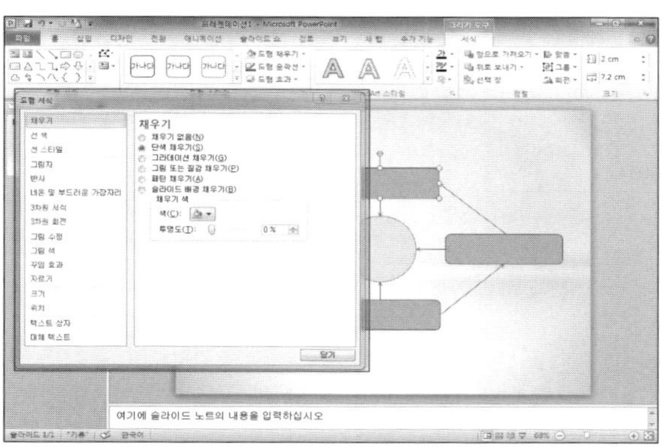

③ 도형 서식 대화 상자에서는 채우기, 선색, 그림자, 3차원 서식, 3차원 회전, 그림, 텍스트 상자 메뉴를 이용해 도형 편집이 가능하다.

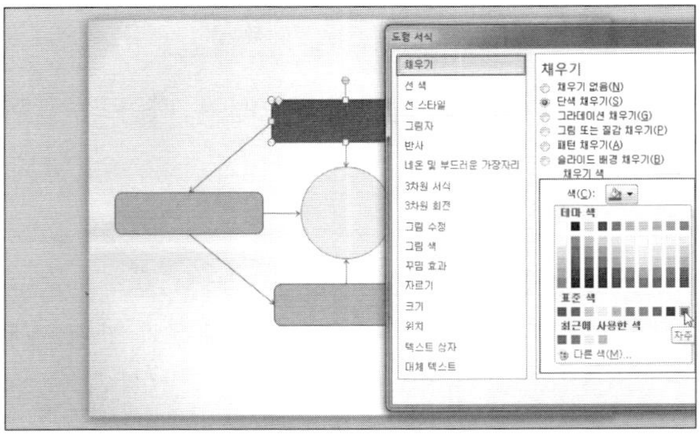

④ 채우기에서 단색 채우기를 클릭하고 보라색을 선택하면 도형의 색깔이 보라색으로 변한다.

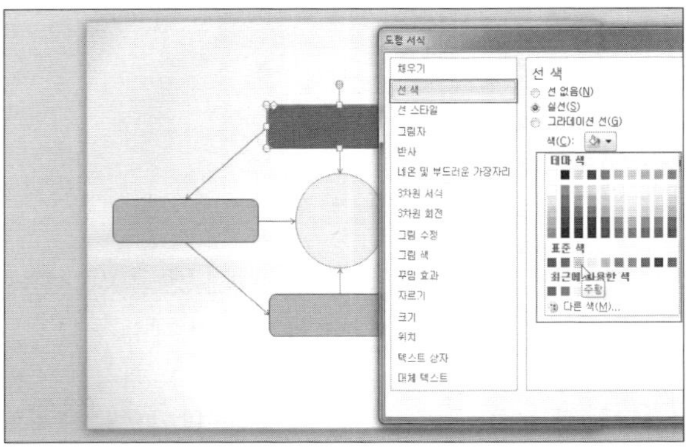

⑤ 선색에서 색을 선택하거나 선 없음, 그라데이션 선 등을 선택해 선을 편집하면 된다.

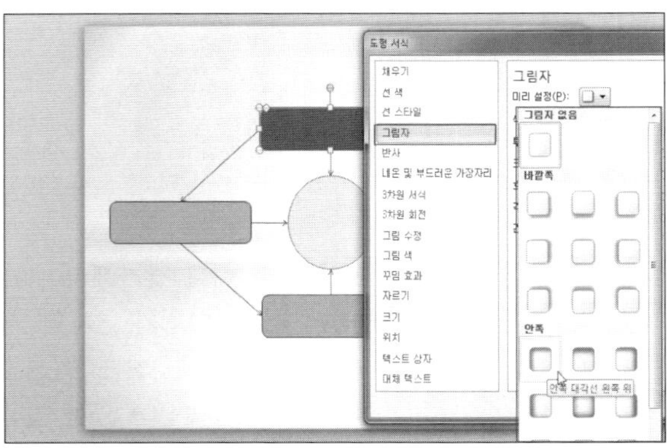

⑥ 그림자를 선택해 다양한 그림자 형태를 편집할 수 있다.

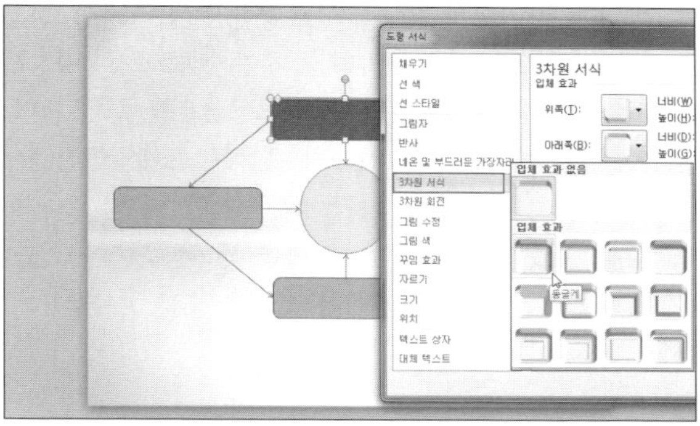

⑦ 3차원 서식을 이용해 도형에 입체감을 주고 편집할 수 있다.

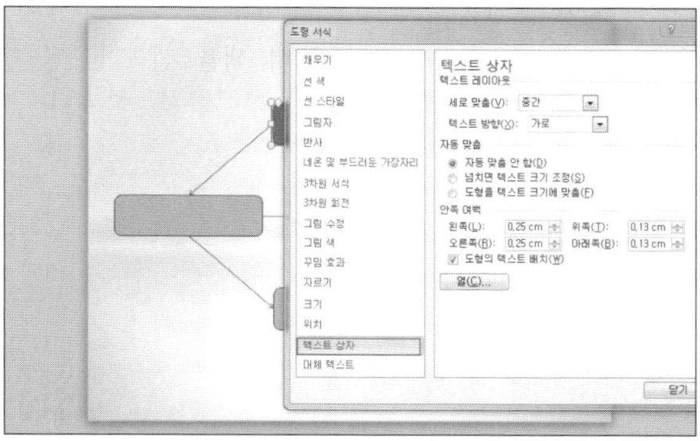

⑧ 텍스트 상자는 도형에 텍스트를 부여하면 텍스트의 위치를 편집할 수 있다.

(3) 도형의 텍스트 삽입 및 편집

도형 내부에 텍스트를 삽입해야 할 경우가 발생한다. 이 때 다음과 같은 방법으로 추가하면 된다.

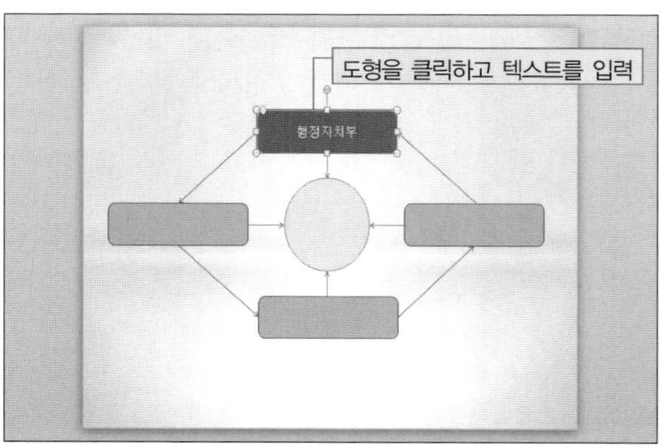

① 도형을 클릭하고 텍스트를 입력하면 도형에 텍스트가 입력된다.

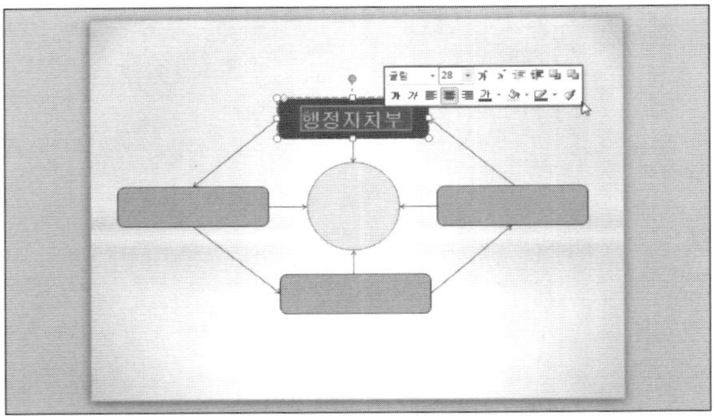

② 글자 모양을 편집하려면 편집하려고 하는 텍스트를 지정하면 자동으로 글자 모양 편집 메뉴가 나타나는데 여기에서 글자 모양을 편집하면 된다. 또는 리본 메뉴 상단 홈 메뉴탭 글꼴에서 바꿀 수 있다.

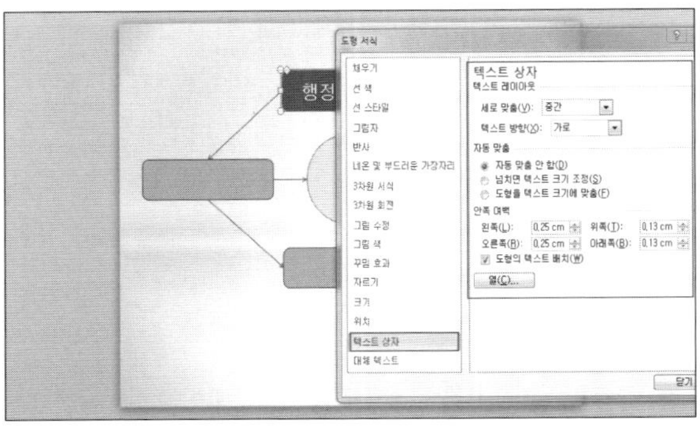

③ 도형 서식에서 텍스트 상자를 선택하면 도형 안에서 텍스트의 위치를 수정할 수 있다.

(4) 도형의 변형

도형은 곡선 조절, 크기 조절, 그룹화, 그룹 해제, 도형의 순서 변경 등 다양한 방법으로 변형시킬 수 있다.

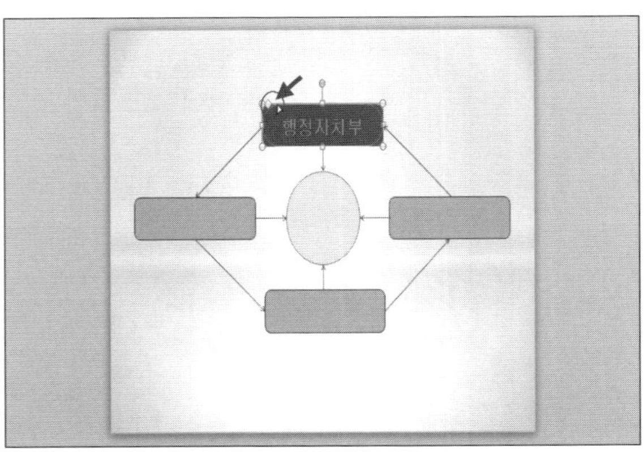

① 도형을 선택하면 노란색 마름모가 생기는데 마우스를 이용해서 도형의 곡선을 조절할 수 있다.

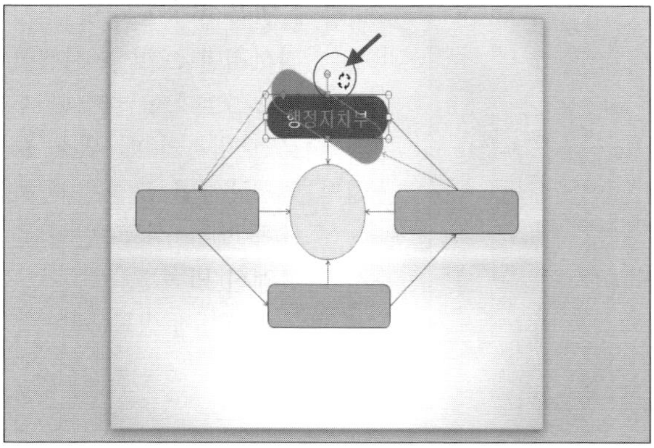

② 도형을 선택하면 녹색의 작은 원이 생기는데 이것은 도형을 회전시킬 수 있다.

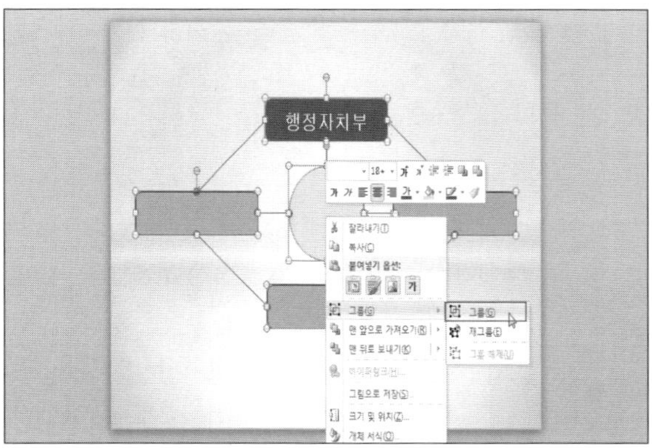

③ Ctrl를 누른 상태에서 각각의 도형을 선택하고 마우스 오른쪽을 클릭하면 바로가기 메뉴에서 그룹을 선택해서 그룹을 지정하면 선택된 모든 도형이 하나의 그룹으로 지정된다.

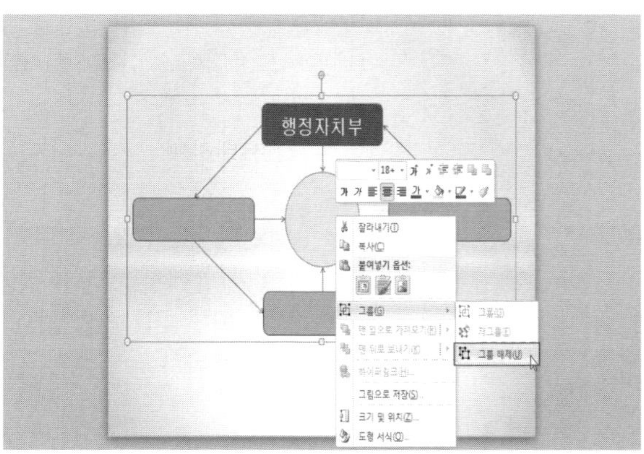

④ 그룹을 해제하려고 하면 그룹화된 객체를 선택한 후 마우스 오른쪽을 클릭해서 바로가기 메뉴의 그룹에서 그룹 해제를 하면 객체가 해제된다.

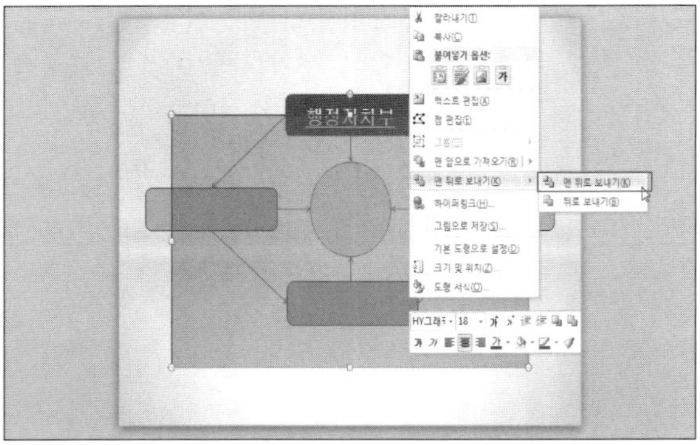

⑤ 나중에 만들어진 도형의 순서를 변경하려면 도형을 선택한 후 마우스 오른쪽을 클릭한 후 맨 뒤로 보내기의 맨 뒤로 보내기를 선택하면 도형은 원하는 순서에 맞추어서 도형의 순서가 변경된다.
(도형: 사각형, 투명도 50)

6 차트 슬라이드의 구성

(1) 차트의 입력

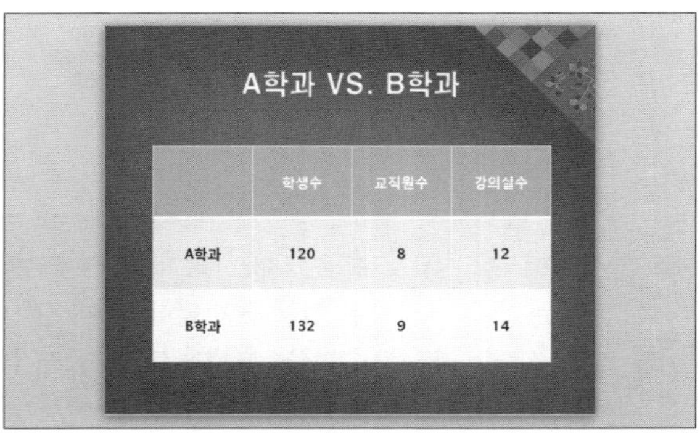

① 다음은 A학과와 B학과의 학생 수와 교직원 수 및 강의실 수를 비교한 것이다. 이것을 파워포인트에서 차트를 구성하기 위해서는 기본적인 데이터 값을 적은 표가 필요하다.
(테마: 보자기/표: 삽입 탭 표 만들기)

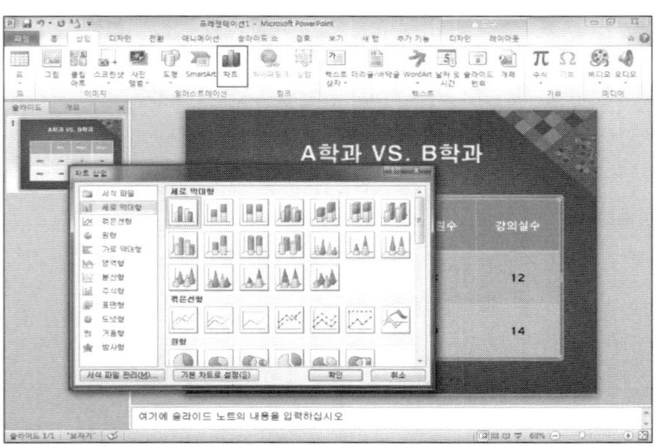

② 우선 데이터 값이 있는 셀을 선택하고 삽입에서 차트를 선택한다. 그러면 차트 삽입 대화 상자에서 원하는 차트를 선택한다.

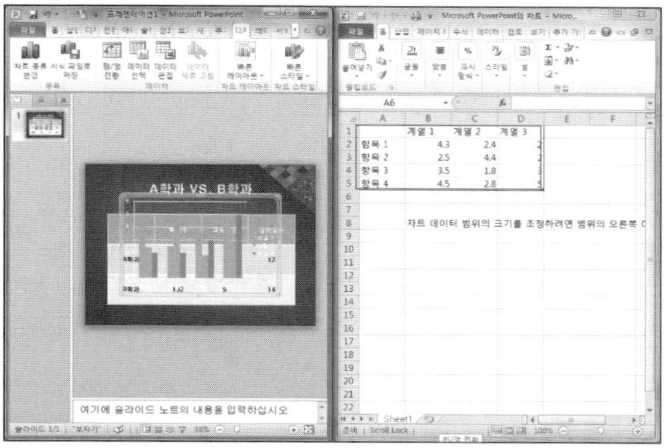

③ 차트를 선택하면 엑셀창이 나타난다. 나타난 엑셀창에서 항목, 계열, 수치를 입력하면 파워포인트의 그래프가 변경된다. (차트: 묶은 세로 막대그래프)

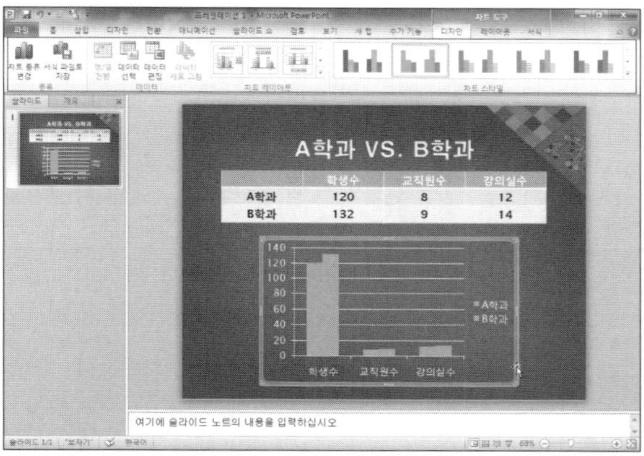

④ 차트를 선택하면 디자인 메뉴 탭을 불러올 수 있다. 디자인 메뉴 탭에서 차트 종류, 데이터, 기본 레이아웃, 스타일 변경이 가능하다.

(2) 차트 레이아웃

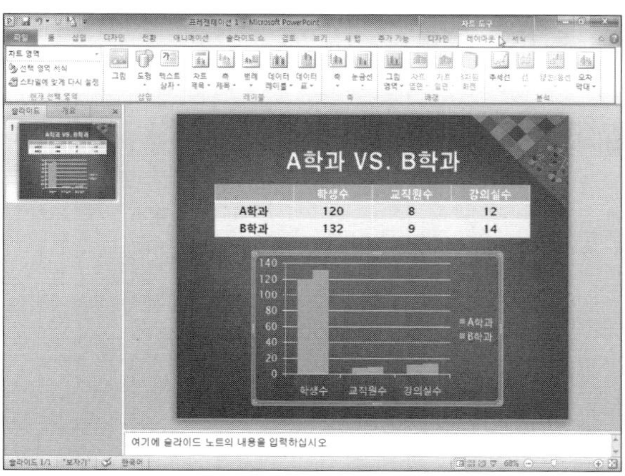

① 차트를 선택하면 나오는 디자인 메뉴 탭의 레이아웃 수정 이외에도 사용자가 원하는 레이아웃만을 수정할 수 있다. 개별 레이아웃 수정은 레이아웃 메뉴 탭에서 가능하다.

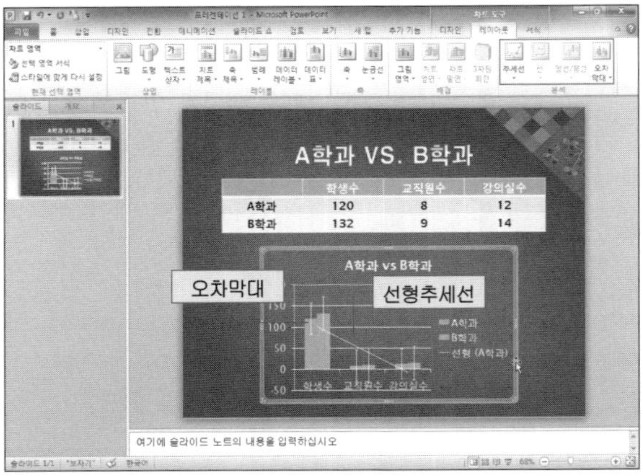

② 레이아웃 메뉴 탭에서는 추세선과 오차막대 도구로 자료의 분석도 가능하다.

(3) 차트 서식

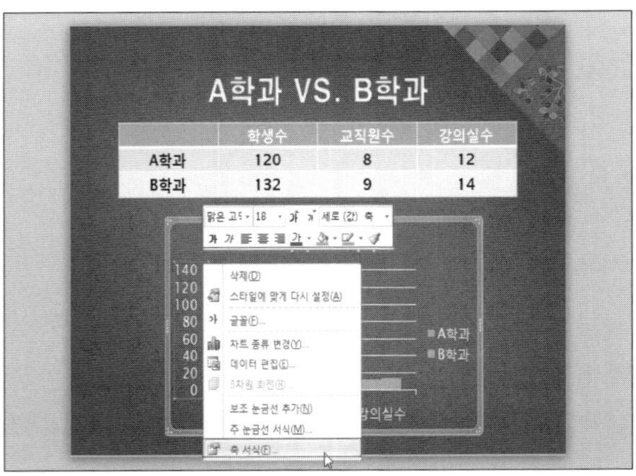

① 차트의 눈금 크기, 표시 형식 등을 변경하고자 할 때는 변경하고자 하는 축을 선택한 뒤에 마우스 오른쪽을 클릭해서 바로가기 메뉴의 그룹에서 축서식을 선택해 변경하면 된다. 글꼴을 변경하고자 할 때에는 바로가기 메뉴 상단에서 바로 변경할 수 있다.

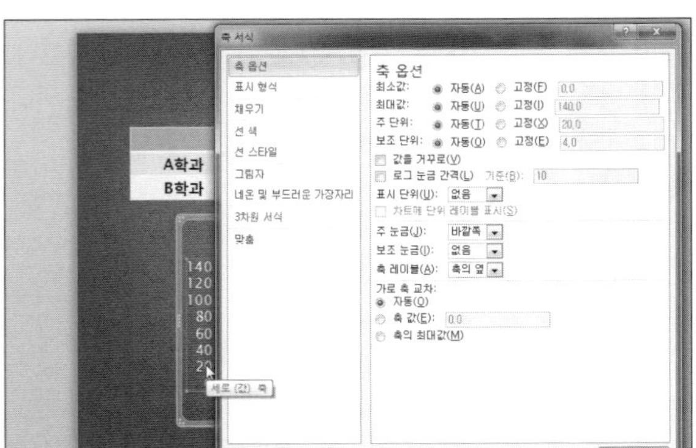

② 세로축 서식 도구에서는 세로축의 최솟값, 최댓값, 간격, 표시 형식 등이 변경 가능하다. 최솟값, 최댓값, 간격을 변경하고자 할 때에는 자동에서 고정으로 변경한 뒤에 네모 칸에 값을 입력해 주면 된다.

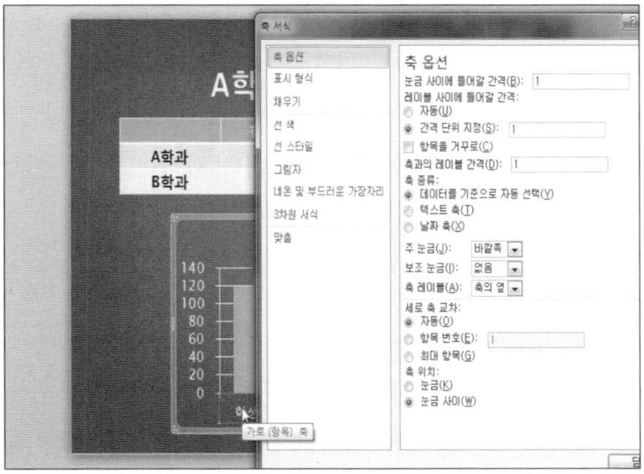

③ 가로축 서식 도구에서는 가로 축의 간격과 방향, 표시 형식 등이 변경 가능하다.

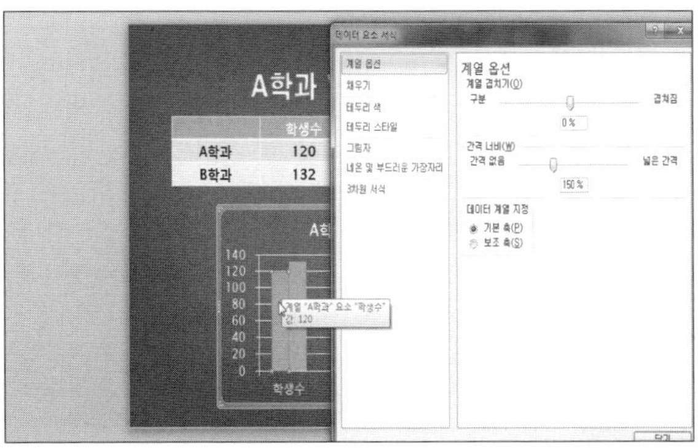

④ 그래프의 색, 요소 간의 간격, 너비를 설정하고자 할 때는 변경하고자 하는 요소를 더블 클릭해서 데이터 요소 서식을 불러오면 된다.

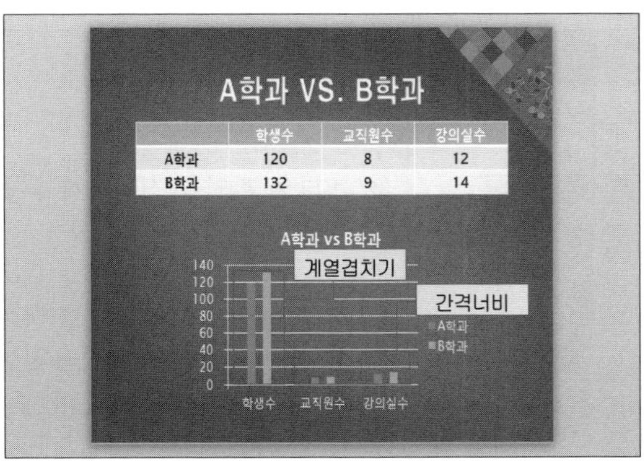

③ 계열 간에 간격을 조정할 때는 계열 겹치기 수치를 조정해 주면 되며, 요소 간에 간격을 조정할 때에는 간격 너비 수치를 조정해 주면 된다. 그래프 색은 채우기에서 변경하면 된다(계열 겹치기: −100, 간격 너비: 500, 채우기: 연한 파랑).

7 동영상 및 애니메이션

텍스트나 도형을 이용해서 만들어진 슬라이드는 정적인 이미지를 준다. 이런 정적인 이미지는 자칫 발표 동안 청중을 지루하게 만들 수 있다. 결국 발표자가 원하는 것을 청중에게 호소하기 어려워질 수 있다. 정적인 이미지의 슬라이드를 생동감 있게 작성하려면 동영상이나 애니메이션의 적절한 조화를 이루는 것이 필요하다. 여기에서는 동영상 및 애니메이션의 적절한 사용법을 알려주고자 한다. 단 유의할 점은 동영상 및 애니메이션의 과도한 사용은 슬라이드의 전반적인 구성을 해칠 우려가 있으므로 적절하게 사용해야 한다.

(1-1) 동영상 삽입 (비디오 파일)

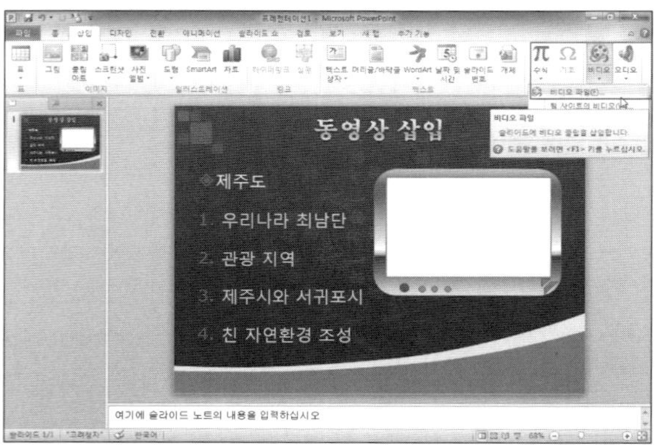

① 동영상을 삽입하기 위해 슬라이드를 구성한 후 삽입 메뉴 탭의 비디오 도구의 비디오 파일을 선택한다.

② 비디오 파일을 선택하게 되면 비디오 삽입 창이 나오게 된다. 비디오 삽입 창에서 원하는 동영상이 있는 경로로 들어가 동영상을 선택한 뒤 삽입 버튼을 누른다.

삽입 가능한 확장자명은 avi, wmv, swf, mpg, mpeg, wmv, mp4, mov 파일이다.

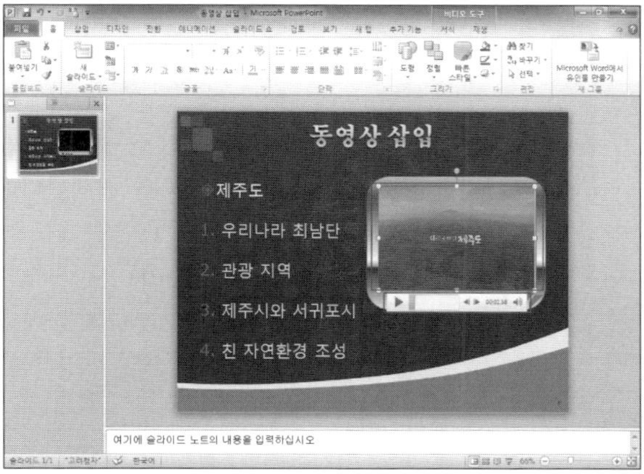

③ 삽입된 동영상은 슬라이드에서 미디어 컨트롤을 통해 미리 보기가 가능하다.
동영상 삽입에서 유의할 점은 확장자명이 wmv로 되어 있는 것을 사용하는 것이 좋다. avi 등 다른 확장자명의 파일은 코덱 등의 문제로 소리가 안 나오거나 실행이 되지 않는 오류를 불러올 가능성이 크다.

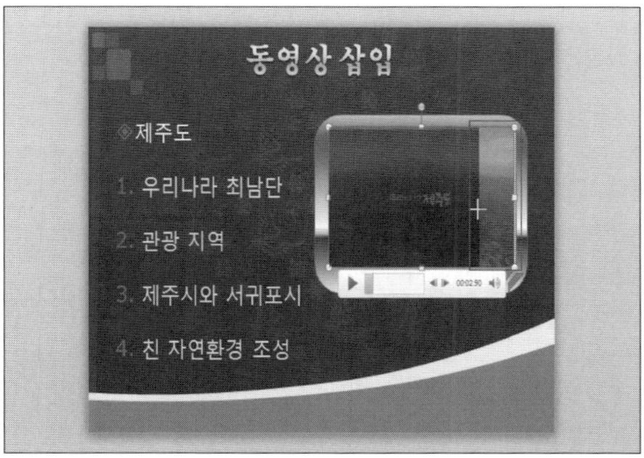

④ 삽입된 동영상의 크기는 동영상을 선택하면 나타나는 8개의 점을 마우스 왼쪽으로 클릭해 드래그해서 줄이고 늘릴 수 있다.

(1−2) 동영상 삽입 (온라인 비디오 삽입)

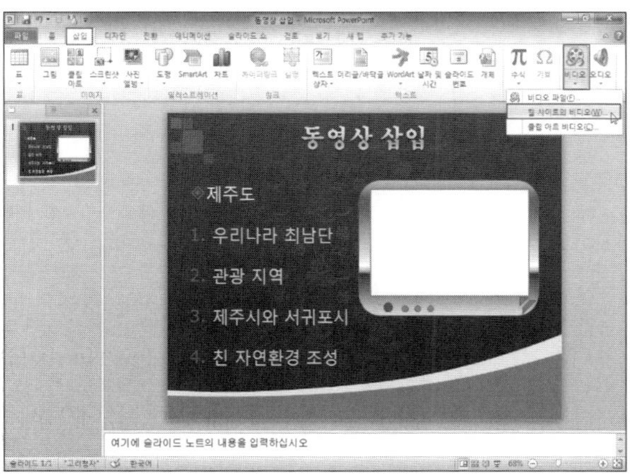

① 컴퓨터 내에 있는 동영상 파일 외에도 슬라이드에 온라인 동영상을 삽입할 수 있다. 온라인 동영상을 삽입하기 위해서는 삽입 메뉴 탭의 비디오 도구의 웹 사이트의 비디오를 선택한다.

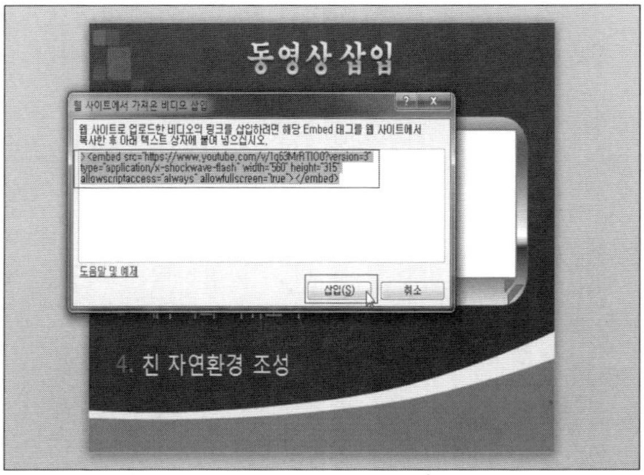

② 웹 사이트의 비디오를 선택하게 되면 소스코드 입력창이 나타난다. 소스 코드 입력창에 embed로 시작하는 소스를 입력 후 삽입 버튼을 선택한다.

③ 공유 옵션 안에 있는 소스 코드를 복사한다.
(유튜브 예시)

④ 누리툴이라는 웹페이지를 통해 복사한 소스 코드를 embed 코드로 변환시켜 준다.

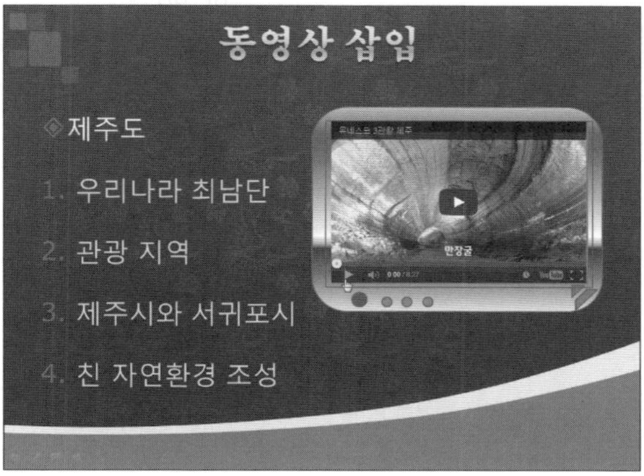

⑤ 슬라이드에 나타난 검은색 도형을 원하는 크기대로 조정한 다음 슬라이드 쇼를 실행하면 동영상을 볼 수 있다.

(1-3) 동영상 실행

삽입한 동영상은 여러 효과를 줄 수 있다. 다음 슬라이드로 넘어가면서 동영상을 바로 재생시키거나 동영상을 클릭해서 재생시킬 수 있다. 또는 다른 도형이나 텍스트를 클릭하게 함으로써 재생시킬 수도 있다.

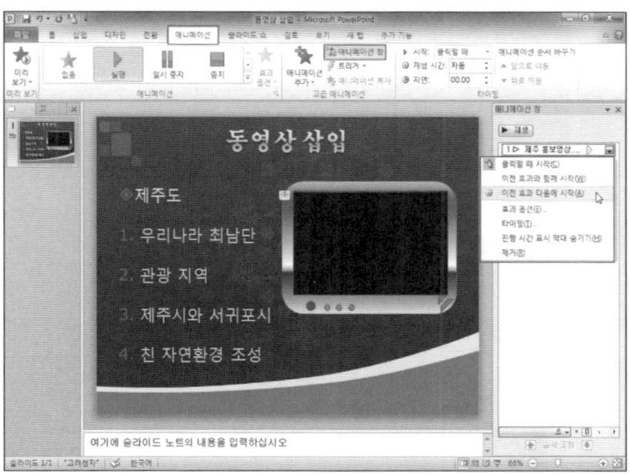

① 동영상에 효과를 주기 위해서는 애니메이션 메뉴 텝의 애니메이션 창을 선택한다. 애니메이션 창을 선택하게 되면 나타나는 동영상 개체를 마우스 오른쪽으로 클릭하면 효과를 줄 수 있다.

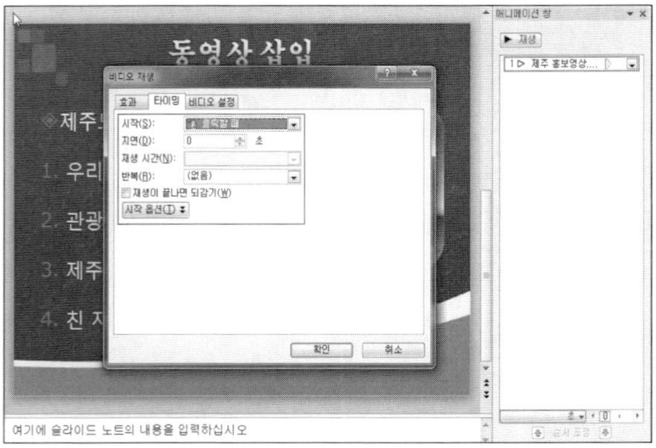

② 타이밍 옵션을 통해서도 동영상에 효과를 줄 수 있다. 타이밍 옵션을 통해 시작 타이밍과 지연 시간, 반복 설정 등을 할 수 있다.

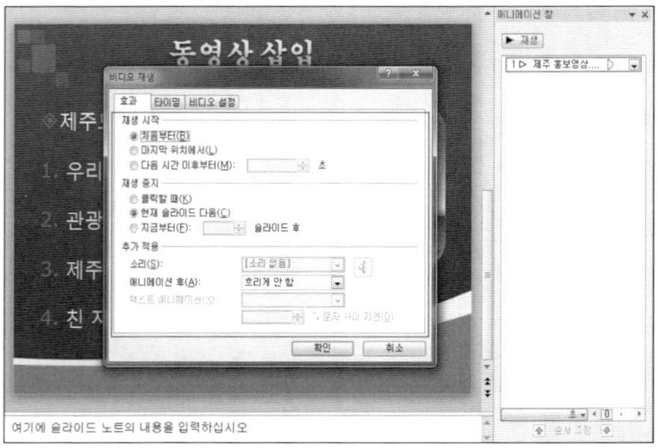

③ 효과 옵션을 통해서는 동영상의 재생 시작 시간과 재생 중지 시간을 설정할 수 있다. 또한 동영상 재생 시에 소리나 애니메이션 효과를 줄 수도 있다.

(2-1) 애니메이션 효과 구성

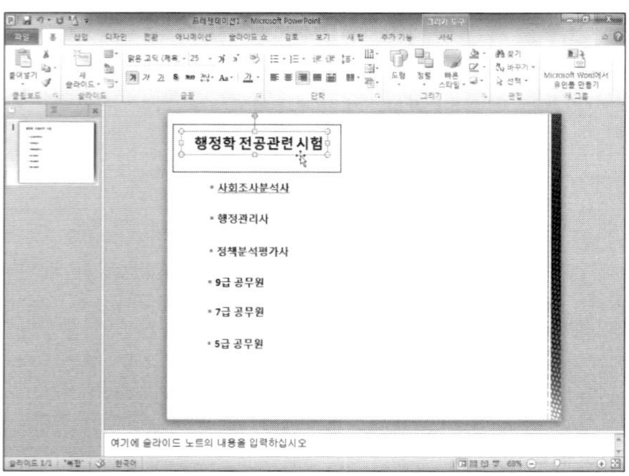

① 애니메이션 효과를 위해 슬라이드를 구성한 후, 애니메이션을 적용하려는 텍스트 또는 개체를 선택한다.

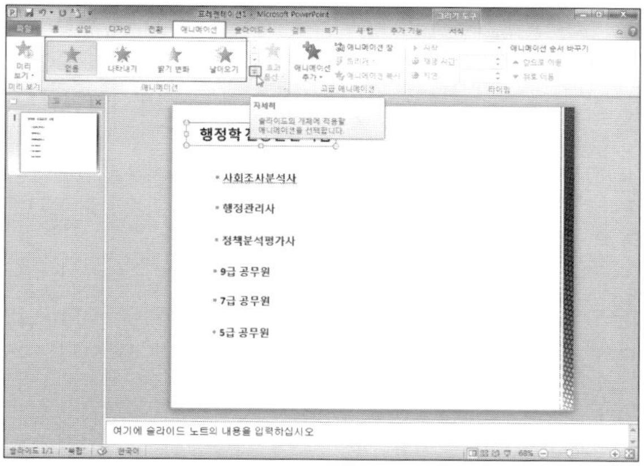

② 애니메이션 메뉴 탭의 애니메이션 그룹에 있는 갤러리에서 애니메이션 효과를 하나를 클릭한다. 자세히 화살표를 클릭하면 더 많은 애니메이션 효과가 표시된다.
초록색: 나타내기 효과
노란색: 강조 효과
빨간색: 끝내기 효과

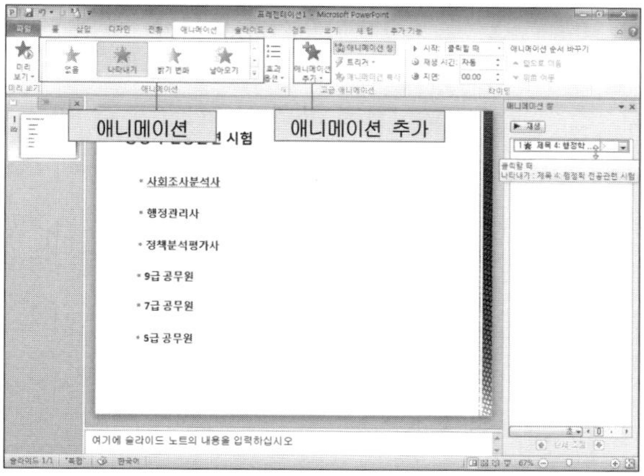

③ 적용된 애니메이션을 변경하려면 갤러리에서 이전과 다른 애니메이션 효과를 클릭하면 된다. 애니메이션을 추가하려면 애니메이션 추가 도구의 갤러리에서 추가시키면 된다.

(2-2) 애니메이션 타이밍, 효과 옵션 설정

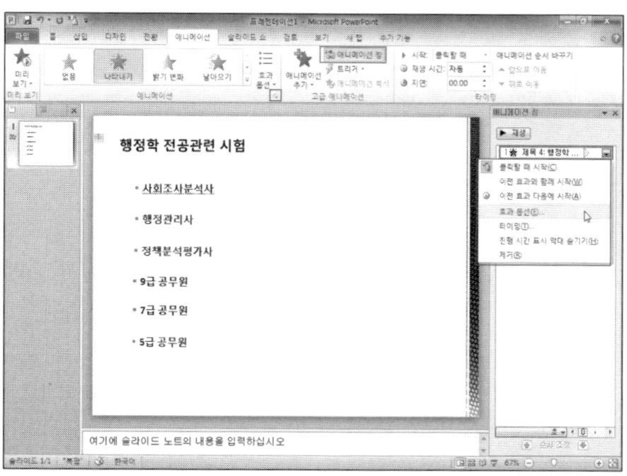

① 애니메이션에 효과를 주기 위해서는 애니메이션 창 안에 있는 개체를 마우스 오른쪽으로 클릭해서 빠른 메뉴를 실행시키면 된다. 또는 선택하면 옵션을 불러올 수 있다.

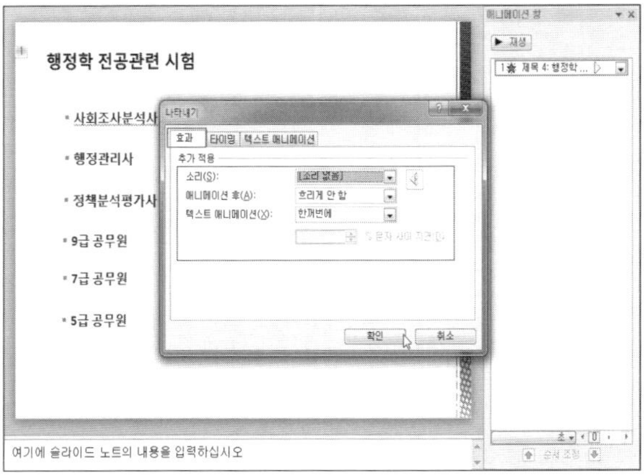

② 소리, 애니메이션 후 효과, 텍스트 애니메이션 단위 설정을 위해서 효과 옵션을 선택한다.

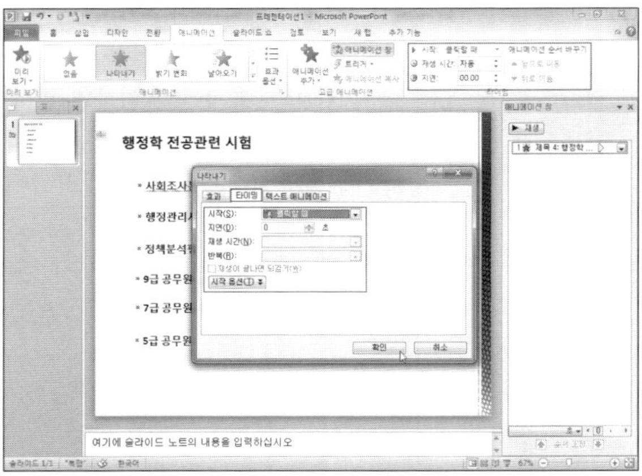

③ 애니메이션의 시작 시간, 지연 시간 설정을 위해서는 타이밍 옵션을 선택한다. 그 밖에도 애니메이션 메뉴 탭의 타이밍 그룹에서 지연 상자와 재생 시간 상자에 숫자를 입력해서 설정할 수도 있다.

참고 문헌

국내 문헌

강준모 (1999). 전자문서와 전자거래의 정의 분석, 「정보통신정책」 1(6): 353-372.
김성태 (1999). 「행정정보체계론: 정보정책론과 전자정부론」. 서울: 법문사.
——— (2003). 「전자정부론: 이론과 전략」. 서울: 법문사.
김승연 · 장순주 (1999). 「사무자동화」. 서울: 홍릉과학출판사.
김희철 (2006). 「정보관리를 위한 MS 오피스의 활용」. 광주: 한출판.
미래창조과학부 (2013). 「제5차 국가정보화 기본계획(2013-2017)」.
박동진 · 제갈돈 (2002). 지방정부의 정보기술 사용에 영향을 미치는 요인, 「한국행정논집」 14(3): 675-697.
방석현 (1994). 「행정정보체계론」. 서울: 법문사.
서순복 (2002). 「지식정보사회와 전자행정」. 서울: 대왕사.
송윤희 (2012). 「엑셀파워포인트 2010」. 서울: 디지털북스.
신경식 (2005). 「문서관리론」. 서울: 대영문화사.
안문석 (1995). 「정보체계론」. 파주: 학현사.
엄준영 · 이세훈 (2014). 「MS Office 2013: Excel Powerpoint」. 서울: 도서출판 고요아침.
유평준(1992). 한국 행정전산화의 현황 분석 및 개선 방향 모색, 「연세대학교 매지논총」 제 9집.
유희숙 (2004). 「사무관리론」. 서울: 대영문화사.

이만수 (2000). 「정보사회의 이해」. 서울: 이화문화사.
이재하 · 윤대현 (2001). 정부기관의 전자문서관리 방향, 「한국기록물관리학회」 1(1): 245-257.
이종두 (2003). 「사무관리론」. 서울: 대영문화사.
——— (2010). 「행정사무관리」. 서울: 대영문화사.
이현승 (1995). 현대 산업국가에 있어서 사무관리 개선의 중요성, 「명지대 사회과학논총」 10: 165-188.
이희정 · 전미진 (2009). 「회사에서 바로 통하는 엑셀파워포인트(2010)」. 한빛미디어.
장경로 (2011). 「다양한 실무 예제로 배우는 엑셀파워포인트 워드 2010」. 서울: 영진닷컴.
정보통신부 (2005). 「한국의 정보화 정책 발전사」. 한국전산원.
정우열 (1998). 행정정보시스템의 도입에 따른 조식구조의 변화 분석, 「한국지방자치학회보」 9(3)).
——— (2004). 「행정정보체계론」. 서울: 청목출판사.
정용호 (2013). 「동영상으로 쉽게 배우는 파워포인트 2010+2013 길라잡이」. 서울: 정보문화사.
정재욱 · 배철효 · 한동효 (2004). 「현대행정관리론: 사무관리·기획관리 등을 중심으로」. 서울: 대영문화사.
정충식 (1997). 「전자정부론」. 서울: 녹두출판사.
정현애 (2004). 전자정부 구현을 위한 전자문서관리시스템(EDMS)에 관한 연구: 대전 · 충남 지역 지방자치단체의 전자문서 유통과 관리 실태분석을 중심으로, 「사회과학논문집, 대전대학교 사회과학연구소」 22(2): 195-231.
제갈욱 · 길병옥 (2006). 효과적인 사무관리제도의 정착 방안에 관한 연구: 충청남도 천안시 및 주변지역을 중심으로, 「한국거버넌스학회보」 13(1): 247-269.
조석준 (1994). 「현대사무관리론」. 서울: 박영사.
총무처 (1994).「행정규제 및 민원사무기본법 시행규칙안」. 총무처 공고 제1994-7호.
하미승 (1999). 「행정정보체계론」. 서울: 법문사.
한인수 (1994). 사무자동화 추진 조직에서의 노동의 인간화 실현을 위한 관리적 선택 방안에 관한 연구, 「정보통신정책연구」 1(1): 215-255.
행정자치부 (2002). 「전자정부 구현을 위한 문서관리제도 개선 방안: 정부 수립 후 최초의 문서 관리체계 대혁신」. 서울: 행정자치부.
——— (2003). 「사무관리 및 기록물관리 실무」. 서울: 행정자치부 행정능률과.
——— (2003). 「사무관리규정 주요 개정 내용」. 서울: 행정자치부.
——— (안전행정부)(2013). 「국가정보화백서」. 한국정보진흥원.

국외 문헌

Cecil, Paula B. (1984). *Office Automation: Concepts and Applications*. Menlo Park, CA: Benjamin/Cummings Publishing Company.

Hicks Jr., James O. (1987). *Management Information Systems*. New York: West Publishing Company.

Kraemer, Kenneth L., William H. Dutton, & Alana Northrop (1981). *The Management of Information Systems*. New York: Columbia University Press.

Leffingwell, W. H. (1925). *Office Management: Principles and Practice*. New York: A. W. Show Co.

Odgers, Pattie & B. Lewis Keeling (1999). *Administrative Office Management*. New York: South-Western Educational Publications.

Quible, Zane K. (2004). *Administrative Office Management*. New York: Prentice-Hall.

Terry, G. R. (1975). *Office Management and Control: The Administrative Management of Information*. Homewood, IL: Richard D., Irwin.

찾아보기

ㄱ

ㄴ

ㄷ

ㄹ

저자 소개

제갈욱
애리조나주립대학교 행정학 박사
현, 순천향대학교 행정학과 교수

김병규
켄터키대학교 정치학 박사(공공정책 전공)
현, 국립안동대학교 행정학과 부교수

윤기웅
성균관대학교 국정관리대학원 행정학 박사
현, 국립안동대학교 행정학과 조교수

제갈돈
애리조나주립대학교 행정학 박사
현, 국립안동대학교 행정학과 교수

행정전산사무관리론

펴낸날 제1판 제1쇄 2016년 2월 15일
지은이 제갈욱 · 김병규 · 윤기웅 · 제갈돈
펴낸이 임춘환
펴낸곳 도서출판 대영문화사
주소 서울특별시 용산구 청파로 61길 5(청파동 1가) 제일빌딩 2층
등록 1975년 12월 26일 제3-16호
전화 (02)716-3883, (02)714-3062
팩스 (02)703-3839
홈페이지 http://www.dymbook.co.kr

ISBN 978-89-7644-547-6
값 15,000원

* 잘못된 책은 바꾸어 드립니다.